出典：前川光永著「カメオとギリシャ神話図鑑」柏書店松原株式会社

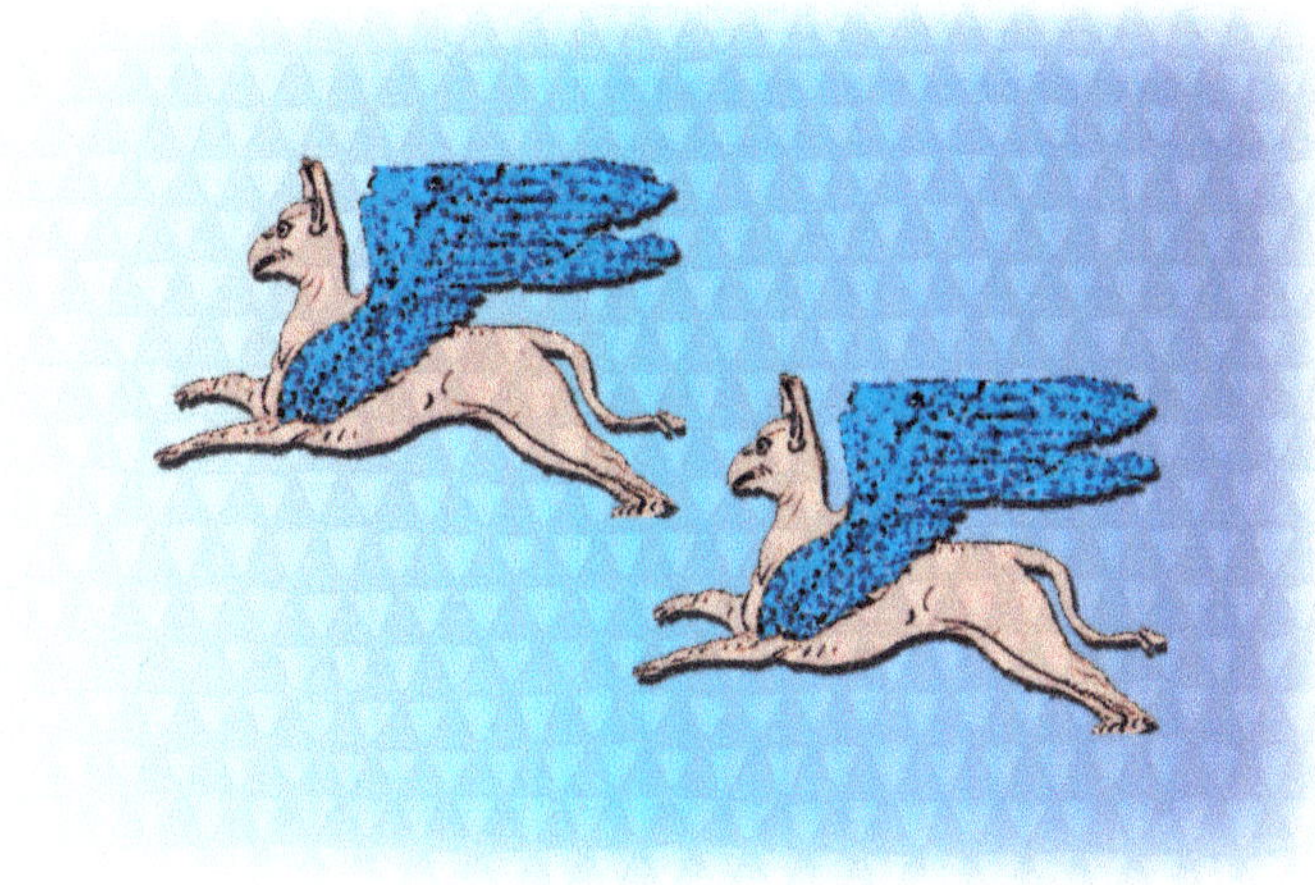

プラトーン著作集　第九巻

人間存在と習わし

第二分冊

法律（中）

水崎博明　著

櫂歌全書㉔

序

もう二十歳は過ぎていた頃だったろうか。午後遅くの演習の時間が終って帰りを御一緒した時、恩師は仰有った「しかし、プラトンは、僕は思うが、未だ誰一人にも読まれてはいないのだ」と。それは確か文学部直ぐ近くの市内電車の狭いプラットフォームで電車の来るのを待ちながら私が学生の気楽さと甘えの中で演習の後のもやもやからプラトーンの読み方についての学者や研究者たちへの不満を恩師に言い立てていた時のことであっただろうか。私は一応古典ギリシアの哲学を勉強することには傾いていたが、それでも哲学という学問の茫漠たる大きさにはただただ呑み込まれて五里霧中でもあったのだった。私は一瞬余りにも思いがけないことを聞いたと思い耳がシーンと静まった。西洋には二十五世紀に渡る哲学の伝統が脈々とあり、その伝統は異口同音にプラトーンとの格闘の申し子ではなかったか。であれば、どうして彼らがプラトーンを読むことがなかったと言うことなど出来ようか。それなのに恩師は「未だ誰一人も読まなかった」のだと仰有るとは。だがしかし、その不可解は一瞬のうちに消え去った。何故なら、その御言葉は恩師の並々ならぬプラトーンを読むのだという決意とその勇気とのことなのだと私には、その一瞬のうちに、理解出来たからだ。そして同時に、何かこの私自身もまた恩師のそういう御言葉を心の片隅でずっとお聞きすることを待っていたのではないかというような気持ちにも襲われた。

その時より今は五十年の月日が過ぎた。四十三年の年月に渡って大学で講義する義務を負って来たが、私のその義務を遂行する「方法」はそれ以来ただただひたすらに「プラトーンを読む」というその一事であった。こういうことを人前で言うのは決して褒めたことでもなく或いは更にはまた犯罪にさえ近いことなのかも知れないが、私は人の多分十分の一も研究書や論文等の類を読んでは来なかったであろう。私は「プラトーンを読む」というその一事の前にはそんなにまでそれを読むべき書き物があるとは余り思われなかったのだ。研究書を読まぬとプラトーンが読めないのだろうか。私には余りそう思われなかったのだ。「プラトーンを読む」ということは研究者ではないと叶えられぬことなのだろうか。無論、研究者であってもプラトーンをよく読むということはあるとは思うが、例えばその研究者ではなくとも一人の子供が一心不乱に新美南吉の童話を読んでその心を研究者以上に真実育むということは、絶対にあり得ることだと思うのだ。

今日にギリシアの古典を、心貧しき信者が聖書を、無垢の心に眼を澄ました子供が新美南吉を、読むそのように読む熱情は、どうなってしまったのだろうか。自らの全人格を捧げて古典という全人格と遭遇するそこにこそ教養の真実はあった筈なのに現今の機械文明の供する断片的な便利への纏わりつきに、最早人々は人格という重い或るものの手応えを解消してしまっているのではないかと危惧されるのだ。従って、私は「古典を読む」という全うで真実な道を出来るだけ多くの方々が歩まれるよう老若男女全ての方々に訴えたいのである。故にこの書は何かプラトーンの哲学の研究的なレヴェルに責任を負うものではなく、否、それを「よく読むこと」の勧めである。

私は本全集をもって私がプラトーンをどう読んで来たのかその一切を公開し、読者の皆さん方と「プラトーンをよく読む」という真実の教養の道を再興したいと願うのである。

序

凡　例

一、この『プラトーン全集』は通例通りJ・バーネットによるプラトン全集（J.Burnet, Platonis Opera, 5 vols, Oxford Classical Texts）をその底本とし、これと異なる読み方を訳者がした箇所については註などによって示した。

二、翻訳文の上欄に付けた数字及びそれに続くBCDE等のアルファベットは（Aは数字の位置）彼のステファーノス版プラトン全集（H.Stephanus, Platonis Opera quae extant omnia,1578）の頁数と各頁におけるBCDEによる段落づけとの一応の対応を示したものである。

三、各々の対話篇の章分けは一八世紀以降J・F・フッシャーの校本に拠ることが慣習となり、本全集もその慣行に拠った。

四、添えられた副題は伝統に従った。

五、ギリシア語の無声音と有声音との表記上の区別はせず、一般にソクラテス・プラトンと表記される人名を、本全集はギリシア語の長短そのままにソークラテース・プラトーンとした。

六、全分冊に「序」を、各巻の最初の分冊に「前書き」を、最後の分冊に「後書き」を付けた。

七、本全集刊行の趣旨は、プラトーン研究の学問的な水準に対して責任を負うことに置かれてはいない。それはむしろ〝一人の読者としてプラトーンをただ読むこと〟をお求めの方々に対し一人のプラトーン読者としての読み方を提供することで貢献しようとするものである。従って研究書・参考書の類は一切あげられてはいない。岩波の『プラトン』全集を参照されたい。

目　次

法律　第七巻

法律　第八巻

デクシレオス墓碑

出典：小学館『世界美術大全集 第 4 巻』

法　律（第五巻）

『法律』篇第五巻をこう読む

一

内容目次を先ず示します。

第一二章（741a3-743c4）金銀の個人的所有の禁止、国内的かつ日常的な貨幣の設け、持参金授与の禁止、利貸しの禁止、かかる施策の最善たる理由、すなわち金持ちは善き人たり得ず。
第一三章（743c5-745b2）国民の和合を損なう訴訟沙汰を防止すべく「人の至上命題」を金銭の所有とはせず魂への配慮とすること、及び国家への寄与の機会を均衡あるものとすべき四つの財産階級の設けとその維持のための諸々の制限
第一四章（745b3-745e6）国土計画のこと
第一五章（745e7-746d2）これらの施策の実現困難を思って
第一六章（746d3-747e11）立法と数学的知性とのこと、立法と風土の影響、陸のこと

二

第五巻を大きく俯瞰して見ると先ず最初の一段落はその第一章から第六章までであることが、第七章の冒頭の次の文章から私どもに明確に知らされます。曰く――

「**そして諸々の法の序文としてここまで語られたものは、一方、諸々の語りの終りを持ったのだとして下さい。だが、序文の後は何処かしら必然なのです、法が続くことが**」（七三四E3～5）とこう。それ故、最初の六つの章はそれぞれにそれぞれの話題で議論するものではあるものの、しかしそれらは要するに〝法の序文〟とすべきものを様々の仕方で語ったものなのだと見れば、或いはそれで済ますことが出来るものかも知れません。とは言うものの、だがそれでは余りにも

所謂〝身も蓋もない〟ということにもなりましょう。それ故、やはりそれなりに丁寧な目配りをすることは欠かすことは出来ないだろう思われますので、一応は見ることに致します。

では次の大きな段落は何処までとなるか。これも右に引いた第七章の冒頭が〝序文の後は何処かしら必然なのです、法が続くことが〟と言っていることから考えれば要するに第七章以下とはすべからく立法されるべき法が次々に提出されて行くという趣旨のものだということになりますから、ここでも所謂〝逐条的に〟一つ一つの立法が語り続けられるのを私どもは見るのだということになりましょう。およそ〝法律〟とはそもそも逐条的なものであることがその本来のあり方でもあれば、そういう立法を私どもも逐条的なあり方で読んで行くしかないでしょうから。その思いでテクストを見る限り第七章から第一四章までの八章に渡って続く立法を一つ一つ確認して行くことはどうしても私どもの読み方とならなくてはならないでしょうか。すなわち、第一五章に到りその間に立法して来た立法の実現困難を思う自己意識或いは反省の思いを抱き第一六章で立法することへ指針ともなるべき〝数学的知性〟のことや〝風土の持つ国民性への影響力の考慮〟ということへ議論が内省化するまでは、その一続きが大きな一段落だということです。さればそこでそれから後の第一五章と第一六章とがそれで一段落だということでもあります。

まあそんなところが第五巻を私どもが俯瞰をして見れば見て取るところでしょうか。それでは早速にも右の俯瞰に沿い、それぞれの段落において見るべきものを見て行くことにしましょう。

〔第一段落、第一章〜第六章〕

右の確かめられたようにこの範囲の議論は、要するに「法の序文」だということでした。この今日において「法律に序文をつけること」は歴史上プラトーンの創始になるということは周知のこととなっていますが、プラトーンは植民地建設のための立法というそのことにおいて如何なる〝序文〟を認めたのだったか。テクストを紐解いて私どもが最初に強いインパクトを与えられる言葉は「魂」そしてまた「魂」であり、私どもはそこでその「魂」へとプラトーンが注ぐ熱くて強い眼差しを覚えることでしょう。

プラトーンは開口一番「我々は何を所有しているか」というその問いから始め、曰く、「我々は支配的なものと服従的なもの」の二つを持つが前者をこそ我々は尊重すべきであり、そしてそのものとは「魂」である、とこう。恐らくプラトーンの脳裏には「およそ法とは命令の体系である。それはおよそ根拠を得ての支配というものではないか」という想念があったのだとは思われぬでしょうか。すなわち、換言すればプラトーンは「およそ法とは魂という根源に立脚してこそそこになるものであるという、そこまで透視されてこそ法である」ということを立法者とは思うべき義務があるのだということを語っているのだということです。そうであれば、以下、先ず〝ただ魂を尊重するとは単なるその思い込みではなく、否、その実のことなのだ〟とかそれに伴っての自己肯定の安易とはすなわち魂の損ない〟〝他への責任転嫁も然り〟〝快楽への無法な耽溺とは魂の辱め〟〝労苦・恐れ・悲しみへの屈服も魂の放棄だ〟とかいったこととはすべからくおよそ立法者とは人間存在には「魂」があらねばならぬとしてこそ立法するものであることを議論するものだと言えましょう。

以上の「魂」への眼差しこそ法の要求するものなのだという議論とは〝最善なるもの〟を魂が追求しそれを得たならそれとともに生涯を通すのだというその故に、神に次いで尊ぶべきものをこそ思ったものであったと言えましょう。さればその議論の後の今には、第三に尊ぶべきものの議論ともなるのだとして、「身体」ついて議論することともなります。だがしかし、その他ならぬその〝身体〟とは、『第一アルキビアデース』篇がそうした問題として議論をしたように、それに付属してある〝身体を養いそれに奉仕するもの、すなわち財産〟のことまでをもその射程として持つことも議論の俎上に上ります。すなわち、立法者とはおよそ人が尊重し守るべきものを立法し掟をする者でもあれば、身体の尊重ということに関してであれば「程のあるその健全な身体」の尊重ということを人々に課しつけるのでなくてはならない。そのことは身体の付属物としての財産についても同様であり、財産は節度において所有することを立法者は人々に求める。そしてその立法が子供の心が何を尊重すべきかというおよそその〝廉恥心〟のことに関するものとなり、彼は程に適ってこそ裕福たることを自らのこととともすべくもまたまさにその廉恥心を尊ぶことを学んでいなくてはならない。ではその学習は？　アテーナイからの客人は言います、「すべての人に対して若い者を恥じなくてはならぬ」と人は言う。だが真実にもそうだろうか。否！　思慮のある立法者なら彼はむしろ年寄りに対してこそ勧告するのだ、若い人々に対して恥を知るべきだと。そして以下の議論はその要点に関して透視するなら、右に見た「身体―身体に付属するもの」

というその射程をもう一段「親族・血族・友人・仲間・同胞・外国人・嘆願者等」という同じく身体の養いと奉仕とを自らのこととしなくてはならぬ存在まで広げて人は何をそこで尊重すべきであるかを語り続けるものとなっているのだと言えることでしょうか。

〔**されば、一方、両親にかつまた自己自身そして自己自身に属することどもをめぐったことども、ポリスとかつまた友人たちそして親族を、外国のことどもに土地のことどもをめぐっては、我々は殆ど詳らかにしたところです、諸々の交わりを。とは言え、どのような誰であってこそ自らとして最も美しく人生を送ることだろうかというそのことが語り明かすべくもそれに続いてあるのです**〕（七三〇Ｂ１〜５）

右の引用文は、思うに、テクストの第二章の議論を如何にも適切に纏めていることでしょう。そしてまた次なる課題の指示に関しても。すなわち、一言で言って所謂〝個人道徳〟の議論こそが次に語るべき課題なのだと告げているということです。そしてその〝個人道徳〟がまさにそれであるとは何であるか。それは人とは賞讃と非難とでもってこそ教化される者であろうが、その教化がそれへと導く結果がまた遵法への適性の獲得を獲得してあることの謂いなのだと語られる。それ故、議論はどういうことが賞讃されまた非難されるものなのかということを、殆ど枚挙して羅列するといった仕方で議論することになる。曰く——

イ、真実の者たれ。されば信頼を得ん。

ロ、自らが先ず不正ではなく、他人に不正を許さずにあるべし。

ハ、節度・思慮・その他の善きものを分かち与えるべし。

ニ、右のハに背くは非難に価いするも、善きものそのものはそれとして価値ありとすべし。

ホ、「徳」を目指す競いは賞讃されるべく、他方、有徳への妬みは国家の評判を貶めるものだと見られるべし。

ヘ、不正そのものには懲罰こそあるべきだがそれには人の怒りが必要であり、不本意な不正には深謀遠慮する穏和が必要だとされるべし。

とこのように。およそ「法」とは人がそこでこそ生きる国家を保ち不正を許さぬものであろうが、不正を許さず法を法として有効にあらしめるそのことには、しかしまさに個人道徳の一つ一つが散文的にあるべきことを議論しているのだと言えるでしょうか。だが第四章はこう始まる——

〔他方、すべての悪しきことどもの中の最大のものが人間どもの多くにとってはその諸々の魂においてその内に育ってあるのですが、そのものに対する共感を万人は自らに対して持ちながらにも逃れを何一つとして講じないのです〕（七三一D6〜E1）

あたかもプラトーンは自らが所謂〝性悪説〟に立つ者でもあるかのようにおよそ「国家」とは正しく営まれてこその国家なのであれど人間存在のそうした国家意志も〝一人でに〟ということでそこにあり得ないだと思う。それ故、その国家への意志を阻み疎外する存在の必然を承認する。そして、語呂合わせではないが、その阻害と疎外との克服において国家のあることを認めて行く。そしてその克服を人間存在に強いる不正の国家における否定し難い存在をプラトーンは見詰めて、

その起因するところを、彼の『テアイテートス』篇が

〔**いやしかし諸々の悪の滅ぶことは不可能ですし、テオドーロス――何故なら、反対に置かれた何らかのものが善きものに対しては常に存在をすることが必然なのですから――また神々の中にそれらが座を占めていることも不可能ですが、然るに、それらは死すべき自然本性とこの場所とをめぐって回るわけです、必然から**〕（一七六A５～８）

というのと全く同じ地平において、第四章の冒頭を右の引用文のように始めて行く。但し、今し方に〝自らが所謂〝性悪説〟に立つ者でもあるかのように〟などと私は言いましたが注意しなくてはならぬのは単なる〝性悪説〟といったようなその言葉に対してではなく、否、プラトーンが議論しようとしていることとは、要するに〝人間は自らの内なる悪に対して何と甘いことか〟と怒る人間存在に対して彼として求めたいリゴリズムだということです。問題は何なのか。それは恐らくこう言えることでしょう、「それはおよそ判断の尺度のことである」と。人が自己の内心に抱くものを〝それは悪いとは思う、だがそれにも拘らず事実上はそれをよしとして行う〟ということとは「悪と思う」だけで「悪だとは知らない」まさにそのことだとは幾度もソークラテースが厳格に思ったことでありました。プロータゴラースの思ったように〝尺度は人〟ではないのであり、真実にも尺度たるべきはおよそ「知る者」でありその先にある神なのであり、およそ尺度を人だとすれば思いをその恣意のままに許す無知にまさに無知たることは避けられず、またもし哄笑と涙とが法外であり喜怒哀楽が過度だとすればそれはおよそあるべき程の喪失或いは放棄で

あり、およそそうした我々の感情とは神の慈しみにおいて抱かれてこそ真実にも感情となることに気がつかぬことと見られるべきなのではないか。

さて、第五章はこう語り始められます――

〔**さればこの今には、さあそこで、一方、諸々の営みにつきそれらをどのようなものどもとして営むべきか、また各々の者のその者について彼がどのような誰であるべきかは殆ど語られるに至りました、それらが神的である限りは。だがしかし、人間的であるものどもはこの今に我々にとって語られるには到ってはおりません。だが語られなければならないのです。何故なら、人々とこそ我々は言葉を交わしているのであり、否、神々とではないのですから**〕（七三二D8～E3）

ところ。誰にとっても明かであるように、この語り方には「神的なこと」と「人間的なこと」という所謂二分法がありますが、恐らく「神的なこと」とは「～べきである」というようなおよそ義務というものがありそれをこそ人は引き受けるべきことがそれとして端的に言われるそのことの謂いであり、その仕方では語られないがとにかく人のことだとして語られることが「人間的なこと」でありましょうか。まさにそれかあらぬかアテーナイからの客人は直ぐさま

〔**実にもって、さあそこであるのです、自然本性において人間的なものとして取り分けて諸々の快楽と苦痛と欲望とは。そしてそれらから死すべきすべての生き物どもはまるでもうさながら吊り下げられてしまっており、ぶら下げられてあるのが必然なのです、それらの諸々の熱意とともに**〕

（七三二E4～7）

と何の委細に拘泥することもなく「人間的なこと」を端的に語って行きます。人間存在は純粋な魂そのもののことではなくて、否、身体とともに受肉してあるその合成体としてその肉体の養いとともにあらざるを得ないもののことではないかということです。その必然にあり、言うところの〝ゾーマはセーマ〟（身体は墓）だと言わしめるもののことだということです。しかしながら、そういうその人間存在でありつつも彼は自らのそれらの必然にも拘らず、或いはむしろその必然の故にこそ「最も美しい生」という単なる言葉での思いに解消されるようなものではなく、否、そこでこそ真実にも客観的な安らぎを成就し得たその生のまさに欲求を、すなわち欲求の真底にある真実の欲求を要求するのだと対話は言う。すなわち、人間存在とはその「最も美しい生」というものを正しく賞讃しまた味わうべき羽目にありその岩盤の上でこそ初めて自らのよって立つべきところを得るだろう存在なのだと。そしてその〝正しい賞讃や味わい〟とは何であると言うべきか。テクストはその委細を詳しく熱心に語ってくれてはいますが、私どもは今簡潔を重んじて一言で言って「それは快楽と苦痛とに曝されつつそれらの中で幸福というものをおよそ求める人間存在の快楽計算である」と言って済ますことと致しましょう。彼の『プロータゴラース』篇においてすでに検討されていた問題でそれはあり、我々は快楽の大小・多少・強弱に鑑みるなら必ずや合理的な計算をするだろうし、そこによき人生を構想するだろうとされていたのでした。

〔**如何なるそしてまたどれだけの限りの人生がさあそこであって、それらについて前もって選択して意志の対象たるものにしてかつまた意図的なもの、意志の対象ならざるものにしてそしてまた**

故意的ならざるものを見、また掟の中へと自己自身のために配慮をした上で、その際、好ましくて同時にまた心地よいものと最善にしてかつまた最も美しいものを選んでは、出来る限り人間として最も至福に生きるのでなければならぬのであるか」（七三三D7〜E3）

右は六章の冒頭からの引用文であるが、これは無論前の第五章でのこの今に右に見た欲求する人間の欲求が真底において欲求する生というそのことに絡んでこそ語り出されていることなのだと言うことが出来ましょうか。何故なら、ここではおよそ人間存在の抱こうその〝意図〟ということにまさに光を当てていましょうから。そして一方で問題は確かに大々的だとは言えましょうが、しかし他方ではその回答は如何にも単純明快だとも言えましょう。何故なら、この第六章は要するに我々人間存在の根本的な規定として欲望的であることがあるとは言えその欲望も真底においての欲望たらんとすればそれは程に適い思慮の徳をこそ持ったそれでこそあるべしと、こう結論づけるのですから。すなわち、その欲望を生きる生こそが悪徳に充ちた生よりも快適にして美・正・徳・名声において勝り幸福なのだと語るのですから。

三

［第二段落、第七章〜第十四章］　右において確認をしました第二の段落へと到りました。私はそこでこの段落は要するに立法の一つ一つのことであれば逐条的に見るしかないのではないかと申しておりましたので、その方針でただ愚直に進めて行きたいと思います、だがその要点だけを

押える形で。

〔第七章の要点〕

すでに先に一度この第七章の冒頭は引用して見ていたのでしたが、ここでの必要に鑑みてもう一度左に引用することに致します。

〔**そして諸々の法の序文としてここまで語られたものは、一方、諸々の語りの終わりを持ったのだとして下さい。しかしながら、序文の後は何処かしら必然的なのです、法が続くことが。しかし、むしろとにかく真実なことは国制に属する諸々の法を下書きすることでしょう**〕(七三四E3～6)

先の引用は対話がこれまでの議論とこれからの議論とをはっきり区別する意識を持ったということで私はやったのでしたが、今度はこれからの立法の仕事への着手の意識のことに留意しつつ私は引用しています。〝**国制に属する諸々の法を下書きするのだ**〟とは何という明確な自己意識であることでしょう。さればまた〝**さればちょうどさあそこで、云々**〟とこうも語りは直ぐさま続くことになって、早速にも国家編成の仕事を織物を織る仕事に喩えて〝強い横糸〟と〝柔軟な横糸〟として支配の側に立つ適性のある者たちと支配に服するのが適性であろう者たちとを語ります。すなわち、そこに役職任命と役人への法律授与という二つのことが行われて国民の義務を知らしめる立場に立つ者と義務の認め、つまり支配への服従の体系化とが国家の二つの形なのだと語られるということです。

とは言え、右は国家とその成員とがすでに構成済みだとしての議論ですから、順序からすれば国家の構成員の話が先立つべきだと語り直されます。そしてそこでは国民たちも、あたかも牛馬どもが飼育に当って飼育に価するものとそうでないものとが選別されるように、国民たるべき者たちもそうされるのだということが語られます。このことは今日では〝基本的人権〟の尊厳とか〝キリスト教的な博愛の教え〟といったことが強く思われていますから、その思いを不動のことだとすれば或いは野蛮かつ人道に悖る思想ではないかと非難されることかも知れません。しかし、プラトーンの思索からすれば、およそ人間存在が〝国民〟としてこそあるべきなら彼の肺腑には〝遵法精神〟が先ず基本としてあらねばならぬということがただ遠慮することなく語られているのだということでしょう。すなわち、プラトーンは人間存在とは先ず〝住み合っている者だ〟というところから始めているのであり、それに比べれば〝基本的人権〟とか〝博愛〟とかの要求はそういう人間は何処かで住み合っているのだという岩盤に立つことなくただ〝人は人なのだ〟というその同一律を唱えるそのことにただ意味を覚えているにも過ぎないとも批評されましょう。以下、この第七章はその国家成員の〝選別〟の行われ方の厳格と穏和（懲罰たる追放と植民への勧め）との話しやそもそもかかる選別の話しはおよそただ言論の問題としての限りであり事実上の問題などの議論ではないのだという話しがなされ、それでこの章の議論は終ります。

〔**第八章**〕

第七章は一つに国家編成の縦糸と横糸となるべきもの、二つにその前提たる国家を構成すべき構成員の選択という二つの基礎的問題を議論したものだと言えるかと思いますが、この章はその構成員も彼が規定される最も根本的な必然としてはその所有に関する〝欲望の徒〟であるという規定にある背後に及ぶ議論をするものでしょうか。すなわち、国家の構成員たちへの富の公平な分配という問題です。そこで議論は先ずアテーナイという一国家に歴史において燦然と輝く彼のソローンの〝負債の帳消し（σεισάχθεια）と土地の再配分〟という善政を省みながら始められ、「およそ欲望の増大こそが貧乏そのものなのだ」というその思想こそが国家の安寧の始めなのだとして、そうした思想の具現化としての制度を設けるべき必要を語ります。それ故、議論は財産の正しい分配ということを議論し始め、先ず人口は自らの養いと防衛と隣国の援助に足るだけのものでありそれは国土と隣国とを見ての実際的な理論に拠るのだとする。そして市民達の区分についての合意の必要も語られますがそれはその指摘ということだけで終り、話しは実際的具現化である立法というそのことへと向います。そしてこれが古代ギリシアのギリシア精神ということなのでしょうが、五〇四〇という数字が一・二・三・四・五・六・七・八・九・一〇・一二以下二五二〇に到るまでの五九個という多数の因数を持つことへと注意を向け、政治的な政策の実際が求めるだろうその「分割」に便利な可能性をその数字が用意してあるものであることを教え、そうした数的な知識が立法をする者の基礎的な教養であるべきことを語ります。

〔**第九章**〕

〝五〇四〇〟という数字は政治的な施策というものが恐らくは必然的にそこに求めるであろう様々な分割の可能性を大いに用意してある数なのだというのでしたが、そのような政治的施策としての分割ということをおよそ区分されてこそ住む国家はその区分された土地々々に神殿或いは神域というものを持ってこそあらねばならないということがまた必然とすることが、語られます。神殿は住まい合う者たちが相互に出会い親しみかつ結び合うその場所として住民そのもののことであり、住民が区分において住まうのなら、すなわち神殿も区分されるのです。

さてこのように立法の実際ということについて先ずは神殿の建立という国家とその区分された土地において住み合う住民とにとってその骨格ともなるべきものの議論から始められましたが、それ以後の立法の実際の話は先ずはその基本的な戦略を語るということになります。曰く、国家建設とはおよそ最善の独裁者による最善の国家建設というようには端的には行かず、否、次善のそれこそが選ばれざるを得ぬのが実際である。されば現実的に良策であるのは先ず最善の国制・次善のそれ・三善のそれを語り、然る後に建国の責任者にその選択を委ねることであると。故にアテーナイからの客人もそれら最善・次善・三善の国制を語りクレイニアースその他国家建設に意欲ある者の手に委ねる者であるとともまた。

〔第一〇章〕

〔それではですよ、先ずは第一のポリスにかつまた国制そして諸々の法の最善のものどもが存在するのですが、そこでは往にし方に語られたことがすべてのポリスに即して取り分け生じているのです。だが語られているのです、まさにそうあるように「共通のものなのだ、友たちのことどもは」と〕（七三九B8〜C3）

以上からして、先ずは最善の国家こそが語られなくてはならない。そしてそれは「友たる者らのことどもは共通だ」とされるそれであるとこう。それは遙かにかつての『国家』篇（四六二A〜E）の議論を私どもの念頭に髣髴させながら、そうした国家はまたそこに鎮座する神々の喜びのそれであること、そしてこれに近しい国家こそが次善のそれとして求められるようことがまた語られます。そして対話が求めて試みているのはまさにその国家なのだとも。

されば対話はその自然の国家を描かなくてはならない。それは次の三点で描かれます。曰く、

イ、土地と家とは分配され耕作は各自のことであり共同耕作はなされはしないが、しかしそれでも国土は祖国だと見られその意味でその所有も国家においては共有だと見られるべきこと

ロ、右に拠っての所有と活用との安定を旨とすれば、その所有者の数も増減すべきではなくて絶えず一定たるべく維持されること、そのための政策として相続人だけの財産の世襲と彼に拠る祭りごとの努めのこと、されば相続人以外の処遇は、女子は嫁がせ男子は養子とし、残る問題は護法官のこととすること

ハ、護法官の任務のこと——人々の子作りの能力に応じた産児制限や多産の勧め、植民政策等、またその逆に国民の余儀なき減少に対するまた余儀なき手当のこと

以上、国土というそもそも天下に共有のものを私的に所有はしつつもなお国家の安定のために委任されてありその意味でまた共有としてあるその安定の必要が説かれ、またそのための工夫が語られたということです。

〔第一一章〕

〔これらのことどもを、さればさあそこで、今に語られている議論が我々にとって語りつつ忠告しているのだと我々は言うことと致しましょう。曰く「すべての人々の中で最上の人々よ、類似と同等と同一とで同意されたものとを自然本性に即して尊重しながら放棄をする無かれ、数に即してかつまたすべての能力の美にして善である事柄どものであるのに即して。そしてさあそこでこの今にまた第一の数（五〇四〇）を、一方、全生涯を通じてすでに述べられたままに見守り、それから財産の高さと大きさの第一の程があるとしてあなた方に分配されたものを軽んじてはなりません、買ったり売ったり互いに向ってすることで・・・」〕（七四一A6～B5）

右の引用文は些か熱っぽく長々と語っているとも見えますが、しかし先ずその要点とは各自の所有になった財産のおよそ売買ということを理由を添えて禁ずるものだと言えましょう。そしてその理由とはそれらの所有財産は五〇四〇という一定たるべき数字の分割により「類似・同等・同一」を図ったところの数的にも能力に関しても美にして善なるものの維持でこそあり、それ故それらは自然本性に即して尊重すべきものなのだということとして語られています。従ってまた国家はそのための立法をして土地の神聖の神官に拠る祈願やその規定の神殿における公示と役人による監視を行うことが主張をされ、そしてそうした土地財産の売買の禁止がおよそ卑しむべき〝金儲け〟へと自由人が走る余地を与えないことの恩恵を併せ語ることともなります。

〔第一二章〕

そしてこの章もまた依然として〝最善の国家においては私的なもの何らあるべからずという〟その基本線からの議論がなお続き個人的な金銀の所有が禁じられるべきことが語られます。但し、日常的便宜を図るべきもの（職人たちの物品の購入や賃金労働者への手当など）は無論除かれはします。それ故、かかる日常的便宜を図るための国内的な貨幣の鋳造は認め国外にも通用しては私的な所有の原因ともなろうそうした貨幣の鋳造を行わぬことが語られます。以下、国外へ出る者たちの金銭が私的に所有される機会を消去する手立である国家的な管理のことが語られます。また同じ趣旨で婚姻における持参金の授受や金銭の預けに貸与の禁止ということも付言されます。

されば議論は金銀の私的な所有を防止し禁止する右の政策の持つ合理的な理由を語ることともならなくてはならない。ではそこを議論はどう語るか。そこには先ず深謀遠慮があると言えるでしょうか。何故なら、議論は一般大衆が立法者に対して望む望みのその尤もなあり方とそれにも拘らぬ危うさとを語るものでありますから。大衆は一重に国家の富裕とそれに基づく幸福ということをけだし尤もにも立法者に期待する。しかし、確かに幸福とは善きものの獲得こそであろうが、しかし富裕とは直ちに善きものの成就だと言えるのか。大衆は然りとしよう。しかしながら、実際には悪しき者こそが富を得て富裕であるに過ぎないのではないのか。であれば、富裕による幸福とは実現不可能なことだと立法者は考える。そして対話はこの認識の理由あるところをもし一般大衆が問うたならばとして、その理由の委細を語ることになる。曰く――

およそ富裕なる者の発生とは如何なることに起因をするのか。それはこうではないか。一方で悪人が不正な手段に正しい手段とで所得を得、善き人がただ正しい手段のみで所得を得るとするなら前者の所得は二倍以上である。他方、消費に関して見てみる時に善き人は立派な目的のためには消費をするというのに悪人は立派な目的にも立派ならざる目的にもおよそ消費はしないのだとすれば、後者の消費は前者のそれに対して二倍以下である。ここを見れば善き人のより富裕である何一つの道もないことは明かである。逆に富裕であるとは所詮は彼が悪人だということではないのか。されば我々は一方では「富裕ならぬ人―正しく善き人―幸福な人」というつながりを思い、他方で「富裕な者―不正で悪しき者―不幸な者」というつながりを思うべきだとすれば、議論の認識には理由があるだろうと。

四

〔第一三章〕

〔我々にとっては、だがしかし、諸々の立法の意図はここにおいて眼差ししたのでした。曰く、如何にして人々は出来るだけ幸福でありかつ最も取り分けて相互に親しくあることだろうか、と〕

（七四三C５～６）

この章の右に引いた文のような始まり方はもう一度〝序文〟を書いているような仕方で議論をそもそものところからするのだというようなものだとも見られるでしょうか。すなわち、議論は一息ついてまた始めるのだというわけです。ではその新たな議論とはどういうものか。その議論は訴訟沙汰という国民の親和を阻害するものの防止に絡むことです。すなわち、人間存在にとり根本的な必然であった〝欲望〟のたがが外れて不正となった場合にその〝訴訟沙汰〟は人々の間に起るのだということです。それ故、これまでにもすでに「冨の公平な分配」とか「国民は最善の国家においては万事を共有するのだ」とかいったことがあるべき立法の眼差しすべきものとして語られていましたが、その基本線が維持されるべくも、もう一度その同じ思想を議論は説くのだということです。そこでは——

イ、およそ訴訟沙汰とは肥大した各自の欲望からの摩擦でもあれば金銭の所有などを至上命題とはするべからず。それらは教育さるべき魂と身体とへすべからく奉仕すべし。すなわち、

ロ、我々の配慮すべきは一に魂・二に身体・三に財産の順序たるべし。

ハ、四つの財産階級を設けてみるが、それも役職分担や栄誉へ繁栄させそこで逆に平等を成就するためでこそある。それは極端な富裕と貧乏とを排除することでもある。そして

ニ、富裕と貧乏とに限界をおいてする様々な立法

といったことが語られることになる。要は先だってまた彼の『ゴルギアース』篇で語られていた〝幾何学的な斉一〟(ἡ ἰσότης ἡ γεωμετρική)こそは人間の欲望を人間の希望へと高めるものなのだという、その根本的な洞察こそ問題なのだということでしょう。そしてこの意味の斉一は本篇でも先の七五七Bで再び議論されることになるのです。

〔第一四章〕

〔さあそこで、その後には第一に、一方、ポリスは国土の出来るだけ真ん中に位置をしなくてはならず、それはまた他のことどもを基礎的に存在してあるものどもの中でもポリスにとって好適な限りのものどもとして持っている土地を選び出した上でなのだが、またそれらを心づきそしてまた述べることは何一つ困難なことではありません〕（七四五B３～６）

ここのところ岩波版の意訳された翻訳の何という達意であることよと思うと、私は私の直訳のごつごつとした翻訳の分かりにくさを我事ながら恨めしく思わざるを得ません。ですから精々のところプラトーンの原文の呼吸もそんなごつごつしたものなのだということを言い訳として強弁するしかありません。ですから、何をプラトーンが言っているのかというその内容が分ることを一重に重んじられる読者の方々はどうか岩波版の意訳を読んでみて下さい。原文を愚直に辿るとは言え、私の直訳のように原文の呼吸を辿るのは一つのこだわりにも過ぎないことでしょうから。ただ私はそういうこだわりに愛着することを止められないのだということです。それはそうだとして今や止めて事柄そのものへと帰りましょう。そうすると気づかれるのは、以上のいろいろの議論は言ってみれば要するに〝ソフト〟に関する議論であったのに対してここで初めて国土建設という〝ハード〟の議論に到ったということでしょう。無論、先に五〇四〇という分割に便利な数ということが言われていた時にも確かに半ばは〝ハード〟に関しての議論でもあったでしょうか。何故なら、それはまさに国土の区分による地域の設定ということでしたから。だがそれでもここでこそ〝ハード〟の議論に初めてなったのだというその〝初めて〟とは議論が国土設計そのものとしてラディカルにこそ考えられ始めているからです。国土設計ということとしていろいろのことが語られますが、その語りを最も抽象して語るなら、それは要するに以上に語られた次善の国家建設の思想に沿ってそれを活かす国土分割或いは国土設計の話しなのだと言うことになるでしょうか。さてそこで議論は先に七頁で見ていた第三段落になる。

五

〔第一五章〕

〔**然るに、我々は次のようなことを心に思うことがあらゆる仕方で必要であります。曰く、この今に述べられたすべてのことどもが何時かそうした諸々の好機へとともに陥りそこでまた一切のことどもが語りに即してそのように生ずることが伴うような見込みはないのであり**〕（七四五E7～七四六A1）

右の引用文は以上の議論はすべておよそ次善の国家こそ或る意味で最善の国家なのだとなして行った議論である。さればそれはおよそ理想というものの構想にも過ぎないのであり、それ故、事実的な成就を担保するものではないのだと語るものでありしょう。すなわち、議論は飽くまでも自己意識を放棄することはないのだということです。それ故、議論は理想とは現実を担保するものではないというのにも拘らずそれでも理想を理想として語ろうとし抜く者はその理想へ帰依するその帰依からの当然の要求として、理想の語りへと耳を傾ける程の者にはおよそ〝忍耐〟ということを要求することになります。それ故、理想を理想として語ろう立法者は私どもに向ってこう語ることになるのだと議論は致します。すなわち、

イ、理想の実現困難は、無論のこと意識していたのだということを

ロ、理想の実現とは先ずは真実を見落とさぬこと、次にその実現不可能を見出すなら次善へと向うべきこと

ハ、だが立法者はおよそ理想をそれとしてすべからく語らせられねばならず、その語りの上に立ってこそ初めてその有益と困難との調べも叶うのであり、それこそが首尾一貫であることということです。ここにはプラトーンという哲学者の理想の空想性を耐え抜く人間としての義務を放棄することをしない、その強固な意志と理想主義とが確固としてあるのだと言えましょう。

〔**第一六章**〕

右の第一五章も自らの議論への自己意識に絡んだものでしたが、恐らく第五巻の最後の章たる第一六章も同じその自己意識に絡むものだと言えましょうか。但し、それは第一五章においてのそれのように〝理想を語ることの困難〟ということのそれではなく、理想的な国家の建設を語る立法がそれに沿ってなされるそのおよそ「方法」に絡むものだと見られましょうか。何故なら、そこで語られるのは例の五〇四〇という数の十二部分への分割のこと及びなお下位の分割のことであり、そうした分割が到り着くそこで我々の現実を実際的に処理する道具たる〝単位〟という

ものの発見となることが語られ、そこに人間理性を我々は見るのだということが語られるのです。すなわち、まさにこのことが今日の世界文明までに他の諸々の文明は届き得ずにあるのに対して他でもなくただ唯一ギリシヤ精神の達成だけが届いている理由ともなっていることを我々は幾度強調しても強調し過ぎることはないでしょう。議論は最後に立法者が国民が数学的理性から秩序というものをおよそ遵守するかかる立法をすることを要求し、家政や国政にとっての数学の力の大や欲望の肥大からの卑しさと貪欲とを測り出し取り除く数の力を言い、数学的な理性によったその取り除きのないエジプトやフェニキアでのただの奸智のおぞましさを語ることになります。最後に人間の育ちに対する風土の影響力について付言するところがありますが、それは数学的な理性ということへのある対抗重量でもあるのでしょうか。

（平成二十五年十月二十四日、午前十時五分、擱筆）

『法律』篇　第五巻

一

726 **アテーナイからの客人**　さあそこで聞いて戴きたいのです、誰であれ今し方に神々とかつまた親しい祖先たちについてのことどもをお聞きだった人は。何故なら、「自らの所有になるものどもすべての内で、神々の後では、(1)魂が最も神的なものなのですから、最も固有なもの(2)であって。けれども、自らのものどもはすべて万人にとって二つのものなのです。されば、一方、より力あり優れたものどもはより主人的であり、他方、より弱くそして劣ったものは
727 より隷属的なのです。そのようにして、さあそこで自らの魂を神々という主人たる者たちと彼らに続く者たちの(3)後で第二のものとして尊重しなくてはならぬと語りながら、私は全うな仕方で勧告しているのです。だがしかし、尊重はしておりません、言ってみれば我々の中の如何なる者も全うな仕方では、しかしそう思われているのです。何故なら、神的な善きものとして何処かしら名誉はあり、他方、諸々の悪しきものどもの何一つも尊くはないのですが、然るに、或いは或る諸々の言論でもって、或いは諸々の贈物でもって、或いは諸々のお追従でもってそれを強めていると人は考えながら、だがしかし、何一つのより善きものとしてもより悪しきものからそれを成就していないのであり、一方で尊重していると思われはするが、他方、そのことをどんな仕方でもなしてはいないのです。

先ず第一に、子供は大人になった上で直ぐさますべて一切のことどもを認識するのに十分
B なのだと考え、自らの魂を賞讃しながら尊重しているのだと思い、また熱心になってそれが

欲求をする何でもあれ行為するようにと差し向けるのですが、他方、この今に語られたことですがそれらのことどもを遣りながら害しているのであって尊重しているのではないのです。だが、せねばならぬのです、我々の言うように、とにかく神々の後で第二のものとして尊重することを。更にはとにかく人間が自らのその時々の諸々の過ちについて自らを責任があるのだとは考えずに、また最多のそして最大の諸々の悪事のことでそうして、否、他の人々をそうして、他方、自らは常に責任なしとして除外する場合は、自らの魂を尊重して、とさあ

C

そこはそう思われるのですが、だがしかし、彼はそれを為しているどころではないのです、害しているのですから。更には諸々の快楽に対して立法者の語りと賞讃とに反してその意を迎えるといった場合には、その時には如何なる仕方でも尊重してはいないのであり、他方、それを侮蔑しているのです、諸々の悪しきことどもと、悔恨に満たされた上で。更にはとにかくあらためて反対に賞讃される諸々の労苦と恐怖と苦悩と苦痛とを忍耐しつつ遣り遂げることをせず、否、譲ってしまう場合には、その時には尊重をしてなどいないのです、譲って行きながら。何故なら、不名誉なものとして魂を仕上げるからです、そのような一切のこと

D

どもを遣りながら。更には彼が生きることをあらゆる仕方で善いことだと考えるその場合も尊重してはいないのであり、他方、蔑ろにしているのです、それをその時もまた。何故なら、ハーデースにおける事柄のすべては悪なのだと魂が考える時は、彼は譲って張り合うことをしないのですから。教えかつまた反駁しながら、彼は知ってはいないのだ、反対にすべての

善きことどもの中で最大のものとして我々にとっては神々の彼処の方々をめぐったことども
が[4]本性的にあるのかどうかということさえもと考えて。更には実に徳よりも前にあらためて
誰かが見目のよさをより先に尊ぶその時には、そのことは魂に対してのありてある仕方での
E またあらゆる仕方での軽蔑より以外ではないのである。何故なら、魂よりも身体がより名誉
においてあるのだとこの議論は主張しているのだから、虚言をなしながらにも。何故なら、
何一つのものも土の種族はオリュムポスにまします方々よりはより名誉においてあることは
なく、否、魂について別様に思惑をする者は無智なのだから、何という驚嘆すべきその持ち
728 ものを彼が無視しているのかを。更にはとまれ金銭を人が立派ならざる仕方で所有すること
を乞い求め或いは不快な仕方でその所有を我慢することをしないその時には、贈物でもって、
して見ると、彼自らの魂を尊重してはいないのです——一切から、先ずはされば彼は欠けて
あるのです——何故なら、そのものの尊ぶべきものと同時にまた美しいものとを、彼は与え
返しているのですから、僅かな黄金の価いで。何故なら、一切の地上のかつまた地下の黄金
は徳に対しての対価ではないのですから。要するに、誰であれまさにそれらを立法家が醜く
また悪しくあるのだと、また反対に善くまた美しくあるのだと数え上げながら配置すること
B どもを、一方のものどもからはあらゆる手段でもって遠ざかり他方の者どもをすべての能力
に即して営むことを欲しないといった者は知ってはいないのです、それらのすべてにおいて
一切の人間だとして魂という最も神的なものであるものを最も不名誉なものかつ最も無様な

ものとして取り扱っているのだということを。何故なら、悪行に対する所謂〝裁き〟のその最大のものを誰一人、言って見れば、考量をしてはいないのですから。しかし、実にあるのです、その最大の裁きとは実に悪しくある男どもに対して似ることとしてあり、他方、似て行きながら、一方、善き人物たちと言論とを避けまた縁を切り、他方の者どもにはくっつく
C こととして、諸々の交わりに即して追いかけながら。然るに、そうした者どもと付き合っていては、人はそのような者どもが互いにしたり語ったりすることどもをしたりされたりすることが必然なのです[5]。その情態は、さればさあそこで先ず裁きではないのです——何故なら、とにかく立派なことととしてこそ正しいことと裁きはあるのですから——他方、報い、つまり不正から伴って来る起こりなのであり、そしてその起こりに当たる者もかつまた当たることのない者も惨めなのです。一方の者は癒されずにあり他方の者は他の多くの人々が救われるためには身を滅ぼされながら。しかし尊重とは我々にとって、全体として言って、一方より優れた者たちには着いてゆくこと、他方、劣ったものどもであるがより善くなることが可能なものどもは、まさにそのことを最も善く果たすことなのです」

二

「されば魂に比べては人間にとって所有物はあることはないのです、一方、悪しきものを
D 避けることにかけて、他方、すべてのことどもの中で最上のものの跡を追い、掴み、そして

729 E

捕えた上では、あらためて残りの生涯を共同してともに住まうことにかけてよりよく適性を持ったものとしては。それ故にこそ第二位だとして尊重でもって配置がされてあるのです。他方、第三位は——まあすべての者がこのことを思うことであろうが——身体に対する自然本性に即した尊重が存在するのです。他方、あらためて諸々の尊重をよく狙い見るのでなくてはなりません、またそれらの中の何々が真実のそれらでありそしてどの限りが紛い物なのかを。しかし、それは立法家のすることなのです。さあそこで、彼は明らかに示すと私には見えるのです、これらのものどもだと、そして或るこのようなものどもとしてそれらがあることを。すなわち、名誉ある身体としては美しいのがあるのではなく強いのでもなく速さを持ったものでもなく大きなものでもない。更にはとにかく健康なものでもない——とは言え、多数者にとってはとにかくそのことこそが思われることだろうが——そして実際、とにかくそれらの反対のものどもでもない。他方、真ん中にあってすべてのその持ち前に触れてあるものどもが最も思慮が健全で、同時にまた遥かに蹉跌なきものなのです。何故なら、一方のものどもは自惚れたものかつ向こう見ずのものに諸々の魂をなし、他方のものどもは意気地なくそしてまた卑屈なものにするからです。(6) 他方、同様の仕方で金銭と所有物の所有があり、評価のことでは同じリズムに即しそのあり方を持っているのです。何故なら、各々のそれらのものどもの過剰なものどもは諸々の敵意と内乱とを諸々のポリスにとっても私人に対しても作り上げ、他方、諸々の欠如は概して諸々の隷属を(7)作り上げるのですから。さあそこで、人はともかくも子供らのために出来るだけ彼らが裕福であるように物欲の徒となってはなりません。何故なら、それは、彼らにとってもあらためてポリスにとってもより善いことではないのですから。何故なら、若い人々の胡麻をすられるような気遣いのない財産で、他方、欠かすことの出来ないものどもに事欠いたあり方ではないものが、これがすべての財産の中で最もムーサの教えに通いかつまた最善のものなのですから。何故なら、それは我々にとりすべてのことどもにかけて協調し調和してありながら労苦なきものに生活を仕上げてくれるのですから(8)。しかし、子供らには慎みの心を沢山残すべきであって、黄金をではありません。

B

とは言え、我々は思うのです、若い人々が恥を知らぬ振る舞いをしているのに対してこれを嗜めながらそのことを残さんことを。だがしかし、実にそれはあることとです、この今に若い人々に対してなされている言いつけからは生じてはいなくて。それをこそ人々は言いつけて語っているのではありますが『すべての人を若い者は恥じなくてはならない』などと。他方、思慮を持つ立法家は年寄りたちにこそまあむしろ勧告するのです(9)、若い人々に対して恥じるようにと。そしてすべてのことどもの中でも取り分けて用心するようにと。何時か若者たちの中の誰かが彼を見たり聞きつけたりしないようにとです、諸々の恥ずべきことどもの中の何かを遣ったり語ったりするところをです。それは年寄りたちが恥知らずな振る舞いに及ぶ

C

そこでは若い人々もそこでは最も慎みを欠いてあることが必然なのだとしてです。何故なら、若い人々の教育としてそして同時に自らのだとして抜きん出てあるのは忠告をすることでは

なくて、否、他人を忠告しながらまさにそれらのことどもを人が言うそれらのことを自らが生涯を通じてなすことなのですから。他方、同族であることと氏神たちの共同とを同じ血の
D
すべての自然本性を持つ者として人が尊びまた崇めてあれば、好意のある者たちとしてお産の神々を自らの子供たちの出産にかけて理に即して持つことでしょう。また実に友人たちのそして仲間たちのものを、人生においての諸々の好意を得た交わりに向って人は持つことでしょう、それは一方、より大きくまたより厳粛なものとして彼らの彼自身にかけての諸々の奉仕を彼らより以上に考え、他方、あらためてより小さなものとして彼自身の友たちにかけての好意を友たち自身にかつまた仲間たちに比べて考えて行ってです。実際、ポリスと市民たちとにかけて、遥かに最上なのです、誰でもあれオリュムピアーでのまたすべての戦争に関する或いは平和に関する諸々の競技よりも前に、国においての諸々の法に対しての奉仕の評判でもって勝利することを受け入れる人こそが。すべての人々の中で最も見事にそれらに対して生涯において尽くすことがあったのだとしてです。

E
他方、あらためて外国人たちに向えば思うのでなくてはなりません、如何にも神聖なものとして諸々の契約はあるのだと。何故なら、殆ど一切として外国人においてのまた外国人にかけての罪科は市民たちにおいてのそれらに反して復讐の神にかけて一層かかっているからです。何故なら、孤独な者として外国人は仲間たちからも同族の者たちからもありながら、より一層人間たちにとってまた神々にとって哀れむべきものなのだから。されば復讐をする

730 ことに力のある者は一層熱心に援助するのですが、他方、顕著な仕方で各人たちの客を待遇するダイモーンと神が力あるのであり、彼らはその際、客を待遇するゼウスに従っているのです。されば多大の用心が必要なのです、その人にとり僅かでもあれ先立つ慮りのある人は何一つ外国人たちをめぐって過ちを過つことをせずに人生において彼の終わりに進むべくもです。

けれども、あらためて外国人たちに対してのそして土地の者たちに対しての嘆願者たちをめぐってのそれは最大のものと罪はなるのです、各々の人々にとって。何故なら、その人とともに嘆願した上で嘆願者が神の諸々の同意の証人だとしてたまたま当った人その人はその受難の卓越した守護者となり、そこでまた何時か復讐をして貰えない者だとして蒙ることはないのだと思われるからです、その蒙ったことどもに当った者がです」

三

B されば両親にかつまた自己自身そして自己自身に属することどもをめぐったことどもは、一方、ポリスとかつまた友人たちそして親族を、外国のことどもにかつまた土地のことどもをめぐっては、我々殆ど今や詳らかにしたところです、諸々の交わりを。他方、どのような誰であってこそ自らとして最も美しく人生を送ることだろうかというそのことが語り明かすべくそれに続いてあるのです。法としての限りのものどもではなくて、否、賞讃と非難とが教化するものでありながら各々の人々をまさにこれから制定されようとしている諸々の法に対して一層よく制御されまた好意的なものに仕上げる限りのことども、それらのことどもがそれの後では我々にとって述べられねばなりません。

C

「真実が、さあそこですべての善きことどもにおいて神々にとっては先頭に立っているのですが、他方、すべてのことどもにおいて、人間にとってもそうしてあるのです。そのものをこそ至福にしてそしてまた幸福になろうとまさにしている者は最初から直ちに分かち持ってあることでしょう、最大の時に渡って真実でありながら生きて行くために。何故なら、彼は信じられる者だから。けれども、その者にとって嘘が進んで親しくある者は信じられないし、他方、その者にそれが故意ではなくそうある者は愚かなのです。それらのどちらも羨まれることではありません。何故なら、友を欠いてこそ、さあそこで、とにかくすべて信じられず無智な者はあり、他方、時が進めばそれと認識された上で厳しい老齢期にかけて自らにとりあらゆる孤独を人生の果てにおいて用意したのであって、そこでまた仲間たちや子供たちが生きていてあれそうではなくてあれ殆ど同じ仕方で彼にとっては孤独に人生はなるのです。

D

先ずはさあそこで尊敬に値して何一つも不正を行わない者もまたありますが、他方、不正をなす者どもに対して不正をなすことを許さないといった人は二倍より以上も前者より価値があるのです。何故なら、前者は、一方、一人分の価値があるわけですが、後者は多くの他人たちの分の価値があるからです、他の者たちの不正を支配者たちに明らかにして行ってです。

しかしながら、力の限り支配者たちのために懲らしめを助ける者もまた、偉大な人物としてポリスにあり完璧なのであって、この者は宣言されよです、徳でもっての勝者であるのだと[10]。
E 同じその賞讃を、さあそこで、思慮の健全についても思慮についても語るべきでありますが、また諸々の別の善きことどもの、ただ単に自らが持つことばかりではなく、更にはまた他の人々に対しても分かち与えることが可能なものどもとして人が所有をする限りのことどもがそうなのです。そして、一方、分かち与える者は頂上に立つ者として尊ぶべきでありますが、他方、またあらためて分かち与えることは出来ないが、他方、そう欲する者はこれを第二の者として許すべきなのです。他方、物惜しみをして進んで誰一人に対しても親しみを通して
731 諸々の善き何ものかの共同者とはならぬ者は、彼その人としては非難をすべきですが、他方、所有されているものは何一つ一層所有者の故に軽んずべきではありません。否、獲得すべきなのです、力の及ぶ限りには。他方、勝利を愛してこそあれです、我々にとって万人が徳に向って惜しむことをしないで。何故なら、一方、そうした人は諸々のポリスを強大にするのですから、一方、自らは競うものの、他方、他の人々を諸々の中傷でもって貶めることなどしないでいて。けれども、嫉みを持つ者は他人たちに対しての中傷でもって凌駕しなくてはならぬと思いながら、かつは自らは徳の真実なそれに向ってより少なく励みかつは競走相手の者たちを失意の中へと引き据えるのです、不正な仕方でもって非難をすることで。そして
B それらの故にポリスを全体として徳の競いにかけて訓練を欠くものとなしながらそれを善き

評判に向ってより小さなものに自らの部分に関して仕上げるのです。

C　先ずはさあそこで、気概を持った者としてすべての男子はあるべきですが、他方、温和な者として出来る限りあるべきなのです。何故なら、他の人々の困難で癒やし難い或いは全くもってまた癒し得ぬ諸々の不正行為は、闘いながらまた防ぎながら打ち勝ってそして何一つをもなすがままにはさせぬことでもって罰しながらよりも他の仕方では逃れ出ることはあり得ないのですが、然るに、このことは気高い気概なしには魂すべてはなそうことが不可能なのですから。他方、あらためて一方で不正を働く限りの人々のではありながらも他方では癒し得ることどもに関しては認識をすべきなのです、先ず第一にすべて不正な者は進んで不正なのではないのだと。何故なら、諸々の最大の悪しきことどもにおいては誰一人として何処においてでも何一つをも進んで何時か所有することなどはないでしょうし、他方、大いに最も少なく自らに所属するものどもの中の最も貴重なものどもの上でそうでしょうから。然るに、魂はさながらに我々が言ったように、(11)とまれ最大の悪を誰一人何時か進んで受け取って生涯を通してそれを所有しながらに生きることはしないのです。否、先ずは憐れむべくすべての

D　仕方でともかくも不正な者と諸々の不正を持つ者はあるのですが、他方、先ず癒し得る悪を持った者を憐れむことは可能でありまた気概を抑制しながら穏やかにすることがそうであるし、また女さながらにいきり立ちながら激昂して終始せずにあることもそうなのです。だがしかし、御し難く矯正し難い仕方で調子外れでかつ悪しき者に対しては怒りを放つのでなく

てはなりません。それ故にこそ、さあそこで気概のある者でありかつ温和でその時々にあらねばならないと我々は主張をするのです、善き人は。(12)

四

732
E

他方、すべての悪しきことどもの中の最大のものが人間どもの多くにとってはその諸々の魂においてその内に育ってあるのですが、そのものに対する共感を万人は自らに対して持ちながら逃れを何一つとして講じないのです。然るに、そのものは彼らが語っているところのもので実にあるのです、曰く「自己自身には好ましく万人が自然本性においてあるのであり、そしてまた全うなのだ、そうしたものとしてあらねばならぬことは」とこう。だがしかし、ともかく真実でもってのものは、自己自身に対しての激しい親しみの故にこそ各々にとって時々に諸々の過ちの原因となるのです。何故なら、盲目なのだから、その自らが好んでいるものをめぐって好んでいる者は。そこでまた諸々の正当なることどもや善きことどもそして美しきことどもを悪しく判断し、その際、自らに所属するものを真実なものよりも前に常に尊重しなくてはならないと考えるからです。何故なら、自己自身をも自己自身に属したことどもをもとまれ偉大な人物たらんとしている者は愛すべきではなく、否、正当なことどもをこそ愛すべきですから、よしまたそれらが自己自身からたまたま為されてあるのでもあれ、よしまた他人からむしろ為されてあるのもあれ。だが、同じ過ちのそれであるものからして

B

無知の自らの許にあるそれが智慧だと思われることがすべての人々に対して生ずるに到ってあるのです。そこからして言ってみれば何一つをも知らずにありながらすべてのことどもを知っているのだと我々は思うのであり、他方、それらの行為をする仕方を知識してはいないことどもを他の人々に任せずにいて、我々は過つことを強いられるのです、自らが行為して行く中で。それ故、すべての人間は強く自らを好むことはこれを避け、他方、自らよりより優れた人を常に追うべきなのです、何一つの恥ずかしさをもそのようなことにおいて面前に拵えることをせずに」

他方、一方ではそれらよりもより些細なことどもでまたしばしば語られることどもですが、他方ではそれらに比べて少なからず有用なことどもであるのを語るべきであります、自らが思い出しながら。何故なら、さながら何かが潮を引く時には常にその反対に潮が満ちるのでなくてはならぬように、他方、想起は思慮が潮引いてあったのが潮満ちることなのですから。[13]

それ故に、さあそこで

C

「諸々の哄笑の法外なのやかかる涙からは遠ざかってあるべきであり、万人が万人に対し忠告すべきであり、過度の喜び全体はこれをすべて覆い隠しそして過度の痛みもそうして姿よくすることを努めるべきなのです、かつは諸々の繁栄に即して各々のダイモーンが立ってあって、かつは諸々の巡り合わせに即して諸々の高くまた険しいことどもに向っての如くに諸々の困難にダイモーンたちが対立してあってではあれ。他方、常に希望をすべきなのです、とまれ善き人々に対して神は贈物されることどもを、一方、諸々の労苦が落ちかかって来る場合にはより大なるものの代りにより小なるものどもをお作りになられ、そしてあらためてこの今に現在しているそれらにおいてはより優れたものに向けた諸々の変化を作られることだろうと。他方、諸々の善きことどもをめぐってだとそれらの反対のことどもが常にすべて彼らにとっては善き巡り合わせとともに備わることだろうと。それらの希望でもってこそ、さあそこで各人は生きるべきなのであり、またすべてそのようなことどもの諸々の思い出でもって。その際、何一つをも省くことをせず、否、常に諸々の遊びに即してかつまた諸々の真剣に即して他人にかつまた自分自身に明確に思い起させながら」D

五

されればこの今には、さあそこで、一方、諸々の営みについてそれらをどのようなものどもとして営むべきか、また各々の者そのものについて彼がどのような誰かであるべきかは殆ど語られるに至りました、それらが神的である限りは。だがしかし、人間的であるものどもはこの今に我々にとって語られるに至っておりません。だが語られなければならないのです。何故なら、人々とこそ我々は言葉を交わしているのであり、否、神々とではないのですから。E

「実にもって、さあそこであるのです、自然本性において人間的なものとして取り分けて諸々の快楽と苦痛と欲望とは。そしてそれらから死すべきすべての生き物どもはまるでもう

733

さながら吊り下げられぶら下げられてしまってあることが必然なのです。それらの最大の熱意の的でもって。さあそこで最も美しい生をこそ賞讃しなくてはならないのですが、それはただ単にその生が見てくれでもって善き評判に向って勝るからというばかりではなく、否、また人が味わうことを欲しそして若くてありながらその生からの諸々の逃亡者とはならぬならば、万人が求める次の点でもってでも。すなわち、より多く歓び、他方、より少なく苦しむこと、人生のすべてに渡って、というその点でもまた勝るのだとしてなのです。だがしかし、そのことが実に明確なことであるのだとは、もしも人が全うに味わうならば立ちどころにそして強く現われることでしょう。然るに、その全うとは何でしょうか。次のことを今や言論から受け取りながら狙い見るべきなのです。すなわち、そのようにしてこそ我々にとっては自然本性に即して生は生い育ってあるのか、別の仕方では自然本性に反してそうなのか、生に対するに生をより快適なのとより苦痛に満ちたのを対比して次のようにして狙い見るべきなのです。我々は快楽が我々にとり存在することを望みますが、他方、苦痛は選びもせず望みも致しません。他方、どちらでもないものは、一方、快楽の代りには我々は望みは致しませんけれど、他方、苦痛と交換することは望みます。他方、より小さな苦痛をより大きな快楽とともに我々は望んで、より小さな快楽をより大きな苦痛とともには我々は望みません。だがしかし、等しいものどもの代りに等しいものどもをということでそれらの各々のものどもを我々が望むのだというようには、我々は持ち前がないことでしょう、明示すべくもです。

B

C　他方、それらすべては多さと大きさと諸々の強さと諸々の等しさとでもって、またすべてのそうしたものどもに対して意志に向って反対である限りのものどもは、隔たってありかつまた何一つ隔たってはいなくてあるのです、各々のものどもの選択に向っては。そのように、さあそこでそれらは必然から秩序づけられてしまってあれば、一方、生としてそれにおいて多くのまた大きく強い各々のものどもが内在するが、他方、諸々の快楽に属したものどもが凌駕してあるものは我々はこれを望むけれども、他方、反対のものどもが凌駕してあるものは我々は望まないのです。そしてあらためて、そこにおいて各々のものどもが僅かでそして小さくそして穏やかであるが、他方、苦痛なものどもが凌駕してあるものを我々は望まず、他方、その中で反対のものどもが凌駕してあるものは我々は望むのです。他方、あらためて人生としてのそれにおいて均衡のあるものは、ちょうど先のことどもにおいてのように[14]考え

D　なくてはなりません。すなわち、均衡ある生を我々にとって好ましいものでもって凌駕してあるものどものだという意味では[15]我々は望むのであり、他方、あらためて憎まれるべきものどもでもっては我々は望まないのです。さあそこで、すべての我々に属した生を考えるのでなくてはなりません、それらの中に本来的に縛りつけられてあるのだと。そして考えるのでなくてはなりません、どのような諸々の生を自然本性において我々は望むのであるかとこう。だがしかし、もし何かしらそれらに反して望むのだとひょっとして我々が主張するとすれば、ありてある諸々の人生に対しての何かの無知と無経験との故にそれらのことを我々は語って

いるのです。

六

如何なるそしてまたどれだけの限りの人生がさあそこであって、それらについて前もって
E 選択して意志の対象たるものにしてかつまた意図的なもの、意志の対象ならざるものにしてかつまた故意的ならぬものを見た上で掟の中へと自己自身のために配置をした上で、その際、好ましくて同時にまた心地よいものと最善にしてかつまた最も美しいものを選んでは出来る限り人間として最も至福に生きるのでなければならぬのであるか。我々は、さあそこで語ることとしよう、思慮の健全な人生が一つであり思慮のあるそれが一つ、また一つとして勇気あるそれがあり、また健康な人生を一つとして我々は配列することとしよう。そしてそれら四つとしてあるものどもに対しての反対のものどもとして別の四つ、思慮を欠く、臆病な、放埒の、病んだそれらがあるのです。

されば先ず思慮の健全な生を、認識のある者はすべてのことどもに向って穏やかだとして
734 置くことでしょう、そして、一方、穏やかなものとして諸々の苦痛を、他方、穏やかなものとして諸々の快楽を、優しいものとして諸々の欲望を、また諸々の恋は熱狂したものとしてではなく提供するものとして置くのですが、他方、放埒なそれをすべてのことどもに向って鋭くまた、一方、激しいものとして諸々の苦痛を、他方、激烈なるものとして諸々の快楽を、

他方、緊張しかつ荒れ狂ったものとして諸々の欲望を、そしてまた諸々の恋を出来る限りに最高に荒れ狂ったものとして提供する者に置くことでしょうが、他方、立ち勝るものとして、一方、思慮の健全なる生においては諸々の快楽が諸々の苛立ちに比べてあり、他方、放埒な生においては諸々の苦痛が諸々の快楽に比べて大きさでもってまた多さでもってまた諸々の頻度でもって然りだと置くことでしょう。ここからしてそれら生の一方のものはより快適で

B
あり、他方のものはより苦痛なものだと必然からして自然本性に即して生ずることが帰結し、そしてとにかく快適な仕方で生きることを望む者は最早とにかく故意に放埒な仕方で生きることを許すことはしないのです。否、今や明らかなのです、この今に語られたことが全うなことであれば、万人は必然から不本意ながらに放埒なのです。何故なら、或いは無知の故に或いは抑制を欠くことの故に或いはその両者の故に、思慮を健全にすることから欠けてありながら生きるのですから、すべての人間的な大衆は。

C
　他方、同じことどもを病んだかつまた健康な生について思考せねばなりません。それらは、一方、諸々の快楽と諸々の苦痛を持ってはいますが、他方、凌駕しているのだ、諸々の快楽が、一方、諸々の苦痛を健康において。他方、諸々の苦痛が諸々の快楽を諸々の病においてはというように。だが、我々にとって諸々の生の選択に対する意志は苦痛なものが凌駕するためではありません。けれども、そこでそれが凌駕されるその生をこそより快適だと我々はすでに判定しているのです。さあそこで思慮の健全な生は放埒な生よりも思慮ある生は思慮

を欠く生よりも、我々は主張することでしょう、また勇気に属した生は臆病に属した生よりもより僅かでまたより小さくかつより稀なものとして両者を持ちながら、諸々の快楽の中の或るものでもって各々は各々を凌駕しており、苦痛の或るものでもっては後者のものどもが彼らを凌駕していてあれば、一方、勇気ある者は臆病な者を、他方、思慮のある者は思慮を欠く者に対して勝利するのであって、そこでまたより快適であるのです、諸々の生は諸々の生よりも。すなわち、思慮が健全で勇気がありまた思慮があって健康なそれは臆病で思慮を欠き放埒で病んでいるそれよりも。

D　そして、総括して言って、徳に絡んだ生は身体に即して或いは魂に即して劣悪に絡んだ生よりもより快適でありかつまた諸々の他のことどもでもって十二分に超過しているのです、美でもって全うであることをもってかつ徳でもってまたよき評判でもって。そこでまたその生を持つ者を反対の者よりは、より幸福に生きるべく仕上げるのです、すべてでもってまた

E　全体でもって」

七

そして諸々の法の序文としてここまで語られたものは、一方、諸々の語りの終りを持ったのだとして下さい。だがしかし、序文の後は何処かしら必然的なのです、法が続くことが。とは言え、とにかくむしろ真実なことは国制に属する諸々の法を下書きすることでしょう。

されればちょうどさあそこで、或る織物或いはまた編まれた別の何であれそのものは同じもの
どもからして横糸とかつまた縦糸とを作り上げることは出来ず、他方、諸々の縦糸の種族は
卓越性に向って隔たってあることが必然的である如く――何故なら、それは強くてかつまた
或る確固としたあり方をそれらの方向においては掴んであるが、他方のものはより軟らかく
735 また或る正当な適正を用いたものですから[16]――そこからしてさあそこで諸々の支配を諸々の
ポリスにおいて支配しようとしている人々と僅かな教育でもって試練をされただけの人々と
は、或る仕方でその道筋でもって時々に語りに即して区別されねばなりません。何故なら、
さあそこであるからです、国制のだとして二つの形が。すなわち、一方は諸々の支配の各人
らに対しての引き据えであり、他方は諸々の法のそれらの支配に対して返し与えられたそれ
です。

　だが、これらのすべてのことどもの前にこうしたことどもを思うのでなくてはなりません。
B すべての群れを羊飼いに牛飼いに馬たちに、そしてまた別のそうした限りであるものどもの
飼育者が受け取った上では、先ずは第一にそれぞれの群れにとって相応しい浄めを共同生活
のために浄めるよりも他の仕方で何時か世話をすることを手掛けることはないことでしょう。
他方、健康なものどもとそしてまた然らざる者とを、そして生まれよきものどもと生まれを
欠くものどもとを引き離し取り出した上で、或るものどもは、一方、別の或る群れに向って
送り出し、他方、或るものどもは世話をすることでしょう。こう考えながら。曰く、無駄で

果てしないものと身体をめぐってそしてまた諸々の魂をめぐって苦労はあることだろうと。

C　それらを自然本性と劣悪な養いが台無しにしてしまって健康でそして混じり気のない諸々の性格とそしてまた身体に属した種族を諸々の所有物の各々において加えて損なうのだ、もし人が元来からあるものどもをすっかり浄めることをせずにあればとこう。一方、さあそこで他の生き物どもに属したことどもはより僅かなことどもに属する熱心でありそしてまた例のためにだけ議論に対して引き合いに出される価値があるわけですが、人々に属したことどもは最大の熱意に立法家にとっては各々のことどもにとって相応しいものを浄めにつきそしてまた一切のその他の諸々の行為について探して示すべく、属するのです。

D　何故なら、例えばポリスに対しての諸々の浄めをめぐったことはこのようにそのあり方があってあることでしょう。沢山に諸々の浄めがある時に、一方、或るものどもはより容易であり、他方、或るものどもはより困難でありますが、また或る諸々の浄めは、一方、僭主でまた立法家として同じ者があってでは、それら困難にしてそしてまた最善である限りのものどもが浄めることが出来ることでしょうが、他方、立法家が僭主的支配を欠いて新たな国制と諸々の法とを引き据えて行きつつあっては、もし諸々の浄めの中で最も穏やかなものをでさえ彼が浄めることがあるならば、満足する仕方でそのようなことさえもすることでしょう。

E　だがしかし、実にあるのです、一方、最善のものは苦しくて。それはちょうど諸々の薬の中でそうした種類のものどもがそうあるようなものであり、それは裁きでもって処罰とともに

懲らしめることへと繋がって行くのであり、死刑を或いは国外追放を、処罰でもって最後と
して課して行くのです。何故なら、最大のことどもに関して過ってしまったが、他方、癒す
ことの出来ぬ者どもは、他方、最大の害としてポリスに対してありつつあっては、放逐する
が習いとされて来ているのですから。他方、諸々の浄めの中にありより穏やかなのは、こう
したものとして我々にとってあるのです。糧食の欠乏の故に指導者たちに対して持っている
人々たちの持物に向って持たぬ者であればこそ自らを後に続くべくも準備してしまったぞと
736 自分らを示す用意のある限りの者たち、この人々に対してはポリスに対しての病としてその
内に生い育ってあるものとして婉曲な仕方での除去の故に植民の名目を立てながら、出来る
だけ親切な仕方で送り出したのでした。されば先ずすべての立法家にとってはとまれ何らか
の仕方でそのことを諸々の最初に即して遣らなくてはならぬのですが、だが我々にとっては
なおそれらよりも厄介のないこととして、それらのことどもをめぐってはこの今に帰結して
いることどもはあるのです。何故なら、植民も浄めの何かのある選択も現状に向っては工夫
する必要がないからです。他方、例えば或る多くのとともに流れるものどもから、一方、諸々
B の泉に属したものどもが、他方、冬の流れに属したものどもが一つの貯水池へというように
注意を向けながら見守ることが必然的なのです、如何にして出来るだけ最高に純粋にともに
流れる水があることだろうかと、或るものどもは逸らして或るものどもは脇へと道を作って
流しまた向きを変えながら。だがしかし、労苦はどうやらそして危険はすべてのポリス的な

C 建設においてあるようです。然るに、事柄はとにかく言論でもってこの今にはあるのであり、否、働きでもって行為されてあるのではありませんから、早決まりがついて我々にとっては選び出しはあるのだとし、かつまた知性に即してそれの清らかさは結果してあるのだと致しましょう。何故なら、悪しき者どものこの今のポリスへ市民たらんとして集ることを試みる者たちに属する者どもはあらゆる説得と十分な時間でもって終始試金石にかけた上で、至り着くことを我々は妨げるでありましょうし、他方、善き人々はこれらを力の限りに好意あるあり方でそして親切なものでもって我々は自らの側へ導くことでしょうから。

八

D だがしかし、次のことが好運として生じてあったことが我々の注意を逃れてはなりません。すなわち、ちょうど我々がヘーラクレースの子孫たちの植民は好運であった、それは土地と負債の帳消しと分配について恐ろしくてそして危険に瀕した争いをそれが免れたのだからといったようにということです。その争いの立法化をすることが強いられた諸々の古来からのポリスに属するポリスにとっては不動のままに放っておくことも叶わずあらためて何らかの仕方で動かすことも可能ではなく、然るに、ただ祈りだけが言ってみれば残されるのです。そして僅かな変化の注意深いのが多くの時間の中で僅かを移す人々にとってあったのでした。この変化です。動かして行く人々の常に一方で自らが惜しみない土地を所有している場合に

始まること、他方、また彼ら自身にとって負債者たちをもまた沢山所有しつつそして彼らが
E
何かの道筋でそれら事欠く人々たちと公平の故に共同することを欲する場合に、すなわち、或る者どもは、一方、放棄し、他方、或る者どもは分配をしながらでありますが、その際、彼らはとにかく何らかの道筋でもって程あるあり方を身につけつつそして貧乏を財産をより少なくすることにはあらず、否、食欲をより多くすることだと考えながらあるのです。何故なら、安寧の最大の始まりとしてポリスに対してはそのものこそがなるのですから。そしてその例えば確固たる基礎の上で更に打ち建てることが可能なのですから。まあどんな国家的な秩序のそのような条件に相応しいのを人が後で打ち建てるのではあれ。だがしかし、その
737
移行が不健全であるならば[18]道がよくついているものとしては、それらの後の国家的な行為は何処にもポリスにとって生ずる見込みはないのです。そのものはこれをこの我々は、先ずは、我々の言う如く、逃れ出ています。だがしかし、それでもともかくも述べられてあることはより全うなのです、もしも我々が逃れ出てはいないのなら一体どの道筋でもって我々がそれからの逃れを逃れたことだったかを。さあそこで言われてあるのだとして下さい、この今に。曰く、正義とともにあり財物を好むことなどしないことを通じてこそだと。他方、他のものとしてはあり得ないのだ、そのような工夫の広いのも狭いのも逃亡はと。そしてそのことを先ずは例えばポリスの支えとして我々にとってはこの今に置かれてあるのだとして下さい。
B
何故なら、非難なきものに諸々の財産を相互に向ってとにかく何としてでも用意しなくては

ならず、或いは昔からの非難が相互に向ってある人々に対してその関する限りに他の準備の先のものへと先だって前進しないようにせねばなりません、知性に僅かではあれ与ってある限りの人々にとってはです。他方、我々にとってこの今にというように神が新しいポリスを建設すべくかつまた諸々の或る種の敵意が未だ存在しないようにと与えた者たちにとっては、彼らが自らにとって諸々の敵意の責めのある者たちに土地とそしてまた諸々の住いとの配分の故になることは、およそ人間並ならぬ、一切の悪とともにある、無智であることでしょう。

C　されぱさあそこで、どんな仕方が全うな分配のそれとしてあることでしょうか。第一には先ず彼らの数の嵩が定められねばなりません、どれだけ存在する必要があるのかと。他方、その後で市民たちの配分を多さでもってどれだけの部分に即してまたどのように大きいかに即して彼らを区分すべきか、合意に達しなくてはならないのです。他方、それらへと向って土地とそしてまた諸々の住いとが出来るだけ平等なものとして分配をされねばなりません。

D　さあそこで多さの十分な嵩は他の仕方では全うに語られて生ずることはないでしょう、土地に向ってまた諸々の近隣の国々の諸々のポリスに向ってよりのです。土地は、一方、思慮の健全である限りの者たちを養うに十分であり、他方、より多くのものは何一つ必要としないのです。他方、多さは必要とします、近隣の者どもが不正を働いて来るのを自らを防御することが可能で、そしてまた彼ら自身の隣人たちが不正を働かれるのに対して援助をするのに全くもって行き詰まった仕方で出来るそれだけの限りが。だがしかし、それらのことどもは土地と隣人たちとを見た上で我々は限定することでしょう、働きでもってかつ諸々の言論でもって。他方、この今は象りと下図のためそれが完成をさせられるためには、立法に向ってこそ議論は進むと致しましょう。

E 先ずは五千と四十とがあるのだとして下さい、数として何か或る相応しいそれのために、土地所有者たちにしてかつまた分配のために助けとなる者としてです。他方、土地と諸々の住いとが同じく同じ諸々の部分を分配されてあるのだとして下さい、その際、それらの部分は人と割り当て地とが結びついた事態なのです。二つの、先ずはさあそこで部分がすべての数のだとして、第一に分配されたとして下さい、他方、それらの後で三つの部分に同じ数をそうして下さい、何故なら、その数は四つにも、五つにも、そして十に至るまで次々に本来

738 そうされるのですから。さあそこで諸々の数についてとまれそれだけのことであればすべての人物は立法しながらも思考済みでなくてはならないのです。すなわち、如何なる数がまたどんな数がすべてのポリスにとって最も有用であるのかということです。さあそこで我々は語ることとしましょう、最も多くのまた取り分けて続いて諸々の因数分解を自らの内に所有してある数を。先ずはさあそこで、すべての数はすべてのことどもへとすべての切りを得ております。とは言え、五〇四〇なる数は[19]戦争にかけてかつまた平和に即しての一切の契約と共同ごとに向っての限りのことどもにかけて、つまり諸々の入りにそしてまた分配についての

B ですが、六十に一を欠く分解以上が切られることは出来ませんが、他方、それらは一から十

まで連続しているのです。

九

これらのことどもは、先ずはされば、さあそこで、また閑暇に即しても確固として仕方で人々は把握をしなくてはならないのですが、彼らに対しては法が把握することを課すのです。何故なら、さればその道筋でもってよりの他の仕方ではそれらはそのあり方はないのですが、他方、それらはこのことどものためにこそ述べられなくてはならないのです、ポリスを建設する者にとっては。新しいのを最初から人が作るとしても、また往にし方の滅びたのを再建するとしても、とにかく神々についてまた諸々の神殿について、どんなものどもがポリスにおいては各々の神々に対して捧げねばならないか、かつまたどんな神々の或いはダイモーン方の神殿として名づけられなくてはならぬかは、誰一人知性を持ってあっては動かすことを試みたりなどしないことでしょう、デルポイから或いはドードーネー[20]から或いはアンモーン[21]から或いは諸々の或る往にし方の語りが何がしかの可能な仕方で或る人々を——諸々の幻が生じたからだとか或いは神々の神託が語られたからだとか——信じ込ませた限りのことどもをです。他方、彼らは信じ込ませた上では諸々の犠牲を諸々の儀式に対して混然たるものとして引き据えたのであり、それらはもしかしてまたまさにそこの土地のものであり、もしかしてまたさればテュレーニアー[22]のものでありもしかしてまたキュプロースのものでありもし

C

かして何であれ他のところからのものなのです。他方、そのような諸々の語りでもって彼らは諸々の神託とそしてまた神像そして祭壇また神殿を神聖なものとなし、かつ諸々の神域をそれらの各々のために彼らは切り出したのでした。それらの一切のことどもにおいて立法家にとって最も僅かなことの何一つも動かされてはならず、他方、諸々の部分の各々に対して神或いはダイモーン或いは或る英雄を与え返さなくてはならず、他方、土地の分配において D は第一の方々に対して諸々の神域が選び出されそしてまたすべての相応しいことどもを与え返されねばならないのですが、それはそれら各々の部分の諸々の集まりが規定された諸々の時に即して生じながら諸々の各々の必要にかけて機会を準備し、お互いに対して諸々の犠牲の祭りとともに挨拶をし、かつ自らの友となし知己とするようにということです。そのことよりもより大きいものとしては何一つポリスにとっては善きことはないのです、知己の者に E 人々自らが自らにとってあることに比べてです。何故なら、光りがお互いにとってお互いの諸々の性格においてはなく、否、暗闇があるところでは至当な名誉にも諸々の役職にも相応しい裁きにも何時か人は全うな仕方で当る見込みはないでしょうから。さあそこですべての人は一切合財このことをこそすべてのポリスにおいて努力しなくてはならぬのです、それは自らが不誠実な者として誰に対してであれ現われることなく、他方、単純で真実な者として常に現われ、また他の者がそうした者でありながら彼を完全に欺くことがないようにということです(23)。

739 さあそこで、その後の運びはさながら将棋盤の神聖なものから[24]というように、諸々の法の
準備のだとして馴れていないものとしてあって、恐らくはまあ驚くべく最初に聞く人をなす
ことでしょう。実際そうではなく、しかし熟慮し試みた者にとっては現われることでしょう、
まあ第二の仕方でこそポリスは経営されるのだ、最善のものに向ってはと。けれども、まあ
恐らく人はそれを受け入れはしないことでしょう、立法家が独裁してはあらぬのに対しては
馴れてはあらぬことの故に。だがしかし、最も全うで実にあるのです、一方で最善の国制を
B また第二のそして第三のそれを語り、他方で語った上で選択を各々の共同体のことに権威の
ある者に与えることです。さあそこで作ることと致しましょう、その語りに即してこの今に
またこの我々も。その際、徳でもって第一の国制と第二のそして第三のそれを言った上で。
他方、選択はクレイニアースにこの今には与え返しかつまたもしも誰か他の者が常に何時か
そのようなことどもの選び出しへと入った上で自らの遣り方に即し彼自身にとって彼自身の
祖国の好ましいものを自らへと取ることを欲するとするなら、そうしましょう。

一〇

それではですよ、先ずは第一のポリスにかつまた国制そして諸々の法の最善のものどもが
C 存在するのですが、そこでは往にし方に語られたことがすべてのポリスに即して取り分けて
生じているのです。だが語られているのです、まさにそうあるように「共通のものなのだ、

友たちのものどもは[25]」と。さればこのことがもしまた何処かしらこの今に実にあるのであれば、またもし何時かあるであろうなら――すなわち、一方、共通ものとして女たちがあり、他方、共通のものとして子供らがあり、他方、共通のものどもとして財物の一切があることですが――またあらゆる工夫でもって、言うところの私的なものが至るところから生活から一切だとして取り出されてしまうなら、他方、可能なものにかけて自然本性において私的なものどもさえもとまれ何らかの仕方で共通のものになることが工夫がされるに至ってあれば D それは例えば両眼に両耳に両手が共通のものどもを、一方、かつは見、かつは聞き、かつは行為すると思われるようにとであり、あらためて賞讃しかつまた非難するのに一つずつ取り分けて一切の人々が同じことどもに立って歓びを感じまた苦しみながらするようにとというわけですが[26]、また可能な限りに諸々の法としてあるものどもが一なるものとして取り分けてポリスを成就するなら、これらのことどもの徳に向った超過でもっては誰一人も基準を他のものとして何時か置いた上でより全うに置くことはないことでしょうし、更には、より善く置くこともないことでしょう。

先ずはさあそこでそのようなポリスはよしまた何処かしら神々が或いは神々の子供たちがお一方よりも多くの方々としてそこにお住まいになられるにせよ、そのようにして生き続けられながら歓喜の内に住いなさるのです。E それ故に、さあそこでとにかく国制の模範を別の道筋でもって狙い見るべきではなくて、否、その国制に我々は取りすがりながら取り分けて

そのようなそれを能う限りに探すべきなのです。他方、それをこそこの今にこの我々が何が
しかの仕方で手掛けるに至ったポリスは不死に最も近く生じてあり、そしてまた一つのそれ
として第二の仕方であることでしょう。他方、第三のものはそれらの後で、もしも神が欲し
なされれば、我々は詳述することでしょう。だがしかし、この今にはされればそのものをこそ
何であるか我々は語りまた如何にしてそのようなものとして生じて来るのかを語るのです。

740 先ずはさあそこで第一に土地にかつまた家を人々は分配され、そして共同をしては農業は
しないのだと致しましょう。それはそのようなことはこの今の出生と養育と教育とに即して
述べられてあるよりはより大きいからにはです。けれども、さればこのような分配でもって
或る仕方で彼らは分配されるのだと致しましょう。すなわち、して見ると割り当てを得た者
はその割り当てのそれを、一方、ポリスすべての共同のそれとして見なし、他方、祖国とし
てこそ国土はあるその時にその国土を母親を子供たちがそうするよりより大きい仕方で世話
しなくてはならないのであり、そしてその国土は死すべく存在しているものどもの女主人と
B してまた生じてあることでもってしてそうなのであり、他方、同じ諸々の思いを土地の神々
とかつまた同時にダイモーンたちをめぐってもまた持たなくてはなりません。

他方、それらのことどもが常の時間にかけてそんなあり方で基本的にあるようにとこれら
のことどもを加えて考慮しなくてはなりません、すなわち、この今に我々にとって諸々の竈
が数に関して分配をされてあるべくある限りが、それらがその限りのものどもとしてあり、

そして何かしらより多くなることも何か何時かより少なくなることもないことです。されば このような仕方でそうしたことは確固とした仕方ですべてのポリスをめぐって生ずることで しょう。すなわち、分配された土地をその住いのだとして割り当てとして得た者は常に後に 残せよです、唯一人だけの相続人を自らの子供たちの中で、彼にとって取り分けて好ましく ある者を受け継ぎ手で神々と一族とポリスとの生きてある者たちのまたすでにその時にかけ ては終りを持っている限りの者たちの世話人として。

C

他方、他の子供たちの彼らにとって一人以上の者たちが生じてある者たちは、女の子たち は法の重ねて置かれるだろうものに即して[27]嫁に出し、また男の子たちは市民たちの中でその 人たちにとって出生において欠いているそれらの人々のため、息子たちとして配分すること。 すなわち、先ずは好意に即して取り分けて、他方、もし或る人々に対して諸々の好意が欠け ているならば、或いはより多くの子孫たちの女であるのが或いは誰か男であるのが生まれる とか或いは反対に彼らがより少なくてある場合には、すなわち、それは子供たちの不出産が

D

生じたからですが、すべてのそれらのことどもの始めのそれをこそ我々が最大でそして最も 尊ぶべきものだと置くものそのものが、あり余るものどもや或いは不足してあるものどもを 如何に取り扱うべきかを狙い見た上で工夫を取り分けて算段せよということです、すなわち、 どうとかして五〇四〇の住まいが、常にただそれだけであるようにとです。然るに、工夫は 沢山にあります。何故なら、出産の抑制もまたその人々にとって出産が順調な人々にとって

ありますし、また反対に諸々の世話と努力が生まれるものどもの多さに対しては諸々の名誉
E にかつまた不名誉そして若い人々をめぐっての年長の人々の諸々の忠告でもって諸々の語り
の忠告的なものどもを通して対抗しながらあるのであり、それらは我々の語っていることを
なすことが可能なのです。そしてさあそこでとまれまた最後としてもしあらゆる行き詰まり
が五〇四〇の家々に対しての不平等をめぐり生ずるとすれば、他方、我々にとって市民たち
の重ねての流入が超過しながらともに住いする者たちの互いに対する親しみの故に結果して
そして我々が行き悩むとすれば、往にし方のものが何処かしら本を占めてあるのです、工夫
として。それはしばしば我々が語ったものですが[28]諸々の植民の送り出しでありそれは親しい
ものとして親しい人々の許からこそ生じてあるのですが、それらのだとして適当である者が
741 属していると思われるのです。またあらためてもしまた反対に何時か大波が諸々の病の洪水
をもたらしながら、或いは諸々の戦争の破壊をそうして向って遣って来るとすれば、他方、
大いにより少なく決められた数よりも諸々の死別の故になるなら、一方、進んでは市民たち
として生まれ賤しい教育でもって教育されてしまった者どもを差し挟んではなりませんが、
他方、必然を神さえも強いることは出来ない[29]のだと語られています。

一一

これらのことどもを、さればさあそこでこの今に語られている議論が我々にとっては語り

つつ忠告しているのだと我々は言うことと致しましょう。「すべての人々の中で最上の人々よ、類似と同等と同一とで同意されたものとを自然本性に即して尊重しながら放棄する無かれ、数に即してかつまたすべての能力の美にして善である事柄どものであるのに即して。そしてさあそこでこの今にまた第一の数を、一方、全生涯を通じてすでに述べられたままに見守り、それから財産の高さと大きさの第一に程があるとしてあなた方が分配をされたのを軽んじてはなりません、買ったり売ったり互いに向ってすることでもって——何故なら、分配をした籤も神でありつつあなた方のために戦友ではないし立法家もまたそうでしょうから——何故

B

なら、この今にさあそこで第一に、不信な者に対しては、法は課すからです、それはその際、先立ってこれらに立ってこそ欲する者は割り当てられ或いは割り当てられないのだ、第一には先ず土地は神聖でありながらすべての神々に属してあるのであり、次には男の神官たちにそしてまた女の神官たちが諸々の祈願を諸々の第一の犠牲の上でそして第二のそれらの上で

C

そして第三のそれらまでするであろうからとこう言った上で、買う者或いは所有してある者となった諸々の屋敷或いは土地区画を買ったり譲ったりする者は、それらに立って相応しい蒙りを蒙ることを。他方、人々は刻みつけた上で諸々の神殿内に置くのです、糸杉の祈念碑を後の時間へと刻み込まれてしまったものとして。他方、それらに加えてなおそれらのこと

D

どもの監視所を、それらが生ずるようにと、諸々の支配において何でもあれ最も鋭く見ると思われるそれの中に人々は置くことでしょう。それはそれらに反してその時々に諸々の逸脱

として生じて来るものどもが彼らの注意を逃れず、否、彼らが法と同時に神に服さない者を懲らしめるためです。

E

何故なら、どの限りとして、さあそこでこの今に課せられた善きものがすべてのそれらの服するポリスにとってたまたまあるのであるか、それが引き続く準備を加えて取った上ではということは、往にし方の諺に即して誰一人何時か知ることはないでしょう、悪しくてありながらです。だがしかし、経験を積みかつまた諸々の習いでもって有能となった上では知ることでしょう。何故なら、金儲けはその内にはないからです、大したものとしてはそうした用意の中には。またそのものにとっては伴うからです、自由人らしからぬ諸々の金儲けの中の何一つでもってして誰一人も金儲けをする必要がないし更には許されてはいないことが。それは非難すべきものだと語られる俗悪が品性の重大のであるのを逸らす限りにということです。更には全くのところそうしたことどもから金銭を集めることを至当とはしないのです」

一二

742

他方、これらに加えてなおも法が続いて来るのです、すべてのそれらに対して。金も銀も所有することは許されないことです、何一つ誰一人私人にとっては。しかし、貨幣を日常に即した交換のために所有することはあるのです。それを交換することは職人たちにとっては殆ど必然的なことですが、またすべての人々のそうしたことどもの諸々の報酬を支払うべき必要がある限りの者たちにとって然りです。それらのことどものために我々は主張をするのです、貨幣を持たねばならない、一方、彼らにとっては受け取られるが、他方、他の人々にとっては通用しないのを。共通のギリシア的貨幣が諸々の遠征やかつまた他の人々の中への外国旅行のために、例えば諸々の使節或いはまた何かのポリスにとって必然的な他の使者の任務のために、もし誰かを送り出す必要があるならば、それらのことどものために必然なのです、その時々にポリスにとってはギリシア的な貨幣として所有することが。他方、私人にとってはもしひょっとして何時か何かの必然が外国旅行をすべくも生ずることがあるなら、

B

一方、彼は役人たちの許可を得た上で外国旅行をせよですし、他方、貨幣を何処からか外国のものとして余した上で携えながら自国へと至り着いたならば、ポリスにそれを彼は預けよなのです、割合に応じて土地のものを受け取りながら。だがしかし、もしも誰かが私物化をしていて発覚するなら、公のものとそれはなせであるしかつまたともに知っていて明らかにしなかった者も呪いと非難とに持ち込んだ者とともに縛られてあれでありかつ罰金がそれらに加えて持ち込まれた外国の貨幣よりより少ないものとしてそうされてあらねばなりません。

C

嫁に取ったりそして嫁に出したりしながら、されば持参金を与えることも受け取ることもせぬことです、全くもってどういったものであっても。更には貨幣を人が誰でもあれ信用をしていない者には預けぬこと、更には利子の上に立ち貸さないこと。全然与え返さぬことが許されてあってはです、貸された者にとっては利子も元金も。

D 然るに、それらのことどもがポリスにとって諸々の営みとして営むべくも最善であるのだということは、このようにして狙い見て行きつつ人は全うにそれらを判断することでしょう、その際、出発点へと常に望みをもまた帰して行ってです。さあそこで実にあるのです、知性を持っている政治家の望みは多くの人々が言うところのものとしてではなくて。つまり多くの人々は善き立法家は望むのでなくてはならない、出来るだけ大きなものとして彼がそれのために思考しながらよく立法するところのポリスがあることを、そしてまた出来るだけ取り分け富裕であり、他方、あらためて金のものども銀のものどもを所有しており、陸に即して海に即して出来るだけ多くの人々を支配してあることをと、こう主張をするのですが。他方、

E 彼らは付け加えることでしょう、可能な限りに優れてポリスがあることも望むのでなくてはならず、また出来るだけ幸福であることをもそう、とまれ全うな仕方で立法をする者ならばとこう。だがしかし、それらの中の或ることどもは、一方、生ずることが可能ですが、他方、或るものどもは不可能なのです。されば可能なことどもは望むことでしょう、統制する者は。他方、可能ならざることどもは望むこともしないし諸々の空しい望みを試みることもしないことでしょう。何故なら、殆ど、一方、幸福な人々と善き人々とは同時に生ずることが必然ですが——そのことをこそ、先ずはされば彼は望むわけですが——他方、あらためて大変に富裕な人々と善き人々とがそうであることは不可能なことで、ともかくもその人々を、さあそこで富裕な人々なのだと多くの人々が数えるのです。然るに、彼らは語っているのです、

743
人々の中の僅かな人々の中で最大の貨幣に相当する財物を所有している人々を。またそれら財物は誰か悪しき者もまた所有をしてあることでしょう。だがもしも実にそれがそのようにあり方があってあるのならば、とにかくこの私なら彼らに対して何時か同意することはないことでしょう、富裕な者が幸福な者に真実に照らしてなるのだ、善きあり方をしないでいてもとは。然るに、抜きん出て善くありながらまた抜きん出て富裕であることは不可能なことです。

B
「何故なのですか、さあそこは」と、多分、人は言うことでしょう。それは、と、我々は言うことでしょう。かつは正しいことと不正なことからの所得は正しいことだけからのそれに比べて二倍より以上であり、かつは諸々の消費も立派な仕方でも恥ずべき仕方でも消費をすることを欲しない者は、立派な人々でまた立派なことどもへと費やすことを欲する人々に比較して二倍より少ないのです。されば何時かなろうはずなどはありません、一方で二倍の所有物からの他方で半分の諸々の消費からなる人々に比べてそれらの反対のことどもを行為して行く者がより富裕となることとは。然るに、実にあるのです、それらの一方の者は善き者として、他方の者は彼がけちである場合に悪しくあるわけではありませんが、他方、何時かその時にはまた悪の最たる者であり、他方、善き者としては、これは今に言われたことですが、如何なる時にもないのです。何故なら、一方、正しい仕方でそして不正な仕方で取って行きそして正しい仕方でも不正な仕方でも費やさぬ者は、彼がけちな場合には富裕ですが、

C 他方、悪の最たる者は多くのことで浪費家ですから大いに貧乏なのです。けれども、立派なことどもへと消費をしかつまたただ正しいことどもだけから所有する者は富でもって抜きん出たあり方に容易な仕方で何時かなることはありませんが。更にはあらためて酷く貧乏だともならないのです。そこでまた議論は我々にとって全うであり、曰く、非常な富裕者は善き人々ならずです。然るにもし善き人々ではないならば、幸福な人々でもありません。

一三

D 我々にとっては、だがしかし、諸々の法の意図はここにおいて眼差ししたのでした、曰く、如何にして人々は出来るだけ幸福でありかつ最も取り分けて相互に親しくあることだろうか。然るに、何時か市民たちが親しくある見込みはありません、そこで、一方、多くの裁判沙汰が相互の中であり、他方、多くの不正があるところでは。否、そこにおいてそれらが最少でまた最も僅かなところでこそそうなのです。さあそこで我々は語るのです、金も銀もポリスにおいては必要ではないし、更にはあらためて多くの金儲けも手仕事に諸々の利子の稼ぎに更には恥ずべき諸々の家畜どもを通じては必要ないのだ、否、農業が与えまたもたらす限りのものども、そしてそれらの金儲けをしながらそれらのためにこそ諸々の金銭が本来あった

E ものどもを等閑にすることを強いることのないその限りだけが必要なのです。然るに、それらは魂と身体であり、またそれらは体育とその他の教育から離れては何時か語るに足るもの

となろう見込みはないのです。それ故に、さあそこで金銭に対する配慮は一再ならず我々は
744 述べるに至っているのです[30]、最後に尊重すべきなのだというように。何故なら、三つとして
すべてのことどものそれらをめぐりすべての人間が真面目に努力するものがある時に、最後
で第三の者として金銭に対して全うな仕方で努力された努力があり、他方、身体については
中間であり、他方、第一として魂に対するそれがあるからです。そしてさあそこでこの今に
もまたそれをこそ国制として我々が述べ来たっているものも、もしも、一方、諸々の尊重を
そのようにそれが配列するなら、全うな仕方でそれは立法されるに至ってあるのです。だが
しかし、もしも諸々のそこに課しつけられている諸々の法の中の或る者が思慮の健全よりも
健康をより先にポリスにおいて尊重されるものとして為していると現われるなら、或いは富
を健康や思慮を健やかにすることよりもそうしていると見えるなら全うな仕方で制定されて
いるとはそれは現れはしないでしょう。されば次のことをさあそこでしばしば印づけるべき
なのです、立法家は——何を私は望んでいるであるか。そしてまた私にそのことは帰結して
来るだろうか、それとも的から外れて打ちもするのか——とこう。またそのようにしてこそ
恐らく、多分、立法から自らが歩み出ることが叶うだろうしまた他の人々を自由にすること
が見込まれましょう。然るに、別の仕方に即しては誰一人をも何時かそうすることはないで
しょう。

B さあそこで、割り当てを得た者は所有をしてあれ、とこう我々は言うのです、分配地を我々

の述べたそれらの条件に立って。[31] 一方、さあそこで見事であったことでしょう、他の諸々のことどももまた等しいものとしてすべて一切持ちながらめいめい一人が植民地へ遣って来ることは。とは言え、それは可能なことではなく、否、一方、或る誰かはより多く金銭を所有しながら至り着くことでしょうし、他方、或る者はより少なくをそうすることでしょうから、C さあそこで多くのことどものために、またポリスに即しての諸々の機会の等しさのために、諸々の財産階級の不平等なそれらが生じなくてはなりません。それは諸々の役職にかつまた納税そして分配が各々の人々にとっての価値の評価をただ単に徳の祖先たちのものにそしてまた彼自身のであるものに即して、更には諸々の身体の強さに姿のよさに即すのみならず、否、また富の所有と貧しさとに即し、諸々の栄誉にかつまた役職を出来るだけ平等に等しくはないが均斉の取れたものでもって[32]勝ち得つつ相違することがないようにということです。これらのことどものために、財産の大きさでもって四つの財産階級が作られる必要があるのです。すなわち、第一の・第二の・第三の・第四の人々ですが、或いは何か別の或る名前でもって呼ばれる人々です。それは彼らが同じ階級に留まっている場合もそうであり、そしてより富裕な人々が、また貧乏人たちからまたより富裕な人々から貧乏人たちになりながら、D 各人各人が自分自身にとって相応しい階級の中へと移って行く場合にもそうなのです。

他方、このものをそれらの上に立ちあらためて法の形態としてとまれこの私は制定したいのです、続くものだと考えて。何故なら、ポリスの中には何処か、我々は主張するのですが、

745　　E

それが最大の病に与るまいとしてあれば、その病は不一致或いは派閥争いと呼ばれてあってより全うにあることでしょうが、市民たちの或る人々の許に苛酷な貧乏もそしてあらためて富もあってはならないからです。両者がそれら両者を生み出すのですから。さればこの今にそれらの各々の限界を立法家は明らかに示さなくてはなりません。さあそこで、あるのだとしましょう、一方、貧乏の限界としては分配地の評価額が。そして、この限界は留まらなくてはならず、またそれを役人たちの誰一人が誰一人に対してでも何時かより少なくなって行くのを見逃すことはないことでしょう。そして他の人々の中でも同じことどもに即して誰一人そうはしないことでしょう、誰であれ徳に立ち名誉を愛する人は。他方、尺度としてそれを置きながら立法家はそれの二倍を所有することを許しそして三倍をそして四倍までを許すのです。然るに、それらよりもより多くを所有するとすれば、発見した上で或いは何処からか与えられた上で或いは金儲けをした上で、或いは何かそうした運の別のものでもって尺度のものよりも過剰なものどもを獲得した上でということですが、ポリスに対してそれらをまたポリスを持っている神々に対して分かち与えながら名声を得、そしてまた罰せられずにあることでしょう。然るに、もし或る者がその法に服することがないなら、望む者がそれら半分のものどもの上に立って、一方、現われることでしょう。他方、負い目を得た者は別のそれだけの部分を自らの所有のだとして返金をするでしょうし、他方、半分のものどもは神々の所属でしょう。他方、分配地以外のすべての人々の所有すべては公に記録されて監視を支配

B する人々の許にあるとしましょう。彼らに対して法は課すわけです、どうとかしてすべての
ことどもについての諸々の裁判が、財産にかけてである限りは容易でありそしてまた極めて
明確であるようにとということです。

一四

さあそこでその後には第一に、一方、都市は国土の出来るだけ真ん中に位置をしなくて
はならず、それはまた他のことどもを基礎的に存在してあるものどもの中で都市にとって
好適な限りのものどもとして持っている土地を選び出した上でなのであるが、またそれらに
心づきそしてまた述べることは何一つ困難なことではありません。他方、それらの後で部分
が十二に区分されるべきでありますが、ヘスティアーとゼウスとアテーナー[33]の神域を第一に
C 置いてアクロポリスと名づけ、円を回りに配し、そこから十二の部分として都市そのもの
とかつまた全国土とを切らなくてはなりません。他方、等しいものどもとして十二の部分は、
一方、善き土地のそれら部分は小さくて、他方、より悪しき土地のそれらはより大きくある
ことでもってなるのでなくてはなりません。他方、諸々の分配地を五〇四〇に区分し、また
あらためて各々を二つに切り、かつまた二つの切られたものを各々近いものと遠いものとに
与ったものとして一緒の区画とするのです。すなわち、都市に近い部分は諸々の端っこの
D 部分と一つの分配地となし[34]、かつ都市から二番目の部分は諸々の端っこの中の第二のもの
の

746

とそのようにし、また他の諸々もすべてそのようにするのです。他方、工夫をするのです、それら二つの切られたものどもにおいてもまたこの今に語られている土地の貧しさと優秀のことを。[35] そしてその際、分配の多さとかつまた少なさでもって等しさを均衡させるのです。他方、さあそこで人々もまた十二の部分に配分をするのですが、[36] その際、他の財産のそれを出来るだけ等しい十二の部分へ組織した上ですべてのことどもの記録が生まれることとなるのです。そしてさあそこでその後でまた十二の分配地を十二柱の神々に対して置いて、籤で得た部分を各々の神でもって名づけ、また捧げ、部族としてそれを名づけるのです。他方、あらためて都市の十二の切られたものどももまた他の国土をも、また彼らが分配したその同じ仕方で切るのです。そして二つとして、各人は住いを配分されるのです、一つは中心に近いもの、一つは諸々の端っこに近いものです。そして先ず入植は、そのようにして完成を持ったわけです。

E

一五

然るに、我々は次のようなことを心に思うことがあらゆる仕方で必要であります。曰く、この今に述べられたすべてのことどもは何時かそうした諸々の好機へともに陥りそこでまた一切のことどもが語りに即してそのように生ずることが伴うような見込みはないのであり、すなわち、人々はかかる共同の住いを嫌うことがなく、否、金銭は規定された尺度に適ったものを生涯を通して持ちつつ留まり、また子供たちの出生も我々が各人たちに述べたところのものをそうしてまた金にそしてその他の立法家がそれらこの今に述べられたことどもからして命じながら明らかであるところのものどもから奪われながらにあることですが、他方、なお田舎と町の、彼が述べたように、諸々の中央のあり方と円において到るところでの諸々の住まいを殆ど例えば夢物語のように彼は語っていて、或いはさながら蝋からというように或るポリスと市民たちとを拵えているのです。さあそこでそのようなことどもは悪しくその
B あり方があるのではありません、或る仕方で述べられていて。とは言え、彼は自らに向って次のようなことどもを再考すべきなのです。もう一度、して見ると、我々にとって彼は立法をしながらこのことを告げるのです。

「それらの議論において、親しい方々よ、私自身にまでも気づかれずにあったとはあなた方は思わないで戴きたい、この今に語られていることが、真実なことどもとして或る仕方で詳らかにされているというようにです。否、とこう言うのも、まさにあらんとしていることどもの各々のことどもの中には、思うに、このことが存在することが最も正当なのですから。模範を示す者は、つまりどのようなものとして試みられているものが生じなくてはならない
C かをですが、何一つ最も美しくそしてまた最も真実なことどもに属するものを取り残してはならないが、他方、その者にとって不可能な或るものがそれらの中で生ずることが伴うものは避けて行わぬことだし、他方、残されたことどもの中でそのものに最も近くまた相応しい

ものどもの中で最も同族的なものとして行うべく生い育ってあるもの、そのものをこそどうとかして生ずるように工夫するのです。だがしかし、立法家はその意図に完成を置くように許すことであり、その時にすでに彼とともに狙い見るのです、述べられたことどもの中で何が有益でありかつまたどんな骨の折れることが立法のとして述べられるに到ってあるかを。

D　何故なら、自らが自らにとって同意されるものをこそ何処かしら到るところで成就しなくてはならないのですから、最も詰まらないものの工作者ではあれ語るに足らんとしている者は。

一六

この今に、さあそこでまさしくこのことを見るべく努めなくてはなりません、十二の部分の分配の思惑の後では、どんな仕方でさあそこで十二の部分は明らかなものなのであるか、そのものの[37]内部にあるものどものなのだと最も多くの分配をそれらは持ってあるのですが、またそれらにとってともに続くものどもにまたそれらから生じて来るものども、[38]五〇四〇のものどもに到るまで――ここからしてプラトリアー（氏族）にデーモス（区）にコーメー[39]（村）

E　が、そしてなおとにかく加えて諸々の戦いの隊形にそしてまた諸々の指揮、またなお諸々の貨幣に固体にかつまた液体の単位に諸々の重さが出てくるのですが――すべてこれらのものどもが尺度においてありかつまた相互に対して調和のあるものとしてとにかく法は課すのでなくてはなりません。他方、それらに加えて彼のことどももまた心配してはならないのです。

つまり評判されて小理屈が生ずることを恐れてです、もし人が器具として所有される限りの
すべてのものどもはそれらの何一つも尺度なくてあることを放置されぬようにと課しつける
747 とすればです。そして共通の語りでもってすべてのことどもに向って諸々の数の諸々の分配
に諸々の複雑が有益であることを見倣した上でです、数自らが自らにおいて複雑化する限り
にかつまた諸々の長さや深さにおいて複雑化されたものどもである限りであれ、そしてさあ
そこで諸々の音声において、また諸々の動の直線運動に即したのにそしてまた上下の運動の
また円でもってする諸々の転回に即したそれらにおいての限りのものどもがです[40]。
　何故なら、それらすべてのことどもに向って眼差しをした上で立法家は市民たちすべてに
B 対して可能な限りにそれらの構文から取り残されないように課しつけなくてはなりません。
何故なら、家政に向いかつまた国政に向ってまた技術のすべてに向って一つとして何ものも
そのように力を子供の学科としては大きくは持ってはいないからです、諸々の数をめぐった
過ごし方のようにはです。然るに、最大のことは、無気力かつ無学で自然本性においてある
者を目覚めさせそしてよく学びかつ覚えよく俊敏な者に仕上げ、自らの自然本性に反して、
神的な技術でもってその際に進歩をするのです。それらはさあそこですべてが、もし、一方、
諸々の他の法とかつまた諸々の営みでもって人が自由人らしからぬあり方と貪欲とを諸々の
C 魂のそれらを十分にそしてまた利益ある仕方で獲得しようとしているものどもから取り去る
とすれば、美しくそして相応しいものとして諸々の教科となることでしょう。だがしかし、

もしそうではなければ、呼ばれて狡知とされているものを智慧の代わりに仕上げていながら人は感知しないことでしょう。さながらエジプト人、フェニキア人、そして多くの他の達成されてある種族がこの今に見るべくも実にそうあるように。その他の諸々の営みと所有物の
D 自由人らしからぬあり方によってです。それはよしんばまた誰かある立法家が彼らにとって詰まらぬ者として生じた上でそうしたことどもを作り出したのにせよ、よしまた苛酷な運命が襲った上でにせよ、よしまた自然本性がまた別の何かそうしたものであったにせよです。

　そして何故なら、メギッロスにかつまたクレイニアースよ、このこともまた我々の注意を逃れてはならないのです、諸々の地域について別の或るものどもは別の諸々の地域から人間たちを優れた者たちにそして劣った者たちに生むことに向って相違してはいないのだというように。またそれら地域に対して反対のことどもを立法してはなりません。先ず或る諸々の地域はとにかく何処かしら様々の風の故にそして諸々の太陽熱の故に異様でありそしてまた適してあって彼らのものであり、他方、或る地域は水の故に、他方、或る諸々の地域は大地
E からのまさにその養いそのものの故にそうなのです。その養いはただ単に諸々の身体によりよいものとより悪しきものを与えるだけではなくて、他方、諸々の魂に対して劣ることなくすべてそのようなことどもを植えつけることが可能なのです。とは言え、あらためてそれらすべての中で最大に抜きん出て田舎の諸々の地域があるわけですが、それらの中では神的な或る息吹とダイモーンたちの諸々の割り当てがあるのですが、その際彼らはその都度に入植

して来る者たちを優しくまたその反対に受け入れるのです。これらのことどもに対してとにかく知性を持ってある立法家は人間としてどのような者としてそうしたことどもは狙い見るべくもあるかを考察した上で、そのようにして諸々の法を置くことを試みることでしょう。このことをさあそこであなたもまたなさなくてはなりません、クレイニアース。第一にそうしたことどもへと向きを取って行かねばならぬのです、とにかく国土に入植せんとしている者にとっては。

クレイニアース　いやしかし、アテーナイのお客人、あなたはまた全く見事にお語りですし、この私にとってもまたそのようになさなくてはなりません。

(平成二十一年十二月二十三日午前三時四十二分翻訳開始、平成二十二年二月九日午後六時二十五分完了)

『法律』篇第五巻の註釈

1．イングランドはこの〝神々の後では〟(μετὰ θεοὺς) というフレイズを、一つには「神々が人間によって所有される」と意味し二つに「神々が神々しい」と意味するという二重の馬鹿さ加減を含むのだとして削除しています。しかし私の感覚では、この下りの文章がそういうことを言っているとは思われません。何故なら、そのフレイズが副詞句として掛るのはただ〝魂が最も神的である〟というその「魂のあり方への述語づけ」に対してだけだと考えられますから。また〝自らの所有になる〟という副詞節も「人間が神を所有する」というそのことを意味してではなく、否、ただ「人間は魂を所有するのだ」というただその認識にだけ掛っているとこそ考えられますから。ビュデ版も別に何の怪しみをもしてはいませんし、ジョウエットの英訳もちゃんとそのフレイズを訳出しています。30頁

2．「〝固有な〟とは、これはプラトーンにとっては、人格を構成するものと同じそれであった。第一二巻九五九A～C、『第一アルキビアデース』篇一三〇C、『パイドーン』篇一一五C～D、『国家』篇四六九Dを参照」(デ・プラース) 30頁

3．すでに第四巻の七一七Bでここと同じ言い方がなされていました。30頁

4．「神々と半神たちとの社会は、ソークラテースにとっては、彼岸での最高の善きものであった。『弁明』四一A～C、『パイドーン』篇一一一Bを参照」(デ・プラース) 32頁

5．「悪人どもと一緒であることは、不正の第一のそして最も重大な懲罰なのだ。それは持ち前

が似てあることをもたらすのだが、反対に神との類似は人間の目的でありまた幸福である」（デ・プラース） 33頁

6．「平衡はギリシア人たちとプラトーンとにとって親しい尺度の一つの形である。それは気質において特別の重要性を持つのだ。『国家』篇五〇三C～D、『テアイテートス』篇一四四A～B、『政治家』篇三〇六C～三〇八B、『エピノミス』篇九八九B～C参照」（デ・プラース） 34頁

7．『国家』篇三七三Dを参照して下さい。 34頁

8．「調和のイメージは、かつて魂に適用され（パイドーン篇）自己自身との一致に適用されたが（ラケース篇）、目下は財産に適用されているのだ」（デ・プラース） 35頁

9．「プラトーンは古代的教育の諸々の掟を完成させ（アリストパネース『雲』九九三行を参照、年長の人々に席を譲ること）かつイウウェナーリス（『諷刺』一四、47）を鼓吹した。彼曰く、Maxima debetur puero reverentia（最大の敬意は子供にこそ負え）と。（デ・プラース） 35頁

10．「決まり文句は諸々の競技における勝者たちの布告のそれである。ピンダロス『ピューテイア』祝勝歌I、32～33、κάρυξ ἀνέειπέ νιν ἀγγέλλων Ἱέρωνος ὑπὲρ καλλινίκου ἅρμασι.（触れ役は布告した、使者たちの中の彼を、馬車での勝利に輝くヒエローンのために）」（デ・プラース） 39頁

11．七二六A、七二八Cを振り返って下さい。 40頁

12．「これは七三一B2～3の反復の形を伴わずまた〝すべての人は〟に対する〝善き人〟の置き

換えを伴った継続である」（デ・プラース）41頁

13．「このフレイズは一種の余談を構成しており、そこでは想起の定義が『パイドーン』篇よりも多く『ピレーボス』篇を思い起させている」（デ・プラース）42頁

14．七三三Bです。45頁

15．イングラントと岩波版の読みには従わず、底本とビュデ版の読みとに従う。45頁

16．「これは〝王の織工〟のすべての仕事であり、『ポリティコス』篇（三〇八D～三〇九C）の結末がそれを描いているといったようなものである。すなわち、諸々の反対を一体化し支配者たちを現わす縦糸とそこでは被支配者達が現われる横糸との諸々の反対の傾向を連結し交差をさせること」（デ・プラース）49頁

17．第三巻六四八D～E　52頁

18．ここのところ写本そのものの混迷があってどう読むのかは難しく、岩波版はイングランドの理解に沿って〝もしこの土台が健全でないならば〟というように読んでいます。但し、ビュデ版は底本と同じく〝移行〟（μεταβάσεως）という言葉で読んでいます。そこで私も悩みますが、

イ、ここのパラグラフは全体として土地問題・負債の取り消しといった問題・財産の分配の問題などへの対処ということを語っていること

ロ、その対処が如何にも困難な中で唯一漸進的な対処のみが対処として残されており、それは裕福な改革者が自らの裕福を困窮する債務者と分かち合うことを考えまた貧乏は欲望の

増大にこそ起因するのだという中庸の思想を政策の根本に据えることであり、そしてその思想こそが国家の安寧の出発点なのである。

ハ、すなわち、それらの国家の諸問題に対する対処の基礎にして土台なのである。

とこうしたことが議論されたことを先ずは確認すべきかと思います。すると、一見するところでは〝問題への対処の土台〟が問われているのだからその〝土台が健全でないならば〟と読み〝移行が不健全であるならば〟とは読まぬことの方が適切であるかのようにも思われますが、しかしそれでは国家的問題へ有力な仕方で対処した人の〝中庸の思想〟が不健全である可能性を秘めているのだというような理解を持ち込むことになってしまうでしょう。だが、文脈からするとそれは容認出来ない理解だと思います。それ故、私としてはそれ自身としては健全の他ではないその〝中庸の思想〟を実際の政策に移して対処するその実際化のプ、ロ、セ、スという事実問題に鑑みて〝移行〟という言葉を使ったのだと理解するしかないでしょう。53頁

19．五〇四〇という数字は二の三乗と三の二乗と五と七との積（すなわち、2×2×2×3×3×5×5×7）ですが、これら二・三・五・七という因数からはそれらを適宜に組みわせた積として、以下、四・六・八・九・一〇・一二・・一二六〇・一六八〇・二五二〇など合計五一個の積が生ずるのだということです。55頁

20．デルポイはアポッローン神のまたドードーネーはゼウス神の神託が授けられたところ　56頁

21．リュビアのゼウスと見られました。アンモンとは〝隠れた者〟の意味、エジプトの主神　56頁

22．エトルリアとローマ人に呼ばれたイタリア中部の地域　56頁
23．第三巻六七九Cをもう一度見て下さい。「純真と信じ易さとはただ原始の社会においてだけでしか適用しない」（デ・プラース）57頁
24．「イメージはトリックトラック（西洋双六）或いはダーム遊び（西洋将棋）から取られている」（デ・プラース）　将棋盤の真ん中に引かれた線だとか。58頁
25．「プラトーンはこのピュタゴラース派の諺を引くことを好みました。『国家』篇四二四Ａ１、四四九Ｃ５　59頁
26．この辺りの思想はまた『国家』篇の四六二Ａ～Ｅにおいても美しく語られています。59頁
27．以下の第五巻七四二Ｃや第六巻七七二Ｄ～Ｅで語られるに至ります。61頁
28．例えばその一つは七三六Ａでした。62頁
29．「第七巻八一八Ｄ８～Ｅ１及び『プロータゴラース』篇の三四五Ｄ５を参照せよ云々」（デ・プラース）62頁
30．それらは第一巻六三一Ｃ、第三巻六九七Ｂ、第五巻七二八Ｅ～七二九Ａなどでした。69頁
31．七四一Ａ～Ｅでした。70頁
32．「〝均斉のとれた不平等〟とはもっと先（第六巻七五七Ａ～Ｂ）で二つの平等、算術的平等と幾何学的平等とに関して説明されるだろう」（デ・プラース）70頁
33．クロノスとレアーとの娘でオリュムポス十二神の一人、竈の神ということで『パイドロス』

篇で神々がゼウスに率いられて宇宙を経廻る神話においても（二四六E～二四七A）彼女だけは一人地球に残るのだとされます。72頁
34．岩波版とイングランドのテクストには従わない。72頁
35．岩波版には従わず、底本のままに読む。73頁
36．イングランドのテクストと岩波版の読みとには従わない。73頁
37．ここも岩波版はイングランドに従って αὐτοῦ（そのものの）ではなくて αὖ（更に）を読んでいますが、私は同調せず底本やビュデ版のように読みました。75頁
38．ここも底本のままで読み、岩浪版の読みには従いませんでした。75頁
39．「ドーリア人たちは悲劇と喜劇とを引き受け、また或る人々は諸々の語源を引き合いに出す。すなわち、実際、彼らは言う、村は彼らにあっては κώμη（ムラ）でありアテーナイ人たちにあっては δῆμος（区）であると（アリストテレース『創作論』一四四八A35）」（デ・プラース）〝氏族・区・村〟の相互の異同については当面テクストがぼんやりと語っているだけの知識で止めておきましょう。恐らく多大の文献での比較検討が必要でしょうから。75頁
40．順に「算数・平面幾何学・立体幾何学・音楽理論・運動論」のことでありますが、これらは『エピノミス』篇（九九〇C～九九一B）でも言及されます。76頁
（平成二十五年十月三日、午前十一時三十九分、擱筆）

法律（第六巻）

『法律』篇第六巻をこう読む

一

先ずは内容目次を示しましょう。

第一章（751a1-753a6）役職の選択という問題へ、護法官を選んでおくこと
第二章（753a7-754a8）護法官の選出の仕方
第三章（754a8-755b2）護法官の選挙管理をする者、護法官の仕事と任期
第四章（755b3-756b6）軍事関係の各役職の選ばれ方
第五章（756b7-758a2）政務審議会議員の選出と二種類の平等と
第六章（758a3-757e8）政務審議会議員の十二分割と十二ヶ月への配分による国家管理及び国内の各設備の管理者の必要
第七章（759a1-760a5）宗教関係の諸々の役人
第八章（760a6-761d3）国土の防衛に関することども
第九章（761d4-763c2）国土の防衛に関して、地方保安官と監視隊のこと
第一〇章（763c3-764c4）都市保安官と市場保安官の選出と各任務
第一一章（764c5-765d3）音楽と体育関係の役人たちの場合
第一二章（765d4-766c1）教育全般の監督をする者の選出

第一三章（767c2-768c2）役人の欠員補充・孤児の後見人の欠如の処置・三つの法廷

第一四章（768c3-770b3）「法律」とは絶えず改善される努力を待つものたること

第一五章（770b4-772d4）立法の後継者への語りかけ、五〇四〇という数のこと、祭壇の設けとそこでの市民相互の親和、その場に関する法の立法のこと

第一六章（772d5-773e4）結婚の問題、国家の均質のためにこそ結婚すべきこと

第一七章（773e5-775a3）結婚の義務・違反者の処罰・持参金・婚約の権利のこと

第一八章（775a4-776b4）披露宴のこと、酩酊の問題、新婚生活の送り方

第一九章（776b5-778a11）奴隷の問題

第二〇章（778b1-779d7）新植民市の諸々の建造物

第二一章（779d8-781d8）新婚夫婦の一年間の過し方の公共性と共同食事の提案

第二二章（781d9-783d7）人間にとっての根本的な制約からして立法ということを思い、三つの欲望を意識する。

第二三章（783d8-785b9）子作りの義務、結婚生活を監督する婦人たち、不倫、出生の登録、結婚・役職・軍務の年齢

二

『法律』篇は第五巻の第一章から第六章までにおいて法律の序文を認めてよりその後は、ただひたすら国を建てるに当たって必要な事柄に関して立法し続けて来ただけだとも言えましょうか。ですから法律に関する書き物の常で法律の必要をまた自分自身の必要ともなす人にとっては我慢してこれを読むことも出来ましょうが、そういう必要に迫られてはいない人にとってはまあ無味乾燥な書き物だというのが通り相場であることでしょう。現に私もその「第五巻」の残る第七章から第一六章までに関してはその率直に言えば或る退屈さを感ずることを禁じ得ない法律文章をただ逐条的かつまさに散文的に目を通すということで私の読み方にしたのでした。今翻ってこの『第六巻』を読むに当たって〝第六巻をこう読む〟などと題して読もうとするのに相応しくどのように勇んで読みたくなる、或いは読むことが出来るかと思うと、第一印象はまあこれも〝いろいろと建国に当たって必要な事柄が立法されて行くのだな〟というそれであり、とてもそれらの立法をとても〝我が事〟だと親密に思うことはなかなかのようにも思われます。しかしながら、それでも私は〝〜をこう読む〟という私のプラトーンの著作のまさにその読み方に責任を負うてこの著作集を世に出そうとしているのですから、そのままではただ遁辞にも過ぎないようなことを言うだけで終るわけにも行きません。故に、私は何か面白く読む読み方に出会うのでなければなりません。一体、どうすればそういう読み方に出会うことが出来るのか。

いやしかし、私は或いは法律文章は無味乾燥だとか散文的だとか言う常識にかまけ過ぎていたのかも知れません、詩的な感興を得ることだけを我が事でもあるかのように。考えて見れば建国という一つの「制作」はまさにポイエーシスでもそれがあれば、私ども人間存在が置かれているこの自然の必然に即してそれはまさに詩的な表現ともならざるを得ないことをキャッチし損ねる事は許されないことでしょう。要するに、何を言おうとしているかと言いますと。それは第五巻の限りでは立法するに当たっての予備的で全般的な、言ってみれば〝総論〟とでもいったことのあれこれが語られていたのではないかとも思われる。因みにこれからは逐一の立法だということで始められる第五巻の第七章とその最後の第一六章は

第七章　役職の任命と法律制定、それに先立つ国民の選別或いは浄め

第一六章　立法と数学的知性とのこと、立法と風土の影響のこと

となっています。これらを代表的に見る時、第五巻での立法の話しも何か一般論的なものだったと見ることもあながちに当たらないわけではないと思います。とは何か。それはすなわち第六巻に到ってこそ初めてただの一般論ではなく、否、具体的な立法ということが開始されその立法がまさに自然の順序に従いながらすなわち詩的に「護法官―軍事関係の各役職―政務審議会議員―以下」と立法されることになるのではないかということです。それは彼の『パイドロス』篇でのソークラテースがまた

とにかくこのことなら、思うにきっと君はまあ肯定することだろう、すべて言論なるものは

ちょうど生き物のように何か身体を自らが自らのものだとして持っていながら組み立てられてあるのでなくてはならず、そこでまた頭が欠けてもならず足が欠けてもならず、否、中間のものどももかつまた端っこのものどもも持っていなくてはならぬのであって、その際、それらは相互に対してまた全体に対して適合して書かれてあるのでなくてはならないのだ。（二六四C２～５）

と語っているそのことの要求にもぴったりと答えようともするものであるかのようにも思われるということです。端的に言って、よしまた無味乾燥で何の詩的な感興をも呼ぶものではないその法律文章だとはしても、要するにただ出鱈目にということだけで書くことが出来ないのだということです。その思いの中で第六巻の法律を見て行けば、私どもは「成程ここには必然的な流れがあることだ」というそれだけの感興は少なくとも持つのではないでしょうか。因みにこの現今に取り沙汰されている「日本国憲法」のことを考えて見ますとそれを押しつけた占領軍と言えどもその第一条を「天皇」ということで起草しなくては占領軍としての日本統治を恙なくやることはとてもの困難であることを思い知り日本国の所謂〝国体〟を考慮せざるを得ず、日本の左翼勢力が吹聴するような「基本的人権」を第一条とすることは出来なかった。アメリカ合衆国のような国柄を基本にして起草するのなら第一条を「基本的人権」とすることは十分に彼らとして考えることもあったかも知れないのに、日本という国柄と日本人とへの気遣いをそれ以上のこととなしたのでありましょう。すなわち、そういう憲法を初めとしておよそ立法とは思想の秩序が必然とするその順序において起草されて行くのではないかということです。

それ故、私どもは今第六巻を紐解く時、先にもすでに見たように「護法官―軍事関係の各役職―政務審議会議員―以下」という秩序において立法がなされようとしていることに、敢えて言うなら、詩的感興を覚えてもよいのかも知れません。とにかくそういう心構えで第六巻での立法を辿ることに致しましょう。

三

されば先ずおよそ筆頭ということで護法官をこそ立法する思想がここにあることを、私どもは噛み締めなくてはなりません。但し、プラトーンのこの『法律』篇というのは取り分けて「憲法」(constitutional law) という形でのおよそ「国体」を決めることだけを専らとする書物ではなく、広く一般に「国がありそこに法があり人間がそれを定める」というそのことを問題にしながら神のこと魂のこと徳のこと教育のことなどを巻き込んだその中で問題を具体的にも法として答えて行こうとするものですから、日本国憲法がその第一条に「天皇」を定めたような意味で護法官が最初に語られようとしているわけではないことは考えなければならないでしょうか。無論、その〝最初に〟というそのことだけを抽象して考えれば「天皇」も「護法官」も最初の言及ですからただそれだけの意味なら似た取扱いかも知れませんが、重ねて言いますが、「天皇」はおよそ国体のあり方として最初に言及されているのであり、およそ「司法」については日本国憲法はそれを第六章という位置で定めているものなのです。ですから、もしプラトーンがこの『法律』という書物をではなくて『憲法』という書物を書いたら「護法官」はどうなるのかということは別問題であることでしょう。とは言え、しかしこの『法律』がまさにそれとしてあるその限りにおいては「護法官」の立法こそが最初に言及されているわけですから、その意味で「護法官」へと注目することは、それとして十分に意味のあることだと思います。

しかしながら、その意味とは？　全く陳腐なことながら私は全くもってトリヴィアルな真実を思ってみるところから考えてみようかと思います。トリヴィアルと言いますのもそれは「およそ法は守られなくてはならぬ」という言うも愚かな真実です。何故そんな詰まらぬ真実にこだわるかと言いますとおよそ〝護法官〟などというのは〝守られるべきその法を守る〟その存在のことですから、そこには予め「守られなくてはならない法というものも必ずしもそのままでは守られないことがあり得るから、それ故に守るというそのことをまさに守らせるのだ」という深謀遠慮があるのだということでしょう。速い話し目下の憲法改正という問題でも護法官よろしく憲法の第九条は人倫に鑑みた〝不磨の大典〟であれば改正してはならないのだと左翼勢力は一方調子で主張し続け、片や保守勢力はおよそ憲法は所詮国家の安寧のためにありまたその改正こそ目下にその安寧のために急務でもあれば、その安寧をこそ守るというその憲法を守るためには、例えば第九十六条の改正手続きを踏むのだとして、どちらも護法官であることを主張する。すなわち、およそそうした日本国憲法であれ何であれ、およそ法が法としてあるべきだとされるに当たってはそこに護法官の存在は当然にも予想されるのだということです。無論、これはおよそ〝法治〟

ということがその国家のことである国家に関して言えることであり、超法規ということが恣意に委ねられてしまう独裁国家にとっては何の関するところもないものではあります。故に、『法律』篇は事実上独裁国家ではなく、否、まさに法治国家をこそ国家像としては持っているのだということは明かでありましょう。

ところで、しかし以上はテクストに基づいてではなくその外から私がほぼ勝手に持ち込んだ上で護法官に関して述べたものですが、テクストはテクストとしてどうして護法官のことを語るのかということについてはそれなりの語り方をしていますので、そこをやはりきちんと見ておこうと思います。テクストに沿うとすればその語り方はもっと呼吸が深くて先ず議論として目下にはおよそ「役職の任命」ということが問題ともなったのだということから始め、次いで国制の秩序には一つに役職そのものが、二つには役職の扱う法がということがあるというそもそものところから語られ始めます。その上でまたその前の問題があるのだとしてそれは役職が扱う法と役職者とのマッチング或いは法の適切な運用のことなのだと、こう語り続けられます。つまり、役職者の候補もその選出者たちも、その選出に当たっての教育こそが求められるのだということです。そして最早対話者たちは「今や我々は競技を始めてあるのだ」と言い、頭なしで済ますといったことは出来ないのだとして、次いでは更におよそ「法の受容ということの困難」というそうしたことを用心し考慮することの問題へ進みます。そしてそれには法治の観念に関し成熟した者こその役職選出ということが肝要なのだと指摘し、このことには責任のあるクレーテー人こそが先ず最初に護法官を選ぶということで対処すべきなのだと言って行きます。要点は、一つは役職者の資格のことであり、二つは法律の受容という困難を解決すべき護法官の選出ということでしょうか。これに拠れば私の論点のように〝法を守ることを守らせる〟といった論点ではなく、およそ法というものの国家における受容と運用というその論点こそが護法官に絡んで意識されているのだということでしょう。ともかくも一切が未定なままのあり方である時におよそ〝法治〟という現実を打立てるのにはどれだけの踏み固めるべき問題があるのかという基礎的土台が議論されているように思われます。そして続く第二章では「護法官の選出の仕方」が語られ、その如何にも古代社会らしい神々しさがそこに伴い、そして第三章では「護法官の選挙管理をする者、護法官の仕事と任期」ということが語られる中にも同じようにそれが古代社会なのかという思いを抱くことに誘われる、そんな古風なあり方が散見されると言ってよいでしょうか。

四

何か不十分な感じも残りますが冒頭から第三章までの護法官についての議論に関しては、取り敢えず以上としておきましょう。どうも驚くべき解説など思いつきませんので。

次いで第四章は「軍事関係の各役職の選ばれ方」の議論ですが、所謂〝安全保障〟ということは何よりも国家経営の一大根本をなす国家的課題なのだとされる常識を常識とするなら、私どもの『法律』篇が護法官に続く第二番目の話題とすることは如何にも尤もなことでしょうか。また語られる内容にさもあろうかと思われるのは以上で第一の話題とされたその「護法官」が大いにその職責に相応しく将軍の選出に当りその被選挙人を推挙するとか騎兵隊長の任命に当りこれを推挙するとか或いはまた選挙のための集会の召集に当たるとか、重きをなすそのことでしょう。そして先ずはテクストを読んでの最初の印象もそのことでしょうか。但し、その護法官の推挙による候補に対して異議のある者の〝宣誓〟の上での市民の推挙ということがあり得るということは、成程それが古代の折り目正しい民主主義でもあったのかという思いに私どもを誘うという、そのことがあることも注意されましょう。そしてもう一つは選挙における「挙手」という方法のことです。今日の私どもは思想・信教の自由だとか良心の自由だとかといった建前によって自分自身を隠して貰って無記名投票ということでなければとても選挙などは出来ないようなあり方をしていますが、何だか市民たちの前で堂々と潔く挙手による選挙をすることをなす古代ギリシアの人々は、何という体力・精神力を持っておったことかと感服されます。

「護法官―軍事関係の役職」に続いて順序となるのが「政務審議会議員」であること、これも成程宜なるかなという思いでしょうか。そして政務審議会議員の総数が部族数十二を三〇倍した数を得て四分し各階級の候補数九〇を得るのだというその合理的な道筋を示す考え方の美しさに何かしら感服させられましょうか。次いでは無論選挙が四日間に渡って行われるというその選挙にかける彼らの濃密な思いが印象的でしょうか。無論、四階級を設けているから四日となるのだとは推測もされますが、ちょうど学会における分科会のように平行して行えば一日でも済むとも考えられますから、四日においてそれぞれの選挙をそれとして行う必要を自らのものとするそこにその政務審議会議員の選挙に寄せる濃密な思いが思われるのではないでしょうか。それはまた投票に関しては義務を負う者義務を免れてある者ということがきちんと決められていて義務放棄には罰金の定めがあることが語られているところなど、今日の我が国の選挙が時として七割とか八割にも近い棄権者を出してお構いなしという世相と比べると、国家存立を維持する国民の義務ということが端的に引き受けられなくてはならぬとされた古代ギリシアのその民主主義の高さが思われるのではないでしょうか。一体、〝棄権〟といふ言葉の横行とは何か。それは〝自分には権利がある。だがそれを自分は慎んだのだ〟という言い訳さえ棄権者の美徳にするものではないでしょうか。よろしく〝義務放棄者〟とか〝怠慢〟だとか何かそういう犯罪者的な呼び方でこそ呼ぶことにすべきではないかという思いに私などは誘われます。とにかく〝権利には義務が伴うのだ〟と良識的に言われるわけですが、事〝選挙〟に関しては何故〝棄権する〟というその一方だけが承認され〝義務放棄〟の咎が責められないのかということは、言葉尻を捕えただけの議論ではなく強く言われてもよいのではないかと思います。従って、また四階級が設けられてあるのにも罰金のあり方を見ると階級が上位であればあるほど国家経営に関して負う責任は大なのだとされていることが見られ、そこに所謂〝Noblesse oblege（貴族たるあり方・義務）〟を私どもは思わせられるわけです。第四階級こそが義務に関してはこれを免除されることを見ると、今日の我が国の民主主義などは七割八割の古代の〝第四階級〟とともに行われているのかも知れません。

何か今日の我が国の世相に対する私的な意趣遺恨を吐露したようで我ながら気持ちのよい発言ではありませんでしたのでもう止めにして、もっと大切なことをテクストに見るとしましょう。それは第五章の半分以上を占めるその後半の「真実の平等」すなわち単にプライバシーに基づき数的なだけの平等を見るのではなく、否、各々の本性の高さに比例して配分されるパブリックな平等の話しです。対話はこの真実の平等の上に立ってこそ、独裁制によるただ一人の専横という極端な不平等と悪しき民主制の無差別の平等からのその内乱の根元を絶つことが出来るのだとし、彼らの政務審議会議員の選挙の仕方は君主制と民主制との中庸の国制を目指すものだということを言います。この古代ギリシアの歴史に学ぶ限りは、胃袋の平等ではなく国家に対する責任感に拠ったその平等というそのことは、よしんば甲論乙駁があるとしても、私ども日本人もまたその実現を追求すべきではないかとも愚考されます。

続く第七章は宗教関係の諸々の役人と都市保安官・市場保安官への議論へ向うことを告げて、そこで最初の宗教関係の役人に限って話しをすることになります。その役職は神官・神事解釈者・財務官の三つが言及されますが、神官に関しては世襲の場合と籤による任命とがあるが、その他の場合は選挙と籤という民主的な方法と非民主的な方法とによるとされます（非民主的とは神意によるからでしょう）。だがしかし、神官は籤による任命という神意によるのだとは言えその後の資格審査は一に身体の無欠陥と嫡出という生まれ、二に家柄の汚れのなさ、親子ともども神事に関わる犯罪を犯さず生きて来たかということが厳格に審査されるということで、選挙による禊ぎ以上の禊ぎを受けるようです。そしてそれに次ぐ話題は神事に関する法律はデルポイに拠るべきこと、その使用は神事解釈者にこそ拠るべきことが言われ、併せて神職すべては一年の任期だということと六〇歳以上であることも言われ神職の尊厳ということへの備えが語られます。第二の神事解釈者という今日の私どもの社会に見ようとしても見ることの出来ない神職についてもその選出の厳密な手続きが印象的でしょうか。事の性質上でしょうか、神事解釈者の任期は終身だとされます。最後の財務官については第一階級のみからの選出だとされることが、先に見たところのパブリックな平等として印象的でしょうか。

およそ神殿というものが古代ギリシア社会にあってはポリスにとって必須のものであったその必須のあり方をポリスはまた道路・各建物等・市場という仕方でも持つのであれば、そのような必須のものを管理する役職もまた、取り分けて「国土の防衛」という観点から話題とされます。そこで第八・九・一〇章がまあ一続きのまとまりをなした議論だとも見られますが、先ず都市の防衛についてそれが将軍・軍団司令官たち・騎兵隊長たち・部族隊長達・政務審議会執行部たち・都市保安官たち・市場保安官たちが当たることが単純に語られて、地方保安官に関して語られることの方で語りが詳細であることがむしろ印象的でしょうか。語られることを箇条書きしますと

イ、地方もまた部族数のままに十二等分されてあるから各部族が一区域を担当し、一月交替で監視を交替して行き一年で各部族が全土の監視を経験すること

ロ、その一部族の監視は五人の地方保安官ないし監視隊長と彼らに付属する十二人の若者たち

からなる。若者とは二十五歳以上三〇歳未満である。
ハ、二年間の任期中に全地方の十二区域を右回り左回りで監視して経験を積むこと
となりましょうか。次いでその仕事の委細が語られますが先ずどれも如何にも尤もな語りであり
読めばそれはそうだとただ思うばかりですが、まあ唯一印象的なのは神域の美化とそれに伴った
体育場と温浴場との作成のことでしょうか。
第九章も引続き地方保安官に関しての議論ですが、議論されていることと言えばむしろ彼らが
如何に制限を受けてこそあるべきかというその制限を語るものとなっています。それは先ず
イ、地方保安官とは敵に対しての味方の保安ということではなく、否、むしろ味方である者の
その味方としての限りでの保安ということであること
ロ、その執務監査がすべからく行われるべきこと
ハ、在職中の二年間における共同食事の厳格な遵守のこと
ニ、立派に仕えることこそ誇りとすべきであるモラールを守り人は法律に対しては神への奉仕
である如くにしなくてはならず若者は名誉ある生き方をして来た年長者に対して仕えるべき
だが、地方保安官は粗食に耐えまさに公僕としてのただ奉仕のみに努めるべきこと
として語られています。我が国の時代劇では悪徳代官の登場というのがお決まりのことですが、
或いは古代ギリシアでもそんな同じ心の隙が地方保安官には考えられることだったのでしょうか。
ひとまとまりの議論の最後である第一〇章に関しては都市保安官と市場保安官が地方保安官の

次の順序のものとして語られるということが、注意するに価いしましょうか。地方の重視ということです。それとともに水への配慮のことが特筆されていることもそうでしょうか。加えてまた被選挙人は第一階級の者だとされていることも注意に価いしましょう。次の市場保安官についてもその被選挙人が第一・第二階級の者に制限されることも同じく注意がされることです。そして資格審査・選挙の義務・民会や集会への出席の義務などこれまで見られたように、役職の選任がすべからく国民の義務として見られる義務観念の横溢ということも再び印象的でしょうか。

五

以上の『法律』篇の第六巻の第一章から第一〇章まではおよそ国家たるものの、言って見ればその骨格を作るための所謂何かハード面とでもいった役職の決め方の議論でしたが、続く第一一章と第一二章とは音楽・体育・教育といった人間が人間そのものを意識する意識に関わるところのソフト面を議論するものになって行きます。とは言え、あたかもよしまた教育そのものこそはソフトな取扱いの場面だとはしても教育行政は所詮はハードにしか過ぎないとでも言うかの如く、外的な環境の整備だとか通学や学区の面倒を見るだとかいうことの役職の話しだけをすることになっています。競技担当者が審判官たることに審美眼が求められるということで、或いはソフトの議論に及んでいると言えるかも知れません。愛好者たちすべてに拠る選挙だとか専門家如何を資格審査するのだとか言ったその点で。その点、体育に関する審判官の選出が第一と第四の階級を除いて第二・第三の階級から選ぶのだとされることがどんな理由に基づくのか議論がなされていないので分らず、不思議です。

第一二章で教育全般の監督をする者の選出の議論がなされるについて多少注意することを求められるかなと思われることは、被選挙人が五〇歳以上で嫡出子たることだとか候補者も選挙人もともに深い識見か求められるのだとかの常識が率直に謳われていることでしょうか。さればこそ候補者は護法官だとも決められるようです。

続く第一三章はその内容を題目のようにして示せば「役人の欠員補充・孤児の後見人の欠如の処置・三つの法廷」ということになりこれまでのハード面からソフト面への流れといったそんな流れを読むことが出来ずさてこれらは何なのだということを考えさせられますが、恐らく以上の議論も詰め物をしなければ十分なものはならなかったが議論せずに残されてあったものをここに来て纏めて議論するのだということでしょうか。けだし、役人の欠員補充だとか後見人の欠如がどうのとかいったことは、必要だが議論はしなかったことだと見られましょうから。また法廷がどうのといったことも護法官という一大問題としては言わば眦《まなじり》を決して議論したことでしょうが、裁判官という言わば法律執行の実務に現実的に当たる役職の者については何ら触れるところはなかったのでした。従って、所謂〝おっつけ〟議論に及んだということでしょうか。とは言え、〝おっつけ〟議論に及んだなどとは言っても

イ、およそ国家とは法廷を構成してあるものであること

ロ、およそ裁判官は言論の徒たるべこと
ハ、およそ法廷という場は争点を言論で持って明瞭にすべき場であるからには、その場はとにかく衆愚の場ならざること
ニ、争点が明瞭となり理非が決せられるためには「隣人法廷・部族民法廷・第三の法廷」までの三つの法廷が設けられるべきこと
ホ、裁判官はそもそもは役人ではないが、しかし判決を下すその日にはそこにおいて役人とも見られること
ということを語るというように、以上の各章のどれにも劣らぬ本格的な議論をしていると言ってよいでしょうか。そして引続き以下においておよそ法廷というものに関しなかなか詳しい議論が提出されますが、それらを整理して示すと――
イ、最も権威あるものとしては係争する当事者らが自らで共通の裁判官を選んで設けるところの法廷（隣人法廷）があること
ロ、一個人の他の個人の自らへの不正を告訴しての私事の法廷及び同じく国家公共への不正を告訴しての公事の法廷という、二つの法廷のこと
ハ、（私事にしろ公事にしろ）第三法廷が万人のために設けられるが――
＊すべての役職者が選挙人であり、その役職より一人を裁判官として選出する。
＊時期は夏至の翌日新年の前日である。

＊選挙には近いが立てられるべきこと
＊資格審査がなされること
＊第三法廷の裁判官の投票は公開されること
＊政務審議会議員と他の役職の選挙人は裁判の傍聴に義務があること
＊不当な判決の護法官への訴えのあるべきこと
＊公事の裁判への一般大衆の審理は除き始め（告訴）と終り（判決の享受）における参加の必要のこと
＊審理は原告と被告との双方が同意する三人の最高の役人が行うこと
＊私事の裁判にも市民の参加が国家の一員たることの自覚のために望まれること、そのための部族民法廷の設置、裁判官は籤引きに拠る。

おっつけて行われた議論ではありましたが、このようにやはりそれなりの詳細は尽くされたということです。

六

章は変わって第一四章となりますが、第一三章も言わば〃一旦立ち止まって〃という感触からのものでしたが、この章はその感触を一層深めるものと言えましょう。何故なら、対話は以上の立法措置を総じて振り返って左の四点を思うものですから。すなわち――

イ、裁判に関する詳細な法律の規定や分類は立法の最後の仕事であること
ロ、他の役職の任命に関しては法律の規定はほぼ終了したこと
ハ、国政全般の一切の運営の厳密な叙述は未定であること
ニ、役人の選出までは語ったからには序論的な部分は整い、今は法律の制定の時であること

とこのように。取り分け最後のニで語られていることが、議論全体の節目を私どもに告げていることでしょう。それ故、クレイニアースとアテーナイからの客人と二人の間で行われて来た対話の出来具合の批評をし合う情景も見られますが、無論それも次の議論へ向うためこそのものであり、早速にもアテーナイからの客人は次の議論へと向って

イ、立法の仕事とは画家が飽くなき完成を目指して努力するそれにも喩えられること
ロ、更にそのためには画家は後継者を残すことを思うこと
ハ、右のイロであれは立法者は立法のよりよき完成を後継者に望むこと

ということを一息で語ります。およそ「立法」ということを一つの実践と見るこうした考え方は同じ敗戦国でありながらドイツは早憲法を五〇回ほども改正したというのに我が日本国は第九条を神聖視し不磨の大典よろしくただの一度も改正には及ばないなどということは、およそ「立法の実践感覚」というものに無縁だということを物語ると言えましょうか。議論はその「立法」の実践ということに絡めて護法官と立法者との存在のことを語りますが、成程、護法官とはただのこけおどかしの権威などではなくて、否、まさに実践的にこそその存在が考えられているのだな

ということを私どもは知ることでしょう。

こうして我々の『法律』篇は実に印象的に「立法とは一つの実践たること」ということを告げるものでしたから、第一五章に進んでもその同じ調子の中で立法者はその後継者にこう語りかけるのだとか、我々立法者はこうも意見の一致を見ているのだとか、およそ立法の実践へ指針ともなるべきことを語ることになります。先ず、立法者は後継者にこう語りかけるのだと——

イ、自分たちは立法の素描をする。後継者はよろしく肉付けすべしと。

ロ、肉付けに当たっては初代の立法者の立法目標を後継者はよろしく共同されたしと。

と、このようにも。では初代の立法者は立法の目標をどう立てたか。このことを語る原文は私にとっては（と言っても大部の研究書をものした彼のイングランドさえも「Here we approach central knot in this bundle of entanglement. I see no way of untying it. ——ここで我々は縺《もつ》れのこの束において、中心の結び目に近づいている。私はそれを解《ほど》く方法を見ないのだ」と言っているように）読むのにも一苦労させられて、たった十行ほどのそれを読むのに先ず四時間ほどもかかりそこでは意に満たず、一晩まんじりともせず寝て朝早くおきて議論を整理してみてやっと読み方に筋を見つけることが出来たようなものでした。プラトーンの脳髄もその濃密の度合いを高くかつまた硬質にした所為なのでしょうか。そうして整理した私の整理に拠れば、その大筋は——

イ、有徳な善き人にこそ人間はならまほしきこと

ロ、それ故、その目標に対して障碍となるものは選ぶべきではないこと
ハ、国家もまた然り、もし状況が国家の破滅かそれを拒否すべきかの択一のそれともなれば。

ということだろうと思います。それ故、すなわち結論的に「有徳たることに寄与するものと障碍となるものとの両方に眼差しして法を評価すべし。このことこそ世に唯一の善き仕事である」と言うことにもなります。

恐らくは「立法とは実践のことである」というそのことからのことでしょう、議論は五〇四〇という数字の神聖ということを言いながらもそれが便利な因数を含み、さればそれは十二という部族数や一年の月の数に対応し、取り分けて「祭壇」を設けて市民の交流と神話とに資することを次いでは語ります。すなわち、それが古代ギリシア人たちの実践だったということでしょうか。何故なら、そこにはまた親和故の結婚の恙なさもあればそれを図るべき舞踏の場の設けの立法のことをも語ることもあるのですから。但し、その立法のことを語るのに際して立法の実践が不動ということを得たなら訂正の反対には理由がまさにあるのであれば、訂正は厳密たるべきことが語られることには、注意がされましょう。

七

続く第一六・第一七・第一八の三つの章はほぼ「結婚」という問題に関する法の議論となっていますが、先ず取り分け注目される議論は同質を求めてではなくむしろ異質を求めてその結婚が

よき混和・調合（ブレンド）ともなるように結婚すべきだという〝序文〟があるべきだとされることでしょうか。それこそ結婚は単なる私事ではなく国家の中の各家庭が均質であり極端であるべきではないという公事のことなのだという認識です。そしてその均質の希求とは祈りなのだとされることとも、私どもを深いところで納得させるものがあるでしょうか。

続く第一七章はこうして結婚とはむしろ公事なのだとする結婚に関する〝序文〟がある限りは結婚は義務の側面を持つことが考えられますから、従って議論が義務違反者への処罰のことなどを語ること、持参金についてのモラルのことを云々することも、そして婚約の権利を問題にすることも義務と権利との相即ということからおよそ当然にも議論されることでしょう。そのような線上のことでしょうか、結婚が公事でもあれば結婚に伴う供犠や儀式は神事解釈者に相談すべきことだとされることも、それなりに理解されることでしょう。

そして続く第一九章は披露宴のこと・結婚する者たちの酩酊の戒めのこと・新婚生活の送り方のことを議論するものですが、所謂これは〝読めば分る〟ことと言えましょう。ただ一つ言及をするに価するかと思われるのは、新婚の夫婦は親とは別に暮らして互いの新鮮な親しみを維持し、そこにおいて「松明リレーのように生命を次々に伝えるのだ」というその意味で、およそ結婚というものが一大公事であることを静かに何の外連身もなく語っていることが注意されることです。

以上に続く第一九章から第二三章までの議論は何だかバラバラに問題が羅列されるだけかとも思われるような仕方で議論がされているようにも思われ議論に関しての一つの自然な流れを見ることが難しくもありますが、よく見ればそれなりに議論は自然な展開であるのでしょうか。

先ずその最初の第一九章は奴隷の問題ですが、奴隷とは結婚という問題が一つの家庭の成立の話しでもある時にその一つの家庭の外からそれに仕える召使としてその家庭に所有される者だということでそれなりの流れを物語りましょうか。また第一に議論されることがおよそ奴隷というものをどのように考えるかという問題の難しさのことであることが、私どもには注意がされるでしょうか。古代ギリシア文化も奴隷の労働の上に成立った徒花に過ぎないのだとかプラトーンやアリストテレースの奴隷に関する思想が西洋の学者たちには強く非難されるのだかいうことがありますから、ここでとにかくどんなことが奴隷の所有に関して議論されているかということは余程丁寧に考えられなくてはならないことでしょう。従って、ここでプラトーンが奴隷を如何に考えるかということは難しい問題なのだとにかく言っていることは、それとして正しく見られなくてはならないと思います。右のように奴隷を見る限りでは一人の主人が自由人として家庭を構えるというようにはその身分がどのような仕方ではあれ（戦争に敗北して・極貧に見舞われて）あることが叶わずに止むなく自由人の家庭に付属する身分にもなるということをプラトーンは何はともあれとにかく人がそうして現実に生きなくてはならぬその現実の限りでただ承認しているだけなのでしょう。それは雨が降れば傘をささなくてはならないようなものであり、家庭を構えることが出来ぬ苦境はそれとして打開策によってそれなりの解決に到らなくてはならないのではないか。それ故、プラトーンの議論はその意味で折り目がつけられる人間のあり方についてはこれを承認は致しますが、身分に関してはどうでもあれ人間が人間であることは断じて認めるべきことにしていることをここに読み取るべきでありましょう。奴隷に対する対策として「主人は自らのために正しく奴隷を扱い、主人として真実に主人たること」と言ってそこにモラールの相互の享受を見ていることを、私どもはよくよく考えたいと思います。

第二〇章では新植民地の諸々の建造物に関して議論がされますが、その問題が実のところでは結婚問題よりは問題としては先行すべきものだったという反省を語っているところからすれば、それなりの問題の流れの意識は意識がされていたことが窺えるように思います。議論されるのは神殿・役所・裁判所・城壁・市場・体育場・学校・劇場などでありまた都市保安官の都市の管理のことですが、議論が熱心に議論をするのは特に城壁のことであり、「城壁はスパルタ流に地中に眠らせるべし」と言いそれについての理由をあれこれ言いますが、地方において一旦溝・堀・砦を防御をした上での城壁とは物笑いの種ではないかとか、そうするその意気地なさはまたそこに苦労を産むものだとか言われることも然ることながら、絶対に城壁が必要なら個人の住宅を道路面して同じ様式と規模とで作って城壁に代えたらどうだという提案に、私どもは成程と言うしかないようです。

次の第二一章は「新婚夫婦の一年間の過ごし方の公共性と共同食事の提案」というわけですが、

議論の中心は人間の暮らしとは徹底的に公共的なものなのだというそこからの共同食事の義務の主張であり、その義務は女性と言えども負うべきものだとするその思想でしょう。古代の国家や社会にあっては私生活の安泰や自由というようなことは今日のそれのように殆ど手放しでも私のものであると言えるようなそれではなく、私生活も即国家公共においてその土台を得てあらねばならなかったことは如何にも共同食事さえ自然なことにしたことでしょう。

続く第二二章は右の如き共同食事の義務をさえ我々が思うに到るべき理由には、人間にとっての根本的な制約があることこそが立法をなさしめるのだということがあることを言うものです。確かにこう議論を運ぶことには、そこにおいて一つの流れを見ることが出来ることでしょう。

当面するところ私は議論がどういう流れにおいてあるかということに神経を使って来もしたのでしたが、ここで議論はおよそ国制の変化の理由を問うた第三巻の冒頭の議論にまで立ち返って、「およそ立法ということには人間にとっての根本的な制約という問題があるのだ」という根本的な認識を意識し直すことをやります。曰く、人間にはその生成の終始はなく常にあったか或いはその存在は果てしない時間に渡ったかではないのか。そしてその間に諸国家の成立と滅亡があり、秩序あるないしは無秩序の様々の慣習があったろうこと、飲食への多用な欲望があったろうこと、云々と。すなわち、その要点はそこには三つの必要と欲望がありその指導の有無に伴う徳と悪徳がありおよそ人間の自己教育があったことの再認識です。とすれば、なお我々は欲望或いは種の生存と持続への、彼の『饗宴』篇（二〇六A～D）が語った、エロースに関して、すなわち出産と育児或いは序でに共同食事やそれらの前にあるものの立法の必要が思われて、この『法律』篇第六巻の最後の第二三章が「子作りの義務、結婚生活の監督、不倫の問題、出生の登録、結婚・役職・軍務の年齢」といった議論をすることで一つの終りを終ることになります。テクストに目を通した時の私どもの第一感はこうしたそもそも自由であるべきエロースが何という抑圧の下に置かれていることかという驚きでしょうか。先ず国家のために善き子を産むのだという言い方に始まり、新婚夫婦が婦人たちによってその生活を監督されるのだ、監督する婦人たちはその毎日に〝エイレイテュイアの神殿に二〇分集まり、新婚夫婦の生活のあり方を一同に報告するのだ〟というその仰々しい勿体！　子作りへの一〇年に渡るあまつさえ離婚までをも図る干渉と監督、従わぬ夫婦の結婚式への出席等名誉ある権利の剥奪、不倫をした夫婦への処罰等々、今日の常識からすれば飛んでもないといった不自由が立法されて行きます。精々のところ赤子はその生誕を人生の始めとして父祖の神社に記録するのだという晴れがましさを喜ぶくらいのところでしょうか。古代ギリシアの人々の心性は例えば今日の私どもなら個人的な祈りとして〝どうかこの子が人々のために尽くすような人間に育ってくれますように〟などと祈るところをもろに〝国家社会のために善き子を産むべく新婚夫婦は出産に心を向けるべし〟などと立法をするのだということでしょう。私どもの心性は自由な祈りとしては認めても立法としては受け入れ難く思うわけですが、この二つの心性の間隔は埋めることがあり得るものなのでしょうか。私個人としては私どもの自由の観念の方をよくよく考えることの方を、ともあれ選びたいと思います。

（平成二十五年十一月二十五日、午前六時五十一分、擱筆）

『法律』篇　第六巻

751 一(1) **アテーナイからの客人**　しかしながら、実際、とにかくすべてのこの今に述べられたことどもの後では殆ど諸々の役職のポリスにとっての任命ということがあなたにとってあることでしょう。

クレイニアース　何故なら、事はさればそのようにありますからね。

アテーナイからの客人　二つの形態のそれらのものどもが国制の秩序をめぐっては生じてあって、第一には先ず諸々の役職とそしてまた役職者たちの諸々の任命であり、どの限りのものどもがありかつまたどんな仕方で任命をされなくてはならぬかということです。次いで
B そのようにして、さあそこで諸々の法を諸々の役職の各々に対して与え返さねばなりません。どんなものがかつまたあらためてどれだけの限りがまたどのようなのが各々の役職にとって適当であるかということです。だがしかし、その選定の前に一寸休んで、我々は言うと致しましょう、相応しい或る種の議論をそれについて述べるべくですね。

クレイニアース　どんなのでしょうか、さあそこでそれは。

アテーナイからの客人　これです。万人にとって何処かしら次のようなことは明らかなのです。すなわち、大なるものとして立法の仕事はあるのではありますが、ポリスのよく整えられたのが諸々の役職の不適当なのを諸々のよく置かれた法に対して置くことに比較しては
C ただ単に何一つのより多くがよく置かれたもののどものだとしてないのみならず、更にはまた

D

笑いの途方もない多くが伴うことでしょうし、他方、殆ど諸々の害と不名誉が大いに最大のものとして諸々のポリスにとってそれらからして生ずることでしょう[2]。

クレイニアース　どうして然らずでしょうか。

アテーナイからの客人　そのことを、それならですよ、我々は思い見ると致しましょう、この今の、親しい方よ、国制とかつまたポリスについて伴っているものとして。何故なら、あなたは御覧になられていますから、第一に先ず全うな仕方で諸々の役職の持つ諸々の能力へと進む人々は十分な吟味を自らとかつまた各々の者たちの氏族が子供の時から選定に至るまで与えてしまってあらねばならないし、次いではあらためてまさに選定しようとしている人々が諸々の法の諸々の習いの中でよく教育されてしまっていて厭いながらそしてまた受け入れながら全うな仕方で各々の役職に至当な人々を判断すべくそして拒絶すべく有能となるよう育てられてしまっていなくてはならないのだと。だがしかし、それらのことどもをつい最近に一緒になったばかりでありそして互いを知らずにある者たちが、なお、他方、教育を欠いてある者たちが、どのようにして何時かしら非難されない仕方で諸々の役職を選定することが可能なことでしょうか。

クレイニアース　殆ど何時かそうしたことは出来ないことでしょう。

アテーナイからの客人　いやしかし、とにかく競技はして見ると諸々の言い訳を全く受け入れないのだと[3]人々は言うわけです。そしてさあそこで、あなたにとってもまたこの今に、

E
またこの私にとっても、なさなくてはなりません。他でもないあなたは、一方、さあそこでポリスをクレーテーの人々の種族のため積極的に建設するだろうことを十番目として自らが、仰有られているようにこの今に下に置かれたし、この私は、他方、あらためてあなたのために助勢するだろうことを苟もそうしたからにはです、我々にとってこの場にこの今にもある物語りに即してです。されば多分は物語をとにかく語りながらに頭なしとしては進んで残し置くなど私はしないことでしょう。何故なら、うろつきつつあらゆる道筋でもってそうしたものとしてあっては不格好に現われることでしょうからね。

752

クレイニアース 素晴らしいことを仰有られておられます、お客人。

アテーナイからの客人 とにかくただ言うのみならず、更にはまた私は遣ることでしょう、能う限りにそのように。

クレイニアース 実に先ずされば我々はすると致しましょう、我々が語りもしているその道筋で。

アテーナイからの客人 あることでしょうそれらのことが、もし神が欲しなさりまた老齢のとにかくそれ程のものに我々が立ち勝るのなら。

B
クレイニアース いやしかし、欲しなされましょうよ。

アテーナイからの客人 確かにそうでしょうからね。だがしかし、彼に従いながら我々は掴むことに致しましょう、このこともまた。

クレイニアース　どのようなことをでしょうか。

アテーナイからの客人　何とも勇気のある仕方でそして大胆で威勢の良い格好でこの今においてポリスは我々にとって建設されてしまってあることでしょう。

クレイニアース　何をめぐりまた何処に取り分けて眼差しをされながら、そのことをこの今にあなたはお語りになっておられるのですか。

C

アテーナイからの客人　何ともいい気でまた恐れること無く経験なき人々に対して我々が立法をしているか、彼らが何時かはこの今に制定されてある諸々の法をどうとか受け入れることだろうと。(4) だがしかし、明らかなのです、とにかくこれだけのことは、クレイニアース、殆ど万人にとってまた実に賢くなどない人にとってさえも。曰く、とにかく容易な仕方ではそれらを何一つとして最初に即しては受け入れないだろうこと、他方、もし我々がどうとかしてそれだけの時間に渡って諸々の法を味わってそしてともに養育をされた子供たちが十分にそれらに対してともに馴れた者となってポリスのすべてにとって諸々の役職選出において共同するまで我々が待つとするならば。とまれ我々の語っていることが生じた上では、苟も何かの仕方でもってまた仕掛けでもってそれが全うな仕方で生ずるのであれば、多大の蹉跌なさが、とまれ私の思うに、まあその時に現在している時間の後にもまた生ずることを、そのように教育をされたポリスの留まることのですよ。

D

クレイニアース　ともかくも、さればそれは理屈を持っています。

アテーナイからの客人　我々は見ることと致しましょう、それならですよ、そのことへと向って何らかの道筋でもって或る方途を我々がもたらすものかどうか、これらのことどもに即してとこう。何故なら、私は主張をするからです、クレイニアース、クノーソス人たちはその他のクレーテーの人たちからは相違した仕方でこの今にあなた方が植民をなさっている土地についてただ単に義務を放免する必要があるだけではなく、熱心に、他方、諸々の第一の役職を可能な限りどうとかして出来るだけ蹉跌なきあり方でまた最善に彼らが据えるよう
E
に[5]配慮する必要があるのです。されば、一方、諸々の他の支配をそうすることはより手短な仕事ですが、他方、護法官たちは我々にとっては[6]第一の者たちとして選ぶことが[7]一切の勤勉でもって最も不可避なことなのです。

クレイニアース　さればそのことに立ってはどんな方途と語りとを我々は見出すのですか。

アテーナイからの客人　これですよ。私は主張します「クレーテー人たちの子供たちよ、クノーソス人たちは多くの諸々のポリスにおいて年長として働いている故に、共同の住いのそれへと到り着いた人々と共同して彼ら自身とそしてまたその人々からして、一方、三十七
753
人をすべてとして選ぶことを。他方、十九人は入植をして来た人々から、他方、他の人々はクノーソス自身から」とこう。然るに、これらの人々をクノーソスの人々はポリスのためにあなたに対して与えよでして、またあなた御自身市民としてその植民地に所属しそして十八人の中の一人であるようにと、その際、彼らは説得した上で或いは程のある力でもって強制

をした上で。

クレイニアース　何故にさあそこは他ならぬあなたもかつまたメギッロスも、お客人、我々と国制のことでは共同をなさらなかったのですか。

二

アテーナイからの客人　大きなことどもを、一方、クレイニアース、心の中に抱くのです、アテーナイが。他方、大きなことどもをそうします、スパルタもまた。そして遠くに離れて住いしています、それぞれが。とは言え、あなたにとってはすべてのことどもに即して具合よくて事はありますし、その他の植民地の建設者たちにとっても同じことどもに即してそう
B でして、ちょうどそれはあなたについてこの今に語られたことどもがあるようなのです。

先ずはされば最も適切なことどもとして土台を占めてあるものどもからして我々にとって今のことどもは生じたことだったというように述べられていると致しましょう。だがしかし、時が進みかつ国制が存続するのであれば彼らの選出はかかる或るものであるとして下さい。先ずは全員が諸々の支配者たちの選出に共同をするのだとして下さい。騎兵としての武器を或いは歩兵としての武器を働かせた限りの人々、そして戦争に年齢の彼ら自身の諸々の能力
C において共同することのあった限りの人々はです。けれども、選出はまさにそれをポリスが最も尊いものと考える聖なる場所でなされ、他方、神の祭壇へと銘々は小さな札へと名前と

父の名前、部族のそしてそこからして彼が区民たる区の名前を記した上でもたらしますが、自らのそれをもまた同じことどもに即しそのようにして名前として傍に書き添えるのです。(8) 他方、望む者には許されているのだと致しましょう、諸々の小さな札において自らにとって何でもあれ意に沿わずに書かれていると見えるものを取り出した上で広場へと置くことが、

D 三十日以内にです。諸々の小札の中で上位において三百までに判定されたものどもを諸々の役人は全ポリスにとって見るべく示すのであり、他方、ポリスは同様にしてそれらからもう一度銘々が望む者をもたらしますが、二度目に彼らから選び出された百人をもう一度すべての人々に示します。けれども、三度目にはもたらすのだと致しましょう、百人の中から望む者は誰でもあれその望む者を。その際、彼は刻まれた犠牲獣を通って進むのです。然るに、三十七人の彼らに対して最大に投票が生じた者たちを判定の上で支配者たちとして公表するのだと致しましょう。

誰たちが、されば、クレイニアースにメギッロスよ、我々にとってすべてのそれらのことどもをポリスのために引き据えることでしょうか、諸々の支配とそしてまたそれらの諸々の

E 吟味については。はたして我々は心に思うのでしょうか、第一にそのようにして統一された諸々のポリスにとっては、一方、誰かが存在をするべきことは必然ですが、他方、誰たちがすべての役人たちの前で生じてあることかはそうではあり得ぬのだと。真実、とにかくどうとかして存在しなくてはならないのであり、そしてそれも詰まらぬ人々がではなくて、否、

取り分けて頂上にある人々でなくてはなりません。何故なら、始めは先ずは語られているのですから、諸々の諺の中ですべての仕事の半分だとして。かつとにかく見事に始めることをすべて我々はその時々に賞讃するのです。だがしかし、その実にあるのは、この私にとって
754 現われるところ、半分よりより以上であり、そして誰一人それが立派に生じたのを十二分な仕方では褒めては来なかったのです。

クレイニアース　最も全うなことどもをお語りです。

アテーナイからの客人　それならですよ、とにかく認識をしていながらそれを言われないままに放ることはしないように致しましょう、何一つをも我々自身にとって如何なる仕方でそれがあることだろうかと、はっきりとさせることをしない上で。この私は、先ずはされば どんな仕方でも道がよくついているのではありません、とにかく現在するものに向って言うべく必然的なもの一つとまた有益な語りを除いては。

クレイニアース　何を除いてでしょう、さあそこは。

三

アテーナイからの客人　私は主張します、そのポリス、それを我々がまさに建設をしようとしているのにとって、例えば父と母といったものとしては、それを建設しているポリスを
B 除いては存在しないのだと。[9] 但しその際、私は無知であるわけではありません、建設された

諸々のポリスの不和が建設した諸々のポリスに対してしばしば幾つか生じたことであったしかつまた存在することだろうと。この今に現在あるにおいては、真実、さながら子供としてよしまた何時かしら産んだ者たちに対して齟齬があることになろうとしていても、とにかく遊戯の現在する行き詰まりの中では愛しかつ産んだ者たちにより愛されるのであり、そして常に身内の者たちに向って逃げて行っては、その中で必然的な唯一の戦友を見出すのです。

C それらのことどもが、さあそこで私は言うのです、クノーソスの人々にとって新しいポリスに向っての配慮の故にまた新しいポリスにとってクノーソスに向って土台を占めてあるようにと着々とした仕方生じているのだと。私は語ります、さあそこで、ちょうど今し方に私が言ったように——何故なら、二度ともかく立派なことは語られても、何一つ害しなどしないのですから——クノーソスの人々はすべてそれらのことどもを共同して配慮をせねばならぬのだと、植民地に到り着いた人々の中から選んで、その際、最も年長でかつまた最も優れた人々を力の限りに選んだ上でするのですが、人々のより少なからぬ百人を。またクノーソス人たち自身からも百の別の者たちが存在するのだとして下さい。他方、この人々は新たなるポリスへと遣って来た上では、私は主張致します、ともに配慮をしなくてはならないのだ、

D どうとかしてかつは諸々の役人たちが諸々の法に即して引き据えられかつは引き据えられた上では審査をされるようにと。だが、これらのことどもが生じた上では、一方、クノーソスはクノーソス人たちが住いし、他方、新しいポリス自身はそれ自身が救いそしてまた好運で

あるよう試みなくてはならないのだと。

　だがしかし、さあそこで三十七人に属する者となった人々は今、そしてまた後のすべての時間にかけてこうしたことどもの上に選ばれてあるのだとして下さい。すなわち、第一には先ず諸々の法の番人たちであるのだとして下さい。次いで各人が役人たちに対し彼ら自身の財産の多寡を登録するところの諸々の書き物の、一方、最も大きな評価を持つ者は四ムナを除き、他方、第二にそうである者は三ムナを除き、第三の者は二ムナを除き、一ムナを第四の者は除きます[10]。だがしかし、もしも誰かが異なった何かを登録されてあるものどもの他に
E
所有していることがはっきりと見えたなら公のもので先ずはそうしたものすべてはあるのだとして下さい。それに加えて、他方、彼は裁判を受けよです、誰であれ追及することを望む者に対して、立派ではなく更には名誉あるものでもなく、否、恥ずべきものをもし彼が利得の故に諸々の法を蔑ろにしているところを捕えられるのだとすれば。されば恥ずべき利得の廉で彼を書き立てた上で望む者は護法官たち自身の中で裁判でもって起訴してあれなのです。
755
然るに、もしも被告が敗訴をすれば、彼は公共の財産には与ってはならないのだとし、他方、分配がポリスにとって何らか或るものとして生ずる場合に彼は分配なき者でとにかく分配地を除いてあるのだとし、他方、彼は書かれてあるとせよです、償いする者となったとして、その生きている間、すべての望む者がそれらを読むであろうところに。

　然るに、二十年よりより以上護法官として支配してはならず、その支配へとは五十歳より

B

もより少なくなくなって彼はもたらされるのだとして下さい。[11] 六十歳としてもたらされた上ではただ十年間だけ彼は支配するとして下さい。そしてその語りに即してもしも誰かがより多く越えて七十歳として生きているとしても、最早それらの役職者においてそうした大きさの役職を支配してあるだろうというように彼は思考してはなりません。

四

先ずされば諸々の護法官たちについてはそれらのことどもが三つの課しつけが述べられたとして下さい。[12] 他方、先のものへと諸々の法が進んで行けば、各々がそれらの人々に彼らがどんなことどものことをこの今に述べられてあることどもに加えて重ねて配慮をしなくてはならないかを課すことでしょう。だがしかし、この今は引き続きその他の諸々の役職の選出について我々は語りたいものです。

C

何故なら、さあそこでそれらの後のことでは将軍を選ばねならず、そして彼らに対しての戦争にかけての誰か乗組員として騎兵隊長たち、部族の隊長たち、そして部族の歩兵部隊の諸々の戦列の統率者たちといった人々をそうしなくてはなりませんが、彼らにこそはまさにその名前が取り分けて相応しいのだと言えますが、例えば多くの人たちもまた戦列支配者と名づけているのです。

彼らの中でさあそこで将軍たちは、一方、そのポリス自身から護法官たちが提案するのだとし、他方、選び出すのだとして下さい、提案をされた人々の中からすべて戦争の共同者となった者たちにかつまた諸々の年齢の中にその時々になった者たちが。然るに、もしも誰かがひょっとして或る人にとって提案されなかった人々の中にあってより提案をされた人々の
D 中の誰かよりもより優れていると思われるとすれば誰の代りに誰を提案するか名前を出したその上で、まさにそのことを宣誓して他方を彼は提案せよです。どちらであれ挙手で選ばれつつ[13]よしと思われた者は選出の中へと認められるのだと致しましょう。他方、三人の彼らに対してこそ最大の挙手が生じた人々が将軍でありかつまた戦争に即したことどもの配慮者でありますが、吟味されよ[14]です、ちょうど護法官たちのように。
　他方、戦列支配者たちは彼ら自身にとって、一方、選出をされた将軍たちが十二人を提案
E することとです。各々部族にとっての戦列支配者として。他方、代わりの提案はちょうど将軍たちにおいてのように同じものが諸々の戦列支配者たちについてもまた生じて行くのでした。挙手の選出も資格審査も。
　他方、集会のそれは現在において、政務審議会《プリュタネイス》とかつまた執行部《ブーレー》が選ばれることの前では、護法官たちが召集した上で、出来るだけ神聖でそしてまた十分な場所の中へと引き据えて、一方、引き離して重装歩兵を、他方、引き離して騎兵たちをとなし、他方、第三はそれらに
756 引き続きすべて軍隊に属する全体とするのです。将軍たちと騎兵指揮官の[15]すべてを人々は、一方、挙手で選出をし、他方、楯を働かせる者たちが、他方、部族の指揮官たちは部族の者

B たちのためあらためてすべての騎兵が選ぶのだとし、裸の者たち或いは弓兵たち或いは軍隊に属している人々の中の或る他の者の指導者たちは将軍たちが自らのために引き据えるのだとしましょう。

B　騎兵隊長たちの引き据えがさあそこで我々にとってはなお残ったものとなることでしょう。されればこの者たちを提案するのだとして下さい、一方、まさしく将軍たちをもまた提案した人々が。他方、選出とそれらの人々の代わりの提案とは同一のものとして生ずることです、ちょうど将軍たちのそれが生じていたように。他方、挙手選出をするのだと致します、騎兵が彼らを歩兵たちの見ているその前で。けれども、二人の彼らにとって最大の挙手が生じたものたち、この者たちがすべての騎兵たちの指導者であることです。

他方、挙手の選出に対しての諸々の異議は二度まではあるのです。だがしかし、もし三度誰かが異議を差し挟むとすれば、この人々が投票に付すことです、まさにその人々にとって挙手選出の尺度が各人たちにとって各々としてあった人々がです。

五

C　他方、政務審議会は、一方、十二の三十倍であり――六十と三百の数（三六〇）は、だがしかし多分なることでしょう、諸々の分配にとって便利なものに――他方、その際、四つの部分をそれらの九十の数に即して分けつつ諸々の評価額の各々から九十の審議員をもたらすのです。第一には先ず、最大の評価額のところからすべての人々は必然からして（審議員を）もたらすのですが、さもなければそれに服そうとはしない者は処罰をされるのです、至当とされた罰金でもって。他方、彼らがもたらされたなら先ずその人々は記録されるのであり、他方、後の日には諸々の第二の評価額からしてちょうど前日のように同じことどもに即してもたらし、他方、三日目は諸々の第三の評価額から先ずは望む者がもたらしますが、他方、

D　上位三つの評価額にとっては強制でありますが、他方、第四のかつまた最少の評価額のものは罰金から自由なものとして取り除かれるのです、誰にもせよ、彼らの中でもたらすことを望まぬ者も。だがしかし、四日目には第四のまた最少の評価額のところからすべての者たちがもたらしますが、他方、第四と第三の評価額からの者はもたらすことを望まなくとも罰金免除です。然るに、第二と第一のそれからの者がもたらさないであっては、科せられます。

E　すなわち、一方、第二の評価額からする者は最初の罰金の三倍でもって、他方、第一のそれから出る者は四倍でもって。他方、第五日目には諸々の記録された名前を、一方、役人たちは全市民たちに対し見るべく公にし、他方、それらからあらためてもたらします、すべての者たちは。さもなくば、最初の罰金でもって罰せられます。他方、一八〇人を各々の評価額のところから選出した上でそれらの半数を資格審査すべく籤で選んだ後、他方、その者たちはその年の審議員であるのです[17]。

先ずは選出のかくして生じ来たるものは君主制的国制と民主制的なそれとの中間のあり方

757 でありますが、その二つの中で常に中間を国制は保たねばなりません。何故なら、奴隷ども
と主人たちが何時か親しくなることは見込めないことですし[18]、更には諸々の等しい評価の中
で詰まらない手合いと優れた人々とが公言されていてもそうですから——何故なら、等しく
はない者たちにとっては等しいことどもは等しくはなるまいからです、もし中間的なものに
あり方が当ることがないとするなら——何故なら、両者のそれらの故に[19]諸々の内乱に諸々の
国制は満ちてあるのですから。何故なら、古い語りが真実なものとして「等しさは親しさを
成就する」というようにありながら、先ずは全うにそして適切な仕方で述べられてあるから[20]
です。だがしかし、一体何たる等しさとしてまさにそのことが可能であるそれはあるのかが
B 強く不明瞭であることからして、強く我々を混乱させているのです。何故なら、二つとして
等しさがあり、それらは一方同名異義ですが他方では働きにおいて多くのことどもへかけて
反対であり、一方のは諸々の栄誉へとかけてすべてのポリスが導き入れるのに十分であり、
またすべての立法家がそうですが、尺度でもって、重量でもって、かつ数でもって、それは
平等なのであり、その際、それは籤でもって諸々の分配へかけてそれを正して行っているの
です。だがしかし、最も真実でありそして最も優れた等しさは容易ではないのです、万人に
とってこれを見るようにとは。何故なら、ゼウスこそのもので判定はあるのであり、そして
人間たちには常に僅かなものどもが、一方、助けとなるばかりですけれども、他方、諸々の
C ポリスにとって或いはまた私人にとって助けとなる限りのすべてはすべての善きものどもを

D

成就をするのです。何故なら、より大なるものには、一方、それはより多くを、他方、より小なるものにはより僅かなものどもを彼は分配し、そうして適度のものどもをそれらのものどもの自然本性に向って各々に対して与えて行き、そしてさあそこで諸々の栄誉もまたより大なるものどもに対しては、一方、徳に向って常により大なるものどもを、他方、その反対で持ち前のある者どもに対してはその徳のとしてもかつまた教養のとしても相応しいもの[21]を各々の者どもに対して、比例的に分配するのです。何故なら、実にあるのですから、恐らくは、ポリス的なものとは我々にとっては常にそのまさしく正しきこととしてこそ。まさにこれをこそこの今にもまた我々は恋焦がれながらまたその等しさにこそ向って、クレイニアース、眼差しをしながらこの今に生まれ育って来るポリスを建設しなくてはならぬのです。そしてもし何時か他のポリスを建設することがあるならば同じそのものを狙い見ながら立法すべきであり、否、少数の僭主どもに向って或いは一人の或いはまた民衆の何かの力に向ってではないのであり、他方、正しきものに向ってこそそうすべきなのであって、すなわち、それは今し方に語られたもの、自然本性に即して等しいものとして等しいあり方にはない者たちにとって与えられたものなのです。

ともかくも、実際、それらの意味合いにおいて少しく変更されたものどもをもまた何時かしらポリスすべては付け加えて用いることが避けられないのです、もしそれが自らとともに内乱を分かつまい、何らかの部分に即しては、とこうまさにしているのであれば。――何故

E なら、斟酌したものに大目に見たものが完璧なものと正確なものに対したのでは正義の全う
なのに反してすでに損なわれてあるのですから――。それ故に、籤の等しきものを付加的に
用いることが多くの人々の不機嫌のためには避けられないのですが、その際も神と善き巡り
合わせをその時にもまた諸々の祈願の中で呼び入れてそれらが籤を最も正しいものに向って
正しくするようにとしなくてはなりません。そのようにして、さあそこで不可避的に一方で
758 は等しさの両方を用いなくてはなりませんが、他方、取り分け最も僅かな場合において他方
はそうしなくてはなりません。すなわち、巡り合わせを必要とするものです。

六

それらのことどもはそのようにしてそれらのことどもの故に、親しい方々よ、まさに自ら
を救わんとするポリスが遣ることは必然的なことなのです。だがしかし、船舶は海にあって
航行していては見張りを夜にかつまた昼に必要としており、ポリスもまた同様に他の諸々の
ポリスの荒波の中に時を過しまたありとある陰謀で捕えられるべく危険を冒しながら住いを
しているからには、さあそこで夜を徹して昼間へとそしてまた夜から昼へと向って支配する
B 者たちを支配する者たちに、見張る者らを見張る者らに、常に引き受けまた手渡しながら、
決して止むことがあってはなりません。とは言え、大勢は決してそれらのことどもの何一つ
をも鋭く行うことが不可能であり、他方、審議員たちの多くの者たちを時の最大のものの間

は彼ら自身の私的な利害どもに立って留まりながら自らの諸々の住いに添うことどもを管理することが必然で、他方、彼らの十二分の一の部分を十二の月に分配しながら一人を一月にとなして彼らを見張り手として誰か何処か余所からの者に或いはポリスそのものから来た者に対して敏速に応ずべく提供することがそうなのです。C それはもしも誰かが報告することを更には何事かを訊ねることを欲するならばでして、その何事かとはポリスにとって他の諸々のポリスに向って答えることが、そしてまた他の諸々のポリスに対して質問した上でそれら答えを受け取ることが相応しいことどもに属することですが、そしてさあそこでまたそれは、ポリスに即してその時々にありとあらゆる変革のために常に生ずることが慣わしのことどもに属しているのですが、それと言うのも先ずは取り分けてそれらが生じないようにと、他方、D 一旦生じた上では、出来るだけ早急にポリスが感知する中でその生じたことが癒されるためなのです。それらの故に、諸々の集会については常にポリスを主宰するそのものには権限があらねばなりませんしそしてまた解散についてもです、すなわち、それら諸々の法に即したものも、かつは突如としてポリスに降りかかったものについてもです。されば先ずそれらのすべては政務審議会の十二分の一の部分が管理をするものであって、その際、それは一年の十一か月は休むのです。だがしかし、共同して他の諸々の役人たちとともに見張りのそれらのものを、ポリスに即して政務審議会のその部分は常に見張るのでなくてはなりません。

E そして先ずポリスに即してそのようにあり方があることどもは、適度の仕方で整頓されてあることでしょう。だがしかし、その他の国土のすべてのだとしてはどんな配慮がありまた如何なる配列がありましょうか。はたしてこうではないでしょうか。一方、すべてのポリスが、他方、一切の国土が十二の部分に即して隈なく配分をされてしまつてある時には、ポリスそのものの諸々の道路・諸々の住まい・諸々の建物・諸々の港・諸々の市場・諸々の泉の、またさあそこで諸々の神域のも神殿のもそしてそうしたすべてのことどもの、管理者たちの或る者たちが指名されてあらねばならないのだと、こう。

クレイニアース　どうしてそれは否でしょうか。

759

七

アテーナイからの客人　さあそこで我々は論ずることに致しましょう、一方、諸々の神殿にとっては堂守りたちとかつまた男女の神官とが生じていなくてはならぬと。他方、諸々の道路のまた諸々の建物のかつそうしたものどもをめぐった飾りの、また人間たちの、それは彼らが不正を働かないためにということだけれど、そしてその他の獣どもの、ポリスの囲いそのものにおいてかつまた郊外において、諸々のポリスにとって相応しいことどもがどうとかして生ずるために選ばなくてはならないのです、先ずは支配をする者たちの三つの種類が、一方、今し方語られたものをめぐっては町保安官たちを名づけながら、他方、市場の秩序をめぐったそれは市場保安官としてそうしながら。

B

だがしかし、諸々の神殿の神官たちはこれらを、これらにとって先祖よりの聖職のある者たちに彼女らにとってそうである者たちは動かしてはなりません。他方、もし例えば最初にポリスを建設した者たちにとってはそのようなことどもをめぐって生ずることが尤もなことでありますが、或いはどの一つにとっても或いは或る僅かなものにとり神官がいるというのであれば、それらにとってそれが備わっていないものどもには、男のそしてまた女の神官を神々に対する堂守りとして備えなくてはなりません。さあそこで、それらすべての者たちに渡っては或る者たちは選ばれるべき者たるべきであり、他方、或る者どもは籤引きされる者どもがそれらの備えの中で生ずるべきです。その際、相互に対する友愛に向って区民と区民ならざる者とを各々の国土とポリスとにおいて混ぜ合わせて行くのですが、それというのも取り分けて人が心が一つであらんがためなのです。されば、先ず男の神官たちのことどもは神御自身にとって喜ばれることが生ずるようにとお任せしながらそのようにして神的な巡り合わせに与え返しながら籤引きすることとです。だがしかし、その都度籤に当った者はこれを

C

先ずは第一に身体に欠陥無き健全な者でまた嫡出の者であるか、次いでは出来る限り諸々の褒めそやされた家から出ているか、他方、殺人から汚されることなくまたそうしたことどもをめぐった神的なことどもへかけてのすべての過ちから自らがそうであるか、また父と母が同じことどもに即し生きて来てあるかを審査しなくてはなりません。

他方、デルポイからして諸々の法を神的なことどもすべてをめぐり取り集めた上で、また

D それらの上に解釈者を[22]引き据えた上で、それらを用いなくてはなりません。他方、一年の間、
そしてそれより長く聖職の各々はあってはなりません。他方、六十歳未満ならざる者こそが
我々にとってなってあるのです、諸々の神聖な法に即して諸々の神的なことどもをめぐって
神聖な儀式を執り行わんとする者としては。だが、同じことどもがまた女の神官についても
あるとしなくてはなりません、諸々の掟として。
　他方、解釈者たちはこれらを、一方、三度、四つの部族が四人、各々を彼ら自らよりして
もたらしめましょう。けれども、三人の、彼らに対して最大の票が生じた者たちを審査した
上で、九人をデルポイへと各々の三人から一人を選び出すべく送ります。他方、彼らの審査
E と時においての年齢とは、ちょうど神官たちにおいてのようにあるのです。然るに、彼らは
あらしめねばなりません、解釈者として生涯を通じて。他方、とまれ残された欠員はこれを
四つの部族がそこから欠けた者として選出するのだと致しましょう。
　他方、さあそこで財務官たちが神聖な財物のことで各々の神殿のためにそしてまた諸々の
神域と収穫のそれらに諸々の報酬のことに権威のある者たちとして、一方、最大の財産階級
760 からは三人が最大の神殿へと二人がより小さなそれへと、他方、最も慎ましいものに向って
は一人を選ぶことです。然るに、それらの人々の選挙と審査とはちょうど将軍たちのそれが
生じていたように[23]生ずることです。そして、先ずはあらためて、神聖なことどもをめぐった
ことどもはそれらとして生ずるのだと致しましょう。

だがしかし、無防備なものとしてはさあそこで何一つのものをも可能な限りあらしめますまい[24]。さればポリスについては、諸々の防備はこの道筋でもって生ずるのだと致しましょう。

八

B　すなわち、将軍たちがまた軍団司令官たち騎兵隊長たち、部族隊長たち、政務審議会執行部たち、そしてさあそこで都市保安官たちに市場保安官たちが配慮に当る場合にです、彼らが我々にとって選ばれてある者たちとして十分に引き据えられた時にですね。

他方、他の国土はすべて見張ることとです、これらのことどもに即して。一方、十二のものに、我々にとっては国土のすべては可能な限りに等しい部分として分配されてあり、他方、部族の一つが部分の各々に籤でもって割り当てられた上で、一年の間[25]五名の田園部保安官と

C

監視隊長とを提供せよであり、他方、この者たちにとっては彼ら自身の部族のだとして五人の者たちの各々にとって十二人を若い者たちか数え上げることがあるのです。二十五歳よりは少なくはない者となっており、他方、三十歳よりは多くはない者で、それはあるのです。然るに、この人々にとっては国土の諸々の部分は、一月の間、各々の部分が各々の者たちにとって籤でもって割り当てられてあるのだと致します。それは彼らがすべての国土に経験がありかつまた知識のある者とすべてがなるようにということです。他方、二年に渡って支配と見張りとは、見張り手たちとかつまた支配する者たちにとっては生ずるのです。然るに、最初に諸々の部分を、すなわち国土の諸々の地域を割り当てられるようにとその都度に次の

D 地域を取り替えつつ各々の月に諸々の見張り手たちを右の方へと導くのです。だがその右方へとということは暁の方へとということです。けれども、一年が巡った時二年目においては見張り手たちの中の出来るだけ多くの者たちがただ単に国土のことに経験のある者と一年の一つの季節に即してなるのみならず、他方、国土に近く同時にまた季節の各々の各々の地域をめぐり生じて来たるものを出来るだけ多くの人々がよく観察するように、その時の指導に当る者たちはもう一度左手へと導いて行くのだと致します。その都度に、地域を変えながら
E 二年目の年が行き過ぎるそれまで。他方、三年目には別の田園部保安官と監視隊長たちとが五人、十二人を配慮する者たちとして選ばれることとです。

　他方、さあそこで諸々の過ぎ来しにおいては地域の各々にとってその配慮はこうした何かであることとです。第一に先ずどうとかして国土が敵どもに向いよく防衛がされて取り分けてあるようにとするのですが、その際、溝を作りそしてまたそのことを必要とする限りのことどもは壕を切りまた諸々の砦でもって可能な限り何でもあれ国土と諸々の所有物とに対して悪事を働くことを手掛ける者どもを閉め出し、他方、頸木に繋がれるものどもと諸々の家僕の地域の各々においてそれらのことどもに向ってある者どもを用いつつ、彼らを通して制作し彼らに対して監督に立ちながら、しかしその場合は彼らの諸々の固有の仕事が出来るだけ休みの時を選び出してするのです。他方、通りにくいものにさあそこですべてのものどもを、
761 一方、敵どもに対してはなし、他方、親しい者たちにとっては出来るだけ通りやすいものに

することです、人間たちにとってかつまた頸木に繋がれるものどもにとってそして家畜どもにとって。そして諸々の道路をどうとかして出来るだけ馴れたものとなるようにと配慮をしながらまたゼウスからの諸々の水を国土を害せぬように、むしろ、他方、諸々の高いところから窪んだ限りの山々にある諸々の谷間へと流れて行きながら裨益するようにと、それらの諸々の流れ出をその際諸々の構造物でもってかつまた諸々の溝でもって防いで行くのです。

B それはどうとかしてゼウスからの諸々の水をそれらの谷間が受け入れまた呑み込んで下流の諸々の畑とかつまた地域のすべてに対して諸々の流れと泉とを作りつつ、そして諸々の乾燥した地域を水気が多くかつまたよく水の引かれたものに仕上げるためです。そして泉からの諸々の水はそれらが何かの川でもあれ泉でもあれ諸々の植木でもってかつまた諸々の建物でもって最も相応しく飾りつつ諸々の地下の水路でもって諸々の流れを一緒に導き、すべてを惜しむことのないものに人々はするのです。かつ各々の季節に即して諸々の引き水でもって、

C もしも何かしら何処かに聖なる杜類は神域がそれらをめぐって解き放たれてあるのであれば、諸々の神々のまさに聖なるものどもの中へ解き放ちながら飾るのです。他方、到るところにそのようなものどもにおいては体育場を若い人々は自らとかつまた老人たちのために建設をすべきであり、その際、老人用の浴場の熱いのを提供するのです。薪の乾いて涸れたものを惜しみなく用意しながらに、諸々の病気でもって病む人々の利益においてそしてまた諸々の

D 農民の諸々の労苦でもって疲れ切った身体を優しく彼らは受け入れるのです。受け入れは、

E

医者の全くとは智慧ある者ではない者のそれよりもより遥かに優れてあるのです。

九

されば先ずはそれらのことどもとそうしたすべてのことどもは、飾りとしてかつまた利益として、それらの地域にとって生ずることでしょうし、それは慰みも決して不愉快ならざるのを伴っておりましょう。真剣さが、だがしかし、それらをめぐってこれとしてあらしめよです。すなわち、六十人の各々たちが彼ら自身の地域を見張るべきことです、それは敵どものためのみならず、否、更にはまた、あるべくも友だと称している者たちのために。他方、もし隣人たちの中のまた他の市民達の中の一人が一人を、それは奴隷であれ或いは自由民であれですが、不正をなされたと主張する者のために彼らは裁判を致しますが、一方、小さなことどもに関しては五人の隊長自らが、他方、より大きなことどもに関しては彼らは十二人とともに計十七人として裁くことです、三ムナまでは。それは一方が他方に対してその請求へと置く限りのことですが。

然るに、裁判官や役人は誰一人も責任を免除される者として裁判をし支配することはありません、最終決定を下す者たちを除いては[26]。例えば王たちを除いては。そして、さあそこでまた地方行政官たちのそれらがもし彼らが世話している人々をめぐって何かのことで傲慢に及び、その際、不公平な賦役を課しそしてまた諸々の農業にのことどもから説得しない上で

762 取得をし運ぶことを企てるとすれば、またもしも何かを追従のために与えている者どもから
受け取ったり或いは諸々の裁きを不正な仕方で割り当てるならば、彼らは一方で諸々の諂い
に屈した者たちとして諸々の恥が国中にもたらされ、他方、彼らが何をまあその地域の人々
に対し不正をするにもせよその他の諸々の不正においては、一ムナまでのそれらにおいては
村人たちと隣人たちとにおいて諸々の裁判に関して積極的な人々が考慮せよであり、他方、
B より大きいその時々の不正や或いはより小さいものどもにおいてもまた、もし彼らが服する
ことを欲せず、その際、月々に居場所を取り替えることでもってその都度異なった地域へと
逃げて行きながら逃げ果せることを信じるとすれば、それらについては、一方、諸々の公共
の裁判において訴えることです、不正を蒙った者は。他方、もし彼が有罪宣告し得たならば
二倍が課せられるとせよです、巧みに逃れようとして進んで処罰に服そうとしなかった者は。

　他方、暮らすのだとせよです、諸々の隊長たちにまた地方行政官たちは二年間に渡っては
C 何かこのような仕方で。第一に、一方、さあそこで諸々の各々の地域に即して共同の食事が
あること、そしてそれらにおいては共同で住まい方が作られなくてはならないのです、全員
にとって。然るに、共同食事をまあどんな一日ではあれ欠席をしたり或いは夜を外泊したり
した上では、人はそれが隊長が課しつけたのでもなく或いは一切の或る必然が落ちかかった
のでなければ、もし彼を五人の隊長が告発しまた見張りをないがしろにした者として名前を
書いた上で広場に置くとすれば、諸々の非難を彼は持つのだとせよなのです。国制を彼自身

分け前としては放棄しているのだとして。そして諸々の鞭打ちで出会す者によってまた罰を受けぬ仕方で懲らしめることを欲する者によって懲らしめられるのだとせよなのです。他方、隊長たち自身の中でもしも誰かが何かそうしたことを自らとしてしでかすとすれば、一方、

D かかる者に注意すべくも六十人すべてが求められておりますが、他方、人が気づいてそしてまた耳にした上で訴追しないでいれば彼は諸々の同じ法の中に捕らわれるとしまた若者たちよりももっと多くのものでもって罰せられるとせよです。すなわち、彼は若者たちに対する支配のすべてをめぐって権利を剥奪せれてあるとせよです。他方、これらには護法官たちが正確な監督者たちとしてあらしめよです、どうとかして或いはそれらが全くもって生じないようにと、或いはもしも生じたことどもは然るべき裁きに遭うようにと。

E さあそこで、すべての人は一切の人間たちについて心に思ってあらねばなりません。曰く、奴隷として仕えたことのない者はまた主人として賞讃に価いする者とはならないだろうし、また彼は誇りとすべきである、立派に奴隷仕事をすることでもって、立派に支配することでもってよりも一層。すなわち、先ずは第一に、一方、諸々の法のためにですが、それはそれこそが神々に対しての奉仕であればと思ってであり、次いでは常により年長の人々に対してかつまた名誉ある仕方ですでに生きて来た人々に対してそうなのです[27]、若い人々はですが。他方、それらのことどもの後では日々の暮らし方は粗末で貧しいのを味わってあらねばなりません、二年のそれらに渡っては地方行政官たちに属する者となってあっては。何故なら、

763 さあそこで十二人が徴集する場合には彼らは五人の隊長たちとともに集った上で諮るとせよ
です。すなわち、まさに彼らは召使いとして彼ら自身のために他の召使いにかつまた諸々の
奴隷を持たないだろうと、更には他の農民たちにそしてまた村人たちから彼らの召使いらを
諸々の私的な奉仕事へと用いないだろうと。否、それはただ諸々の公共的な奉仕事へとだけ
用いることだろうと。他方、他のことどもは彼らは彼ら自らが自らを通して思い抜いてある
のだとせよです。すなわち、彼ら自身に対して奉仕したり奉仕をされたりしながら、他方、
それらに加えてすべての国土を具に調査しながら生きてあろうとです。それは夏に冬に武器
B を携えその都度のすべての地域の見張りと認識のためではありますが。何故なら、恐らくは
何一つより小さい学びではあるまいからです、正確さを通しすべての彼ら自身の国土を知識
することは。さあそこでそのことのために諸々の狩猟と他の狩りを少なからず営為とせねば
なりません、若盛りにある者は。他の快楽と同時にまた利益のそれらのことどもをめぐって
生ずるのよりもです、すべての者にとって。
　さればその者たち自身とかつまたその仕事とを人が隠密たちと[28]、よしんばまた地方行政官
C たちとよしまたそれとして呼びながら喜ぶそれを呼びながらにも、熱心な仕方ですべての者
は力の限りに仕事をせよなのです、すなわち、およそ彼ら自身の国家を十分に救おうとして
いる限りの者たちは。

一〇

他方、その後のことが役人たちの選挙に属してでは市場保安官（アゴラノモス）についてと都市保安官（アステュノモス）ついて、我々にとっては引き続いてあったのでした。だがしかし、引き続くのです、とにかく地方行政官たちの六〇人である者たちには都市保安官が三人。その際、彼らは国家の一二の部分を三つの仕方で分け取った上で前者の者たちを模倣しながら諸々の道路の市街地に沿ったのやまた地方からポリスへとその都度に張られてある幹線道路などを、諸々の法に即してすべてが生じてあるようにと注意するのです。そして、さあそこでまた彼らは諸々の水もまた注意をするのですが、それは彼らに対して監視する者たちが送りまた手渡したそれだけがどうとかして諸々の泉へと十分にまた清潔なものとして進みながらポリスを飾りかつまた同時に裨益せんがためなのです。さあそこで、彼らもまた能力ある者たちでありかつまた閑暇を過しながら諸々の公共的なことどもを配慮しなくてはならないのです。それ故に、一方、すべての者は最大の評価額なる者どもからしてその望むところの都市保安官を候補者とせよであり、他方、挙手採決をされて最大の挙手が彼らへと生じている六人の中へと到る者たちがあれば、その時に彼らにとってそのことどもの世話がある三人が籤で選ぶのだとせよです。然るに、彼らは是認された上で支配せよです。彼らにとって掟られた諸々の法に即して。

他方、市場保安官たちが次に彼らにとって、一方、選ばれることがあります、第一と第二

の評価額のものどもから五人として。他方、他の諸々のことどもに関しては、彼らの選挙は
ちょうど都市保安官たちのそれがそうであるよう生ずるのです。すなわち、他の者どもから
一〇人が挙手選挙された上で五人の者たちが籤で選ばれ、そして資格審査された上で彼らを
支配者として現わすことです。然るに、挙手選挙せよなのです、万人がすべての者を。だが、
764 欲しないといった者は、もしも彼が役人たちに向って通報されるならば処罰をされよです、
五〇ドラクマでもって、悪しくあると思われることに加えて。他方、「行けよ、民会と共通の
集会へ」とは希望する者こそがですが、然るに、強制であるとせよなのです、第二と第一の
評価額の者どもにとっては。すなわち、一〇ドラクマでもって彼は処罰されるのです、もし
諸々の集まりに出席せずにあって彼が調べられるとするならば。だがしかし、第三と第四の
評価額の者どもにとっては事は強制的ではなく、否、彼は処罰されずに放免せよなのです、
もしも何かのことで支配者たちがすべての人々に対して何らかの必然からして集合をすべく
B 命令をするのでなければ。然るに、さあそこで市場保安官たちは市場をめぐる秩序を諸々の
法によって整頓されてあるとして見張るのであり、そして諸々の神殿と泉とを広場に即した
ものどもとして配慮するのです、どうとかして何一つ何人も不正をすることがないようにと。
他方、彼らは不正をなした者を懲らしめるのですが、一方、諸々の鞭打ちと投獄とでもって
奴隷と外国人とを、然るに、土地の者でありながら誰かがそうしたものどもをめぐって秩序
を害すれば、先ず一〇〇ドラクマの貨幣までは彼らが裁定しつつも権威がありますが、他方、

C　それの二倍までは都市保安官たちと共同して不正を働いた者に対して裁きをしながら処罰を致します。他方、同じことどもとしてまた都市保安官たちにも処罰事項と諸々の懲らしめとがあるとせよですが、それは彼ら自身の支配においてであり、それは先ず一ムナまでは彼らが処罰しながらであり、二倍のムナは市場保安官とともにです。

二

他方、それの後では音楽と体育の役人たちを任命することが相応しいでしょうか、二名を各々のだとして。すなわち、一方の者たちはそれらの教育のために、他方の者たちは競技のために。先ず教育のというのを法は諸々の競技場と教場とにおいての秩序と教育及び同時にまたそれらをめぐる諸々の通学についてのかつまた男子の子のまた女子の児童たちについて

D　の世話の世話人たちを語ることを意図しています。他方、競技のというのは諸々の体育訓練においてかつまた音楽をめぐっての競技者たちに対しての審判官たちを意図します。またも二重のもので彼らはあり、一方の者たちは音楽をめぐってですが他方の者たちは体育競技をめぐったものたちです。されば体育競技のだとしては、先ず人間たちのにかつまた馬たちのだとして同じ者がありますが、他方、音楽のだとしては、一方、異なる者たちとして独唱に

E　かつまた模倣術をめぐった者たちはあり、、例えば吟唱詩人たちやキタラ奏者たちや笛吹たちやまたすべてのそうしたことどもの審判官たちは異なった者として生ずるのが適当なことで

ありましょうが、他方、合唱をめぐってのそれらのだとしては別の者たちがそうでしょう。
さあそこで、諸々のコロスの、子供らのかつまた大人たちの女の子供たちの諸々の踊りと
配置のすべて音楽的なものとして生ずるものにおける[29]慰みをめぐり役人をたちを選ぶことが、
何処かしら必要です。然るに、十分な者だとして一人の役人が彼らにとってはありますが、
765 四十才よりは少なくないものになっていてだと致します。他方、十分な者なのとして独唱を
めぐってもまた一人がありますが、彼は三十才よりはより少なくない者としてすでになって
ありながら、彼は導入者にしてかつまた諸々の競い手たちに対し判定を十分な仕方で与えて
あるのです。さあそこで諸々のコロスに対して支配し運営する者を選ばなくてはなりません、
何かこうした仕方で。先ずは愛好心ある仕方でそうしたことどもをめぐって心持ちをすでに
持っている限りの者は（選挙の）集まりに行くべしでありもしも行かぬようなことがあれば
彼らは罰を免れないのですが――このことのとしては護法官たちが裁き手ですが――他方、
その他の者たちにとっては、もし彼らが望まないのだとすれば事は何一つ強制的なものでは
B ないのだとせよです。そしてさあそこで、投票は被選挙人を諸々の経験者たちからしてなす
のでなくてはなりませんが、また資格審査においては非難も非難にそしてまた防御は一つの
こととしてあらしめよです。すなわち、一方、彼らの中にあって籤に当たった者が無経験者
としてであり、他方、彼らの中にあり経験者としてだと考えられてです。他方、一人として
挙手の選出をされた一〇人からして籤に当たった者は、資格審査を経ての上で一年に渡って

C 諸々のコロスを法に即して支配せよです。他方、それらに同じことどもに即してそしてその筋道で籤に当たった者が彼の一年間諸々の独唱にかつまた笛の合奏の判定へと到った者たちを支配せよですが、それら判定者たちへと籤に当たった者は判定を与えるのです。[30]

他方、それらの後で競技の審判官たちを選出しなくてはなりません、馬どもとそしてまた人間たちと諸々の体育訓練をめぐっての競技ですが、それは第三のかつまたなお第二の評価階級からです。然るに、選出にかけては先ず第三の階級である者どもにとっては赴くことは強制的なことですが、他方、最少のものは処罰を伴わずに放免さるべしです。他方、三人だとして籤に当たった者たちはあるとせよですが、先ず挙手で二〇人が選出され、他方二〇人が籤に当たった時に、彼らを資格審査する者たちのそれが資格審査するのです。

D 然るに、誰かが支配のどういった割り当てと決定とに即してであれ資格審査で跳ねられるとすれば、他の者たちが同じことどもに即して代わりに選ばれまた彼らの資格審査が同様になされるのです。

一二

他方、諸々の支配の残るものとしては先に言われたことどもをめぐっては我々にとっては教育のすべての、女性的なことどものかつまた男性的なことどもの監督者です。さあそこで、一人が先ずまたそれらの支配者として諸々の法に即してあるとされよですが、先ずは五十才

よりもより少なくて生じているのではなく、他方、嫡出の子供たちの父であり、取り分けて、
一方、息子たちと娘たちとのであれよですが、他方、もしそうでないとしたら一方のそれで
E あれかしです。然るに、思ってあれよです、選出をされた者自身もかつまた選出をした者も
その役職は国家においての諸々の最高の役職の中にあって大いに最大のものとしてあるのだ
というように。何故なら、一切の生育するものにおいて最初の芽生えが立派な仕方で発進を
した上でこそ、それはそのもの自身の自然本性の卓越へと向って最も力あって有益な最後を
上に置くのであり、その芽生えとは他の植物どものそしてまた穏和なまた野生の動物どもの
766 そして人間たちのということです。人間は、だが、とこう我々は言うのですが、穏和なもの
ですが、それでも実際、一方でそれが全うな教育とそして幸運な自然本性に当ってこそ最も
神々しくまた最も穏和な生き物として生ずることを好むのであり、他方、十分な仕方ででは
なくまた立派な仕方でではなく養育されてでは最も野蛮なものとなるのです。大地が育てる
その限りだとして。
　これらのために第二のものとしても更には片手間のこととしても子供らの養育がなること
を立法者は放っておいてはならないのであり、他方、第一に彼らの世話をしようとする者が
立派な仕方で選ばれるべく始めなくてはならず、国家にある人々の中で誰であれ最も優れた
B 者としてすべてのことどもにかけてある者、その者を出来る限り最大に彼らにとって監督者
として引き据えながら責めを帰すべきなのです[31]。それで、すべての長官たちが政務審議会と

C　執行部を除いてアポッローンの神殿へ赴いた上で密かに投票をもたらすべきですし、護法官たちの中で誰をであれ各人が最も見事に教育をめぐって生じたことどもを支配すると考える者をです。他方、その者にとって最多の投票が結果した者が他の役人たちが選任をした人々によって資格審査された上で、それは護法官たちを除いてですが、五年に渡り支配すべしであり、他方、六年目には別の者がその支配へと選ばれることです。

一三

他方、もし誰かが公共の支配を支配してありつつも彼にとってあるその支配が終了をする前に死に、その際、支配が三〇日より多くを日々のことで欠きながらだとすると、同じ仕方で支配へと向けて別の人を任命することです、その人々にとってそのことが適切にも関心事であった者が。また孤児たちの後見人として誰かが死ぬとすれば、係累の人々でまた土地の者である父方と母方の従兄弟の子供までの者たちが、別の者を十日以内に引き据えるのだとせよです。さもなければ各々は一日に一ドラクマで彼らは罰せられるとせよなのです、子供たちにとって彼らが後見人を立てるまさにそれまでは。

D　然るに、恐らくはすべての国家は国家たるを欠いたもののともなるでしょう、そこにおいて諸々の法廷が遣り方に沿って成立ってはあらぬのであれば。更にまた、他方、裁判官が我々にとって無言でありまた諸々の予審においてさながら諸々の調停においてのように[32]当事者の

E 双方よりより多くは発言せずにあってでは何時か十分なものとしては彼は諸々の正しいことどもの判定をめぐってなることはないでしょう。これらのために多数がいても裁きをなすは容易なことではなく、また少数の拙劣な者がいても然りなのです。他方、明確なものとして常に争点が双方からしてなることが必要であり、然るに、時間と同時にまたゆっくり審議しまたしばしば審議することが明白なものに争いがなることに向って役に立つのです。これらのことのためには先ず第一に隣人たちの中へと、互いに対して告訴を持ち出す者たちは赴く
767 べきであり、また友人たちにかつまた出来るだけ争われている諸々の行為をその身に染みて知っている人ところへとそうすべきなのです。然るに、もしもそれらの人々において誰かが十分な判定を得ることがなければ別の裁判所へと行くのだとせよです。然るに、第三のものが、もしも二つの法廷が和解させることが出来ないのだとすれば、最後を裁判に置くのだとせよです。

さあそこで、或る仕方では諸々の法廷を設置することとは支配する者たちの選択を様々にしていることとなのです。何故なら、一方、すべての役人は或ることどもの裁判官でまたあるが必然的なことですが、他方、裁判官は役人ではなく[33]そして或る仕方で役人として拙劣ではない者にその時の日に渡ってはなるからです。つまり判断しながら裁きを終結させるその日
B には。さあそこで裁判官たちもまた役人なのだとして置いた上で我々は語るとしましょう、どんな人々が相応しくあり、またどんなことどもの、して見ると、裁判官であって、そして

どの限りの者たちが各々のことへ向ってあるのかを。そこでです、最も権威のあるものだとしてあるとせよです裁判所は、それこそが彼ら自らが彼ら自らのために現わして行くものが[34]です、各人たちとして、その際、共通に或る人々を選んだ上で。さあそこで、二つが残ったことどもの裁判所としてある[35]とせよです。すなわち、一方は誰かが誰かを、私人が私人をだとして彼を不正をなしたことを告訴しつつ裁きへと導きながら裁きがつけられることを望む場合のものであり、他方のものは公共のものが市民たちの中の或る者によって加害されたと
C 誰かが考えそして共通なものに助力することを望むと言った時のものですが、語らねばなりません[36]、どのような者としてかつまた誰たちが裁き手であるのかを。

さあそこで、第一に裁判所が我々にとって万人の第三のものをお互いに向って争っている私人たちにとって共通なものとして生ずるのだとせよです。その際、それは何かこの筋道で生じてあるのですが。さあそこですべての役人たちの一年に即してかつまたそれ以上の時に渡って支配している限りの者たちが、新年が[37]夏の諸至点（夏至）の後で至り来る月に対してまさに生じようとしている時に、以前の日にとってのその日にすべての支配している者たち
D として一つの神殿へとともに集いかつ神に誓った上で、例えばすべての役職の一人の裁判官を初穂だといったものとして捧げるべきであります。その彼は各々の役職において最善なのだと思われかつまた最も優秀でまた最も神意に適う仕方で諸々の裁きを彼にとっての市民のために来たる年に渡ってずっと裁きすることが現われるのです。然るに、その人々が選出を

された時には、一方、資格審査が選出した者たち自身の中で生じるべきですが、他方、もし誰かが資格審査で跳ねられたなら別の者が同じことどもに即して代わりに選出されるべきであり、他方、資格審査された者たちは先ず諸々の他の裁判所を逃れた者たちのために裁判をすべきですが、他方、投票はこれを公開されたものとしてもたらすべきなのです。然るに、それらの裁きの傍聴人たちとしてまた観衆として、一方、必然からして政務審議会議員たちと彼らを選んだ他の役人たちはあるべきですが、他方、他の者たちにおいては望む者がそうなのです。

E

他方、もしも誰かが誰かを故意に不正な仕方で裁きを決定したことを責めるのであれば、彼は護法官たちの中へと赴いて告訴するとせよです。然るに、そうした裁きで有罪となった者は、一方、被害を受けた者に対し半分を支払うことを請け合うとせよですが、他方、彼がより大きな処罰に価いすると思われるなら、裁きを判定する者たちはそれに加えて彼が何を蒙り或いは共通のものと裁きに訴えた者に対して償うべきであるかということを裁定するのです。

768

然るに、諸々の公的な非難については先ず第一に大衆にとって分かちを与えることがあります——何故なら、被害を受けた者たちは誰かが国家に対して不正をなすその時には万民であり、そして彼らは困難な仕方で裁きに対しては忍耐することになろうからです、与らぬ者たちとそうした諸々の裁きのことでなってあっては——いやしかし、そうした裁きの始めとかつまた終りとは民衆の中へと与え返されてあるべきですが、他方、審理は最大の役人たち三人の中でであり、彼らはこれを被告もかつまた原告もまあともに同意する者たちなのです。然るに、双方が同意を共同することが自らでは出来ないとすれば、政務審議会が彼らの各々の選択を上に立って裁くのです。

B

さあそこで、他方、諸々の私的な裁きのことでも能う限りに共同すべきなのです、すべての人々は。何故なら、意図的な非共同の者としてともに裁きをすることに対してあっては、彼は考えるからです、全くもって国家には与らぬ者であるのだと。さればそれらの故にさあそこで、部族に沿ってもまた諸々の裁判所が生ずることが必然的なことなのであり、そして籤でもって裁判官たちが即座に諸々の懇願で持って崩されない者として裁きをすることが。

C

他方、すべて終りを決定すべくはそうしたものどもの中では彼の裁判所があり、またそれを我々はとにかく人間並みの能力にかけて出来る限りに崩壊させられぬものとして隣人法廷においても部族民法廷においても和解を見ない人々のために備わってあるのだと。

一四

さてさあそこで、一方、我々にとっての諸々の法廷をめぐっては——それらをこそさあ実に我々は役人たちだともないとも言った上で異論のない仕方で言ってしまうことは容易ではないと言うのでしたが(38)、先ずそれらについては例えば或る素描が外からして素描してあって一方のことどもは語り終えてはいますが、他方のことどもは殆ど後に残しております。何故なら、立法の最後近くでこそ、[39]諸々の裁きの諸々の法の正確な措置と同時にまた分類は最も
D 全うに大いに生ずるだろうからです。されば先ずそれらの措置にとっては、終り方において我々を持っていることが言われてあるのだとせよなのです。他方、その他の役職をめぐっての諸々の任命は、殆ど最も多くの立法を早掴んで掴むに至っています。然るに、全体と正確なものとの、国家とすべての政治術に即した一つのかつまた一切の運営についてのそれは、明確なものとして生ずべくもあり得ないのです、その十分な説明が最初から第二のものどもをそしてまた中間のものどもをまたそれの一切の諸部分を取り上げた上で最後に向って到達
E する以前には。目下には実際、現在においては諸々の役人たちの選出の生じたのまでは来てあって、先ずは以前のことどもの終りとしてそれが十分なものに生じていることでしょう。他方、諸々の法の制定の始めは諸々の遅滞も同時にまた諸々の躊躇いも、何一つも最早必要としてはいないのです。

クレイニアース　一切の仕方で私には思いに即して、お客人、先のことどもを語り終えておられるが、今は始めを最後に対して、すでに語られ済みのことどもとそしてまたこれからまさに語られようとしていることどもについて結びつけた上では、それらをなお一層以上のことどもよりもあなたは語り終えておられます、親しい仕方で。

769 **アテーナイからの客人**　見事な仕方で、それではですよ、我々にとっては思慮のある長老

たちの慰みは[40]ここまでは目下に楽しみ通されてあることでしょう。

クレイニアース　立派な真剣さをあなたは明らかにされているようです、男子たちの。

アテーナイからの客人　とにかくそうらしいでしょうか。だがしかし、このことを我々は心に思うことと致しましょう、もしあなたにちょうどこの私にとってそう思われるならば。

クレイニアース　さあそこはどのようなことが、またどんなことどもについてですか。

アテーナイからの客人　君は御存知だ、ちょうど絵描きたちのとしてはその何一つの限り
をもその仕事は持つとは諸々の各々の像については思われず、否、それは或いは塗り或いは
陰影をはっきりとつけることから、或いはそのようなことを絵描きたちの子供らが何として
B 呼ぶのではあれ、何時か飾りながら止めることはないと思われ、そこでまた最早より美しく
かつまたより鮮明なものどもとして描かれてあるものどもがなることへとはない結果となる
ようだとは。

クレイニアース　殆ど私は心に思います、私自らでもまたあなたのお語りのそれらのことどもを聞いてありながら。とは言え、とにかく熟達したあり方にそうした技術でもって私がなっているのでは決してありませんが。

アテーナイからの客人　またとにかく何の差し障りもありません。とまれ、実際、我々は
使うと致しましょう、この今にその技術について我々にとって遭遇している議論をこうした
C ことで。曰く、もしも何時か誰かが出来るだけ美しく像を描きまたそれは更に決して何時か

より詰まらないものへとではなく、否、より善いものへとそのあり方をその都度に時が進み行く時に持つことを[41]意図するとすれば、君は熟慮しますね、彼が死すべき身であってはもし誰かを修正することの[42]、つまり、それはもし像が諸々の時によって何かを蒙るならばということですが、後継者として残さないとすれば、かつまた彼自身の弱さによって取り残されてあるものを技術に向って先のものにかけて輝かしくしつつ進歩せしめることが出来ないようであれば、或る僅かな時間に渡って彼にとっての苦労は多大なものに待っているのだということを、とこうです。

クレイニアース　真実なことどもをお語りです。

アテーナイからの客人　さればどうでしょうか。はたしてそうしたものとしてあなたには
D 立法者の望むところがあるとは思われませんか。すなわち、第一に先ず諸々の法を正確さに
向い出来るだけ十分に書くことです。次いでは時が進むにおいてよしと思われたことどもの
働きでもって試して行きながら、はたしてあなたは思われますか、誰かがそのように無思慮
な立法者であり、その結果はまた全く多大なものとしてこうしたことどもが残されてあるべく
必然がありということを無知なのだと。それらのことどもは或る後続する者が、決してより
E 悪しくではなく他方より優れたものとして国制と秩序がその都度に彼にとって住まわれ済み
の国家をめぐってなるためには、立て直す必要があるのですが。

クレイニアース　尤もです――どうしてそうでないことがあるでしょう――。万人は誰で

B　770

あってもそうしたことを望むべく。

アテーナイからの客人　さればもしも誰かが或る工夫を次のことに向って持っているなら、すなわち、実際上と諸々の言論でもってどんな仕方で別の者に対して、より大きいにもせよより小さいにもせよそのことをめぐって内なる思いを持つべく教えることだろうかというそのことに向ってですが、つまりその内なる思いとはどんな仕方で法を見張りまた立て直すべきであるかのそれですが、その場合には、彼は何時かそのことを語りながら目的へと至る以前には放棄することはありますまい。

クレイニアース　いかにして放棄しましょう。

アテーナイからの客人　されば目下の現在にはそうしなくてはなりません、この私にまたあなた方お二人はそのことを。

クレイニアース　さあそこはどんなことをあなたはお語りですか。

アテーナイからの客人　先ず我々は立法をしようとし、他方、我々にとってはすでに選出されて護法官たちはありますが、然るに、この我々は人生の諸々の沈みの中にあり他方我々に向った者たちは若くてあるからには、我々が言いますように、同時に一方で我々は立法をしなくてはならず、同時に他方でこれらの人々を立法者たちにしてそしてまた護法官として出来るかぎりになすことを試みなくてはなりません。

クレイニアース　何が問題でしょうか。苟もとにかく我々が十分に可能なのであれば。

アテーナイからの客人　いやしかし、さればとにかく試みまた熱意がなくてはなりません。

クレイニアース　どうしてそうではないことがありましょうか。

一五

アテーナイからの客人　さあそこで、我々は彼らに向って語ることと致しましょう。曰く「親愛なる諸々の法の救い手たちよ、この我々は我々が諸々の法として置いているそれぞれについて実に多くのことどもを気付かずに残すことだろう――何故なら、それは必至なのだから――いや、実際しかし、とにかく小さからざることどもとまた全体なるものである限りのことどもは、力の限りに探し出されていないものとして放り出すことを我々はしないことでしょう、ちょうど或る素描といったものでもってして。これを、然るに、満たさなくてはならないのだ君たちが、素描をされたものとしてこそ。だがしかし、何処へと眼差ししつつ

C

君たちがそうしたことを遣るかは聞くべきなのだ。何故なら、一方、メギッロスとこの私とクレイニアースという我々はそれらのことを少なからぬ折りにすでに語り終え、また立派に語ったことを同意しているのである。だがしかし、君たちが我々に対して意見の一致した者となりかつまた弟子たちとなることを我々は望むのであり、その際、君たちはまさにそれらへとこの我々が相互に対して護法官にそしてまた立法者は眼差しせねばならぬことを同意をし合ったそれらのことどもに向って眼差ししてあるわけだ。

然るに、そのともの同意は一つの眼目を持ちながらにあったのであり、それは何時かどの
D ようにかして人は善き者となれかしということであり、すなわち、人間にとって相応しい魂
の卓越性を持ちながら、或る営みから或いは或る性格から或いはどうとかの所有から或いは
欲望から或いは思惑から或いは何時かの諸々の或る学習から、その際よしんばまた男性的な
或るものとしてともに住まいする人たちの自然本性がありよしんばまた女性的なものとして
ありながら、若い人々の或いは年寄りたちのがそうでありながら、どうとかして我々が語る
ところのその同じものの中へとすでに張られて真剣さの一切が全人生を通じてあるようにと、
E 他方、それらに対して諸々の障碍である限りの他のことども中の何一つも更には如何なる者
もより尊重してあるとは現われることがないようにとです。他方、その際、彼は国家さえも
棄ててあるのです、もし追われた者と彼がなる必然が奴隷的な頸木を堪えながら[43]より悪しき
者どもによって支配をされるか或いは逃亡でもって国家を残すことを欲する前に現われると
するならば。すべてのそうしたことどもは、して見ると、実にあるのです、身に蒙りながら
堪えねばならぬものとして。それは本来人々をより悪しくするその国制を取り替えるよりも
前にということです[44]。

771 これらのことをこの我々は先だってはともに同意するに到ったのであり、そしてまたこの
今に他ならぬあなたたちは我々の諸々の法を、それらの各々（徳の獲得に資するものと障碍
となるもの）へと眼差ししながら、賞讃しまたそれらに関して無能な限りは非難をし給え。

他方、能力のある諸々の法は歓迎しかつまた喜んで受け入れながらそれらの中で生き給え。他方、他の諸々の営みと所謂善きものどものうちの他のことどもへと張ってあるものどもはさよならを告げるべきなのです」

　然るに、出発点としてあらしめよです、それらの後の我々にとっての諸々の法のとしては何かこれこそが。それは諸々の神聖なものどもからすでに導き出されてあって。何故なら、さあそこで数として第一に我々は取り上げねばなりません、五〇四〇なるものを。どれだけ
B
のものとして諸々の便利な切断（因数）を数全体がそしてまた諸々の部族に沿ってのそれが持っていたしそして持っているのかと。[45] さあそのものをすべてのものの十二分の一として私どもは置いたのですが、それは一と二〇の二〇回で最も全うに生ずるべくあるのです。他方、持っているのです、諸々の分解を十二個、一方、数すべては我々にとって持っているのですが、他方、部族のそれもまた十二です。さあそこで、各々の部分を思考するべきなのです、神聖であるようにと。神の贈与であり諸々の月とまた万有の巡行とに従ってあるのだと。

　それ故、またすべての国家を、一方、ともに生い出る神聖なものがそれら分割に関しては導くのであり、他方、別の人々は別の人々よりも多分より全うに配分しかつまたより幸運に
C
その分割を置いたのでした。この我々は、他方、さればこの今に主張をするのです、五千と四〇との数を。その数はすべての分割を十二まで、一から始めた上で十一を除いて。然るに、その数（十一）は極小さく癒やしを持っています。何故なら、一つの方法ないしは他の方法

として健やかになるからです、二つの竈を切り去った時に[46]――他方、それらのことが真実な
仕方であってあるというようには、暇に即しては多からぬ物語りが示すことでしょう。さあ
そこで目下のことどもとしては現在している天の声と言論とに信頼を寄せた上でそれ（その
D 分割）を、我々は分割致しましょう。そして各々の分け前に対して神と或いは神々の子供と
を割り当てた上で、諸々の祭壇とかつまたそれらに相応しい諸々とを与え返した上で諸々の
犠牲についてそれら祭壇のところで諸々の集まりを月に二度することと致しましょう。その
十二回を、一方、部族の分割に、他方、十二回を国家の分割されたものそのもののために。
すなわち、さあそこは、一方、神々の恵みのためにまた神々をめぐってのものどものために。
他方、我々自身の身内のあり方とかつまた相互の認識について[47]、とこう我々は主張すること
E でしょうが、またすべての交わりのためです。
　何故なら、さあそこで諸々の結婚の共同と交わりに向って必然的にあり方を持つからです、
誰たちから人は導かれかつまたどんなことどもとまた誰たちに出し与えるかそのことの無知
を取り除くことは。その際、万事について最大に決してしくじることのないことがなされて
行くのです、そうしたことどもにおいては可能なその限りに。さればそのような真面目さの
772 ためには諸々の遊戯さえもまた自らに作るべきなのです、踊る少年たちとかつまた踊る少女
たちは。そして同時にさあそこで、その際、彼らは観察しそしてまた観察をされるのです、
言葉とかつまた諸々の尤もな言い訳を持った年齢とともに諸々の少年の裸と少女の裸とを。

それは各々の者たちの思慮ある周知のそれまでです。

B　他方、これらすべてのことどもの監督者たちで秩序立てる者たちとしては諸々のコロスの支配者たちが[48]立法者たちとに護法官たちとともになることです。この我々が課しつけつつも欠かした限りをです。然るに、必然的なことなのです、ちょうどそれをこそ我々は言ったのでしたが[49]、そうしたことどもをめぐっては小さくてまた多大である限りのすべてを、一方、立法者が欠かし、他方、経験してある者たちがその都度に年々それらのだとして生じて行きながら実地にから学んで行きつつ、課しつけまた糺して行きながら年々動かすことがです。

C　それは限界が十分なものとしてそのような諸々の規則や営為のだとしてすでに生じてあると思われるまではということです。先ずはされば時間は程に適い同時にまた十分なものとして生じてあることでしょう、諸々の犠牲と歌舞との十年の経験に属して。時間がすべてのものどもと各々ものどもに向って配列された上で。その際、一方、課しつけた立法者が存命だとすれば共同して、他方、終りを持ってあった時には各々の役人たち自身は護法官たちの中へと彼ら自身の支配の取り残されたものを持ち込んだ上で、訂正することです。終りを各々が立派に仕上げられることのだとして持っていると思われるまでは。然るに、その時には不動のものどもとして自らに置いた上で、今や他の諸々の法のそれらを諸々の始めに即して彼らに対して置いた立法者が課したものどもとともに、用いることとです。それらの法については一方、彼ら支配者たちが進んで動かすべく何一つ如何なる時にもないのであり、他方、もし

D 或る必然が何時か落ちかかったと思われるならば、一方、すべての役人たちを忠告者たちだとして、他方、すべての大衆と神々のすべての神託に対して忠告を求め、もし彼らすべてが声を一つにするならばそのようにして動かし、他方、他の仕方では如何なる時にもどんな仕方でも動かないことであり、否、妨げる者は常に法に即して力があるのです。

一六

されば人は二五歳に年齢がすでになった者に属して狙いをつけそして他の者たちによって狙いをつけられながら彼自身にとって意に即しまた相応しい者を子供たちの共同と出生とに
E かけて見出したと信ずるからには、そしてその時には、先ず結婚するのだとせよ、すべてが三十五才の内で[50]。とは言え、相応しくも調和するものをどのようにして探すべきか、第一に彼は耳傾けるとせよです。何故なら、クレイニアースの主張するように、法の前には各々にとって固有の序文が前に置かれねばなりませんから[51]。

クレイニアース　最も見事に、お客人、思い出しなさった上で、議論の好機をお掴みされかつまた大いにこの私にとっては尺度が一緒だと思われるのをです。

アテーナイからの客人　よくぞお語りです。「子供よ」と、そこでです、我々は言うことと致しましょう、諸々の善き父親たちのだとして生い育ってある者に。「思慮ある人々の許で
773 よき評判のものである諸々の結婚を結婚すべきである。そして彼らはお前に忠告をすること

だろう、貧しい人々に対しての結婚を避けず更には裕福な人々に対しての結婚を極端に追うことをしないようにと。否、もし他のことどもを等しく用意しているならより欠くところのある者をこそ常に尊重しながら共同へとともに進むことを。何故なら、国家にとってそれはその道筋でで利益あることであろうし、それらともに進む諸々の竈にとってもそうであろうから。何故なら、均質で均衡のあるものは混合無きものよりも無限に徳に向っては隔たってあるのですから。

B　秩序ある父親たちに対する婚姻による結びつきが生ずることに熱心であるべきなのだ、自己自身とともによりせっかちで同時にまた必要以上により速くすべての行為に向って運ばれて行くのを意識している者は。他方、逆の仕方で生まれついてある者は反対の縁組みにへと進んで行くべきである。そしてすべてについて一つあるのだとせよ、結婚の筋書きが。何故なら、国家にとって利益となる結婚を各人は求めねばならないのであり彼にとって心地よいそれをでないからだ。だがしかし、どのようにしてか万人は常に自然本性に即して自らに最も似た者へと向って運ばれるのであり、そこからして不均衡なものに国家は全体としてなるのです、諸々の金銭でもってそしてまた諸々の向きの習いでもって。それらからして我々が我々にとって結果することを望まないことどもが取り分けて最も多い国家に

C　伴って来るのである」

それらのことを、さあそこで言葉を通して、一方、法でもって課しつけること、すなわち、富む者は富む者において娶らないこと、多くをなし得る者は別のそうした者を娶らないこと、

D

他方、諸々の性格でもって速い者たちをより遅い者たちに向ってまたより遅い者たちをより速い者に向って諸々の婚姻の共同でもって進むように強いることは、笑止千万であることに加えて憤りを多くの人々に引き起こします。何故なら、胸内に思うことは容易ではないからです。国家が混酒器の仕方で混ぜられてあらねばならぬのだということは。そこでは狂ったあり方で、一方、酒は注ぎ込まれながら沸き立ちますが、他方、別の素面の神[52]（水）により懲らしめられてあっては見事な共同を掴んだ上で、善きまた尺度ある飲物が作り上げられるのです。このことがされれば子供達の混合において生じて行くところを見通すことは、言わば誰一人可能ではないのです。さあそこでこれらのことのために、一方、法でもってそうしたことどもを放棄することは必然的なことですが、他方、呪文を唱えかけながら説得することを試みることです。曰く、子供達自身の彼ら自身に対しての均質を諸々の結婚の平等が金銭

E

において飽くことないあり方をしているのよりもより多大だと各人がすることこそを。また非難を通じて金銭をめぐり諸々の結婚において真剣になってしまってある者を向きを変えること、否、書かれた法でもって強いて行ってではないのです。

一七

諸々の結婚については、さあそこでこれらのことが励ましとして語られてあるのだとして下さい。そしてさあまたそれらの先に語られて[53]人は永遠の自然本性にこだわるべきであり、

774 そのことを子供たちの子供たちを常に神のための奉仕者として彼自らの代わりに残しながら手渡すことでもってするのだというようにされたことどもが。さればすべてのそれらのことどもを、またなおより多くのことどもを人は諸々の結婚については言うことが出来ましょう。結婚すべきである、全うな仕方で序文となしながら。然るに、もしひょっとして誰かが自ら進んで納得することなく、他方、余所者として彼自らを交わることなき者として国家の中で持ちそして結婚しないままで三十五才になるようなことがあれば、彼は毎年罰せられるのだとせよです。すなわち、先ず最大の評価額を所有してある者は百ドラクマでもって。他方、第二のそれを所有する者は七〇ドラクマでもって。他方第三の者は六〇ドラクマでもって、
B 他方、第四は三〇ドラクマでもって。然るに、これはへーラー女神[54]の奉納物であるとするのです。他方、毎年に支払いせぬといった者は十倍を負うとせよです。他方、女神の収入役が取り立てるとせよなのですが、然るに、取り立てることがなかった上では彼自らが負うのだとし、そしてそうしたことの諸々の監査においては[55]すべて（の収入役）が説明を受け持つとせよなのです。先ずはされば金銭にかけては結婚する気にならぬといった者はそれらの点で処罰されよですが、他方、名誉の若者たちからのは一切不名誉たるべしです。また誰一人も何一つを彼に対して進んで耳を傾けるべからずなのです、若者たちにあっては。然るに、もし彼が誰かを懲らしめようとするならば、万人が加害される者のために助力しまた防いで
C やるべしです。然るに、助力をせず傍らにある者があれば、臆病でかつまた悪しき市民だと

して法によって語られるとせよです。

他方、持参金については先ず先にもすでに言われていましたが[56]、他方、もう一度言われるとして下さい、等しいものどもの代わりに等しいことどもが娶る者にとっても嫁がせる者にとっても金銭の不如意の故に貧乏人たちが年を取ることはないことはあるのだというように。

D 何故なら、諸々の必需品はこの国家における人々のすべてにとって基礎的にあって、他方、高慢はより少なく妻たちにあり、また謙《へりくだ》って自由人らしからぬ隷属が金銭の故に娶る者たちに生ずることでしょう。そして、一方、服する者は諸々の美しいことどもの中の一つをそれとして遺ることとなりましょう。他方、服さないでいて或いはドラクマにおいて五〇の価値のものどもを衣装のために与えたり或いは受け取ったりする者は、すなわち、或るは一ムナを、或るは一ムナ半を、或るは二ムナを、つまり彼は最大の評価額を所有してある者でありますが、先ずは彼は負うのだとして下さい、公共に対してそれだけの別額のものを。他方、与えられたもの或いは受け取られたものはヘーラー女神にそしてまたゼウス[57]の奉納物として

E あらしめ、他方、取り立てるとせよです、それら二方の収入役の者たちが。ちょうど結婚をしない人々について収入役の者たちがヘーラー女神のそれらだとしてその時々に取り立てを行いさもなければ彼ら自身から銘々が罰金を支払うのだと言われたようにです。

婚約は権威あるものとしては父親のが第一で、第二が祖父の、他方、第三のは父親を同じとする兄弟のがそうであり、他方、もしそれらの一人さえもないなら母方のそれがその後で

775

同様にして権威あるものであります。然るにもしひょっとして巡り合わせの或るものが通常ならざるものとして伴うならば、氏族の中で最も近い者たち[58]が常に権威ある者でありますす、後見人たちとともに。

他方、諸々の結婚の前の諸々の供犠である限りのものども或いは或る別のそのようなことどもをめぐっての儀式でまさにあらんとしていることども或いは生じつつあることどもの或いはすでに生じたものどものだとして遂行されるべく相応しくあるものは、指図をする者たちに対して質問しまた彼らに服しながら各人は考えるべきです、すべては彼自身にとって程よくも生ずることを。

B

一八

諸々の饗応（披露宴[59]）については、先ず男友達と女友達とをそれぞれの五人以上はこれを呼び集めるべきではなく、他方、同族者たちのまた身内の者たちのだとして同様にそれ程のを別の人々を各々において呼び集めるべきです。他方、費用は財産に即してよりより多くは誰にとっては生じないことです。すなわち、一方、金銭にかけて最大の者にとっては一ムナ、他方、次の者にはそれほどのものの半分、他方、次の者にはそのようにして、ちょうど各々にとって評価額が下ってしまうそのようにです。そして、一方、法に服する者はすべての人々が賞讃すべきであり、他方、服さない者はこれを護法官たちは懲らしめよです、無粋でありかつまた結婚のムーサを諸々の歌（ノモス）において無教育な者として。

C 他方、酩酊へと飲むことは別のどこか或るところで、酒を与えた神の諸々の祭りにおいてを除いては、相応しくはなく更には安全ではないし、さればさあそこで諸々の結婚をめぐり真剣になってあってはそうなのです。それらの結婚においては思慮を持ってあることは取り分けて花婿と花嫁とは人生の小さからぬ転機を経験してあっては相応しいのであって、他方、同時に生まれ出る者がまたどうとかして最大に思慮の中にある者たちから生ずるようにとということです。何故なら、殆ど不明なのですから、どのような夜或いは昼が産まれるものを神とともに産むのであるかは。そしてそれらに加え諸々の身体の酩酊によってとろけて流れてしまったものの子作りは生じてはならないのです。否、しっかりとうろうろしない静かなものとして分け前において成立ってこそ、生い出るものはあらねばならないのです。

D 然るに、すっかり酔った者は自らすべての仕方で運ばれまた運ぶのであり、その際、狂ってあるのです、身体に即しかつまた魂に即して。されば種を播くべくもよろめいており同時にまた悪しくも酩酊者はあって、そこでまたでたらめでまた信じられず、性格において更には身体においてまっすぐに行く事のない者を尤もなことどもからして産み出すことでしょう。それ故に、一方、一層一年全体として人生に渡り、他方、取り分けて産むだけの時に渡って用心をすべきであり、そして病的なことどもである限りも傲慢に属する限りのことどもも、或いは不正に絡むことどももも行為せず、また積極的なあり方でなくあるべきです。何故なら、

E 産まれて来る者たちの諸々の魂と身体の中へ刷り込みながら浮き彫りをしてあらゆる仕方で
よりつまらぬものどもを産むが必然的なことですから。他方、抜きん出た仕方で彼の昼と夜
に渡ってはそうしたことどもをめぐったことどもからは遠ざかるべきなのです。何故なら、
「初め」[60]は神としてもまたは人間達において座を占めてありすべてのことどもを救っている
のです、もしも名誉のそれに相応しいものを交わる人々の各々から分け前として得るとする
ならば。

776 　他方、娶った者は二つの分配地[61]の一方を例えば雛たちの産む場所でまた育ての場所として
みなした上で父と母から引き離されて結婚生活を彼処で自らのために作り、そして彼自身と
また子供たちの住まいと養いの場を作るべしです。何故なら、諸々の親愛の情においてもし
一方、恋しい思いが何かとしてその中にあるなら、すべての性格を接着し結びつけるのです
から。だがしかし、飽き飽きしたとものありでまた時を通しての恋しい思いを持たないそれ
は、お互いから流れ去ることを作るのです、満足の諸々の行き過ぎてもって。さあそこで、
それらのために母に対し父に対しまた身内の者たちに対し彼ら自身の諸々の住まいを譲った
B 上で、例えば植民地へと彼らが到着して行くといったように、自らが訪れつつかつまた同時
に訪れられながら住まうべきなのです。その際、子供たちを産みそしてまた育て上げながら
さながら松明をというように人生を他の者たちから他の者たちに手渡して行くのです、常に
神々の対して諸々の法に即して世話をしながら[62]。

一九

C

然るに、その後で諸々の所有物はどのようなものを人は所有していながら最も程に適った財産として所有をするに到っていましょうか。されば、一方、多くのことどもは思うことも所有することも困難ではありませんが、他方、さあそこで、召使いどもに[63]属することどもはあらゆる道筋で困難です。然るに、原因をなすものを、我々はどうとか全うな仕方ではなくそしてある仕方では全うに語るのです。何故なら、諸々の使用と反対のことどもを、そして更には諸々の使用に即して、我々は奴隷どもについては我がために作っておりまた語られることどもも然りですから。

メギッロス だがしかし、あらためてまたどのようにそのことを、私どもは語っているのですか。何故なら、未だ私どもは学んではいないのですから、お客人、この今にどんなことをあなたが仰有っておられるのかをです。

アテーナイからの客人 また大いにとにかく、メギッロス、尤もにもですよ。何故なら、殆どすべてのギリシア人たちにおいてラケダイモーンの人々の農奴制（ヘイローテイア）は[64]最多の行き詰まりと争いを提供しておりましょうから。一方では旨く、他方では旨くなくて

D

それは生じてあるとして。だがしかし、より小さなものとしてマリアンデュノイ族の人々の隷属のヘーラクレイアの[65]人々の奴隷制は争いを持ちましょうが、テッタリアのペネスタイの[66]種族がまた然りです。──それらのことどもへまたすべてのそうしたことどもへと眼差しを

した上で我々は何をすべきですか、召使いどもの所有については。このことが、さあそこで言論でもって傍を通りながら私はたまたま話し、そして他ならぬあなたが私に対し当然にも一体何を私は言っているのかと尋ねなさったところのそのものなのです。我々は承知をしています何処かしらすべては言うのだということを。曰く、奴隷どもはできるだけ気立てよくまたすぐれたのを所有してあるべきだとこう。何故なら、多くの奴隷どもがすでに兄弟たちや息子立ち寄りもある人々にとってはあらゆる徳性に向ってしっかりした者どもとなっては
E
主人たちをまた諸々の所有物をそして彼らの住まいの全体をすでに救っているのですから。何故なら、それらを我々は、何処かしら知っているのです、奴隷どもについて語られていることどもとして。

メギッロス　何がそれで実際問題でしょうか。

アテーナからの客人　されば反対のこともまたそうではないですか、奴隷的な魂の何らの健全なものもなく更に如何なる時にも何一つその種族に対して信頼を寄せてはならぬというようにです。知性を得てある者にあってはです。然るに、我々にとって詩人たちの中で最も智慧のある者が見解を表明してさえいるのです。ゼウスの代わりにこう広言をしながらです。曰く(67)——

777
何故なら、知性の半ばを、と彼は言う、奪うのだ、遙か見晴るかすゼウスは人々から、
彼らをさあそこで隷属の日が征服するならば

とこう。これらのことを各人たちは種々の考えでもって別々に取っては、或る人々は、一方、何一つの点でも召使いの種族には信頼を寄せず、他方、野獣の自然本性に即し諸々の突棒と鞭でもってただ三度だけではなく、否、何度も仕上げるのです、召使いどもの魂を奴隷的なものに。他方、或る人々はあらためてそれらの反対のことどもをもとして、すべてのことどもをやります。

メギッロス　そうです、そうです。

B **クレイニアース**　何をされればさあそこでなすべきでしょうか、それらが、お客人、かくも隔たってある時には我々の国土についてはあらためて我々は。すなわち、所有と同時にかつまた懲罰についてです、奴隷たちのですね。

アテーナからの客人　どうでしょうか。難物として人間という生き物はありまた必然的な区別、すなわち、奴隷とかつまた自由人にして主人なるものとを働きにおいて区別すること、に向って決して扱い易くあろうと欲せずそしてまたなると現われることもしないからには、
C さあそこで明らかに難物なのです、その所有物は。何故なら、事実においてしばしば示されているからです。メッセニアの人々の生ずるのが習いである諸々の多くの反乱をめぐって、またとまれ一つの音声（言葉）からの多くの召使いどもを所有している人々の諸々のポリスをめぐってどの限りのものどもが悪しきことどもとして帰結しているかということが。またなおイタリアをめぐって生じて来る所謂〝ペリディーノス〟（海賊・徘徊するもの）として

の盗人どものあらゆる種類の所業にかつまた諸々の蒙りが(68)。

D 人がそれらのすべてに向って眼差しては上恐らく行き詰まることでしょう、すべてのそうしたことどもについては何を遣るべきかと。さあそこで二つだけ工夫が残されてあります。また相互の同国人たちではあらぬこと、容易に奴隷仕事をまさしくしようとする者たちが。また出来るだけ最大に同じ言語を話さぬものであること。他方、彼らを全うに養うこと、それはただ単に彼らのためにではないのですが、他方、より多く自身のために尊重しながら。そのような者どもの養い（養育）は何か傲慢を召使いたちへと傲慢に振舞うのではなく、他方、より少なく、もし出来ることなら、不正をすることです、等しいものからする人々に対してよりも。何故なら、画然として明かで自然本性においてまた拵えた仕方ではなく正義を畏敬し、他方、本当の仕方で不正なものを憎んでいる者は、人々の中のこれらの者たちにおいて、すなわち、彼らにおいて、彼にとっては不正をすることが容易である者たちにおいてです。

E されば奴隷どもにおいての諸々の性格と行為とをめぐって人が神意に悖ることとそしてまた不正なことについて穢れなき者になりながら、彼は徳の生育へと種を播くべくも最も十分であることでしょう。他方、同じそのことを言うことが実にあるのです、全うな仕方で同時に主人においてかつまた僭主においてまたすべての権力を彼自身よりより弱い者に向って権力を行使している者においてです(69)。懲らしめることはとまれ、実際、正義において奴隷どもに対して遣らなくてはなりません。そして自由人たちをというように忠告して行きつつ自惚れ

778 させてはなりません。他方、召使いに対しての呼びかけは殆どすべて課しつけとして生ずるべきです。そしてその際、如何なる筋道でも如何なる仕方でも召使いたちに対しては巫山戯ながらになどであってはならず、されば男の召使いに対しても女の召使いに対しても然りであって、さあそれらのことどもを奴隷どもに向って多くの人々は大変に愚かな仕方で堕落をさせて行きながらより困難なものに人生を、彼らにとっては支配を受けるべくかつまた彼ら自身にとっては支配すべく仕上げ勝ちなのです[70]。

クレイニアース　全うにお語りです。

アテーナイからの客人　されば召使いたちに対しては人は能力へかけて多さでもってまた便宜でもって諸々の仕事の諸々の各々の援助に向って今や準備が終ってあれば、さあそこでその後は諸々の住まいを言論でもって計画すべきですね。

クレイニアース　全くその通りです。

二〇

B **アテーナイからの客人**　そしてとにかく、言って見れば一切の建築について、さあそこでとにかく新しくて以前においては家のなかった国家は配慮すべくあるようです。どんな仕方でそれらの各々のものどもを諸々の神殿にかつまた城壁について持つことだろうかと。だがしかし、諸々の結婚よりはより先にそれらはあったのですが、クレイニアース、他方、今は

苟も言論でもってそれらは生ずるのなら、また大いにその筋道で今は生ずることが許される
ことでしょう。実際において、しかしながら、それらが生ずる時にはそれらを結婚よりは先
に、もし神が欲しなさる場合には、制作した上で、そうしたことどもを今やその時にはそう
C したすべてのことどもの上に立って我々は果たすことでしょう。然るに、今はそれらのこと
どもの或る型を僅かなことどもを通して我々は果たすことと致しましょう。

クレイニアース　全くそうですね。

アテーナイからの客人　ではですよ、諸々の神殿は市場のすべてとかつまた都市全体とを
ぐるっと円においてめぐって諸々の地域の諸々の高みに向って準備すべきです。よき囲いと
清潔のために。それらに向って役人とかつまた諸々の法廷の諸々の住居があり、それらの中
で諸々の裁きを最も神聖なものの中でというようにして、人々は受け取りそしてまた与える
D ことでしょう。それは、一方、或ることどもは神意に適うことどもについてのようにあり、
他方、或ることどもはそうした神々のだとしても社であるということです。そしてそれらに
おいて法廷があり、そこにおいて諸々の殺人の相応しい諸々の裁きとかつまた諸々の死刑に
相当の不正なことどもである限りのが。

他方、諸々の城壁については、メギッロス、とにかくこの私はスパルタに同意し、諸々の
城壁が地中に横たわったままに眠るべく放っておき立ち上がらぬように致します[71]。これらの
故に。先ずは見事な仕方でそれらについての詩人的な語りが返すがえすも口にされるのです。

E 曰く〝青銅製と鉄製であらねばならぬ、土製であるよりも一層〟と[72]こう。他方、我々のもの
はなおそれらに加えて笑いを正当にも何とも沢山招くことでしょう。すなわち、一方で毎年
毎年地方へと若者たちを送り出し、彼らは或るものどもは掘ろうとし或るもの溝にしようと
するのですが、他方、或るものどもは諸々の或る建造物を通してさえ敵どもを排除しようと
致しますが、それはさあそこで諸々の境界の国土に対して踏み込むことを放って置かないと
いうつもりであることです。他方、我々は城壁を張りめぐらすのです。それは先ずは第一に
健康を前にして諸々のポリスにとっては如何なる仕方でも有益ではなく、他方、或る軟弱な
779 持ち前を中に住まう者たちの魂に対して作るのが常であり、その際それの中へと避難した者
たちをして敵どもを防がないように、更には常に或る者たちがポリスの中で夜に昼に見張る
ことでもってそれでもって安全を得ないように、他方、諸々の城壁と門でもって城塞化され
た上でかつまた眠りこけてありながら安全の諸々の手立てを本当の仕方で持つことだろうと
思うべく招くのです。それはさながら苦労をせぬことへと生じ来ていて、他方、あらためて
安楽は真実の仕方では諸々の労苦からだというようには無知であるようにと。だがしかし、
とにかく、思うに、安易のまた安逸の恥ずべきものからしては諸々の労苦が本来逆に生ずる
B ものなのです。いやしかし、さあそこでもしもとにかく何か城壁とやらが人間たちにとって
あるべく必要であるとすれば、諸々の私的な住まいの諸々の建物を次のように最初から形を
取り始めるべきです。すなわち、どうとかしてポリスのすべてが一つの城壁あるようにと。

等しさとかつまた類似でもってです、諸々の道路へと諸々の住まいの安全を持っているものどものね。見ることが不快ではなくそれが一つの家の形態をもってはあり、かつまた見張りの容易に掛けて全体でもってまた全部でもって安全に向って抜きん出たものとなりましょう。

C

それらのことでは、最初において建てられたものどもが留まってあるような時には、一方、世話することは取り分けて内に住まう者にこそ相応しくもあることでしょうが、他方、都市保安官たちが世話をしまた強制しながら怠る者たちを処罰してそうするのです。そしてさあそこで市街地に即してある諸々すべてのものどもの清潔の世話をし、かつまたどうとかして私人誰一人としてポリスに属する諸々の中の何一つをも諸々の建造物でもってでも諸々の溝でもってでも占有することがないようにとです。そしてさあそこでまたゼウスからしての諸々の雨水のよき流れのそれらを注意すべきでありますし、またポリスの中でまた外で管理をすることが相応しい限りをそうすべきです。然るに、それらすべてを諸々の使用でもって総攬した上で、護法官たちはその他のことどもの範囲でもまた付加的な法を定めるとせよです、

D

法が困難の故に取り残しているままあその限りのです。

他方、それらのことどももとかつまた市場をめぐった諸々の建築に諸々の体育場やまた教場として限りのすべてをめぐったことどもがすでに用意されてあって通う者たちを待ち、観客を劇場が待つ時には、我々は進み行くこととしましょう、諸々の結婚の後のことどもへと。その際、立法へ向って次に処して行くのです。

クレイニアース　全くそう致しましょう。

二一

アテーナイからの客人　結婚は先ずは、それではですよ、私どもにとってはすでに生じてあるのだとせよです。クレイニアース。然るに、暮らし方が子供の出生の一年たらずの前に
E その後では生ずることでしょうが、さあそこでそれをどんな仕方で生きるべきなのか、新郎と新婦とは多くのものどもから隔たってあらんとするポリスにおいてです。――これはさあそこで今に語られ済みのことどもに続くことですが[73]、言うにすべてのことどもにおいて最も容易くはなく、否、少なからず先程のそのようなことどもがあったのにあって、このことはなお彼の多くのことどもよりも受け入れるに面倒なことなのです、ポリスにとっては。とにかく、とは言え全うで真実だと思われることはすべからく語るべきです[74]、クレイニアース。

クレイニアース　実にそうですね。

780 **アテーナイからの客人**　さあそこで誰でもあれ諸々のポリスにとってどの道筋で公共的で共通のことどもをそれらポリスが行為しつつ生きるべきか、諸々の法を表明することを思うが、他方、私的なことどものその限りは必然が拘束していることを思いもせず、他方、許容が各人たちにとりその欲するよう一日を生きるべくあることを思い、またすべてのことどもが課しつけを通して生じなくてはならないとは思わずにいて、他方、私的なことどもは法で

規制されぬものとして放っておいた上でともかく共通で公共的なことどもに関しては彼らが諸々の法を通して生きることを欲するだろうと思う者は、全うには思ってはいないのです。さあそこで、何のためにそれらのことを私は言うに到っているのか。このことのためです。

B　すなわち、我々は主張することでしょう、私どもにとって新郎たちは何一つも異なった仕方でも更には劣っても諸々の共同食事において暮らし方を自らのために作らなくてはならぬとこうです。諸々の結婚の時が生じたのに比べてです。またこれも、先ずはさあそこで驚異となることであって、それは諸々の最初に即して第一にそれがあなた方の許での地域において生じた時でしたが、或る戦争が、とにかく尤もであるように、それを、或いは何か別のことの同じ能力を持った事柄が、多大の困難による人口不足の持たれていたものどもの中で立法したからなのです。だがしかし、味わってまた用いるべく強制された上での共同食事をする

C　人々にとっては思われたのです，大いに安全にかけては相違しているのだと、その規則は。そしてさあそこで確立したのでした、遣り方の何かそうしたものでもってあなた方にとっての営為の諸々の共同食事のそれはです。

クレイニアース　とにかく、されば尤もです。

アテーナイからの客人　さあそこでこれこそを私は語っていたのでした。すなわち、驚くべくそのことはその時にはありまた或る人々にとっては課しつけるべく恐るべきものだったのでしたが、目下には同じ仕方では課しつける者にとって扱い憎いことではなかろうという

ことです、それを立法すべくもです。然るに、これに続くものは、よしんばまた生じつつも全うに本来生じるのではあっても、また目下に如何なる道筋でもっても生じないのであって、また殆ど立法者を作っているものです、所謂巫山戯て言う人たちのそれ、すなわち〃火の中へと梳く〃とかまた無数の別のそうしたことどもの果てしないことどもを作りつつ遣ること
D をです[75]。言うことも言った上で成就することも容易ではなくて。

クレイニアース　何なのです、さあそこでそのことは、お客人、語ろうと手掛けておられながら、あなたはどうやら強く躊躇っておられますよ。

アテーナイからの客人　人は聞かれることでしょう、多大の暇つぶしがまさにそのことをめぐって無駄に生じないようにと。何故なら、一切は、一方、まあ何でもあれ秩序と法とに与りながらポリスにおいて生ずるものはすべての善きものどもを成就しますが、他方、秩序なきものども或いは悪しく配列されたものどもの多くのものどもはよく配列されてしまってあるものどもの別のことなったものどもを、解くのですから。さあそこでそのものについてこそ、今もまた語られていることは置かれているのです。何故なら、あなた方にとっては、
E クレイニアースにメギッロス、一方、男たちをめぐっての諸々の共同食事は立派な仕方で、同時にまた、まさにこれをこそ私は言ったのでしたが[76]、驚くべき仕方で神的な或る必然から
781 して確立致しました。だがしかし、女たちをめぐってのことはどういう仕方でも全うな仕方では法によって規制されぬあり方で放置をされ、そして光りの中へと導かれるに到ることは

ありませんでした、彼女たちの共同食事の営為がです。否、他の仕方でもまた我々人間たち
の中にあって種族として一層より人目を忍びまたこそそしたものとして生い出たものは、
すなわち、女性は、それは弱いものの故にでしたが、全うならぬ仕方でそのものを立法者が
譲ったそこでは悪しく規制されたものでありながら放り出されたのです。だがしかし、その
ものの放り出されてあるものの故に多くのことどもがあなた方にとって傍らに行っているの
です。多くの優れたものをそれらは持ってあったのです、もしそれらが諸々の法に当たって
あったなら、今のことどもよりもですね。何故なら、ただ半分としてだけではないからです、
B そうだと思われているように、女性をめぐり無秩序な仕方で見逃されるものは。他方、女性
の自然本性が我々にとっては徳に向って男性たちのそれよりも劣ってあるだけ、それだけに
相違するのです、二倍より多くがあることに[77]向って。

　さればそのことを重ねて取り上げまた正しくすること、そしてすべてのことどもを女たち
とかつまた男たちにとって共通に営為として一緒に課すことは、ポリスの幸福に向ってより
よいことなのです。然るに、この今にそのような仕方では人間たちの種族は如何なる仕方で
でもそのことへと掛けて幸運な仕方ですでに導かれてありはせず、そこでまたそれについて
言及することはとにかく諸々の他の地域とポリスにおいては知性を持つもののことではあり
C ません。そこでは諸々の共同食事さえ全くもってポリスに即してはよしと思われてあること
としてあることは基本的に始まってはいないのです。さあそこで何処からして人はとにかく

D

事実において笑止ならざる仕方で女たちをして諸々の食べ物と飲み物との公然とした消費を観察されるべく強制することを、手掛けることでしょうか。何故なら、そのことよりもより困難なこととしてその種族が堪えるということは、あり得ないのですから。何故なら、その種族（女）は身を沈めてしまいまた日陰の者として生きることに熟れていてあって、他方、光りの中へと力づくで連れ出されて行くにあればあらゆる抵抗を抵抗するのであり、大いに立法者に打ち勝つことでしょうから。その種族はされば先ず他のところでは、これこそ私は言ったのですが、議論の全うに言われたのさえも我慢しはしないでありましょう、あらゆる叫喚なしには。だがしかし、この地では恐らくは堪えましょうか。さあそこでもしとにかく議論のためにすべての国制についての議論が不首尾にならないことがよしと思われるのでしたら、私は語ることを欲します、どのようにそれが善くまた相応しくあるかを。もしあなた方二人にとってもまた聞くことがともによしと思われるならば、だがもしもそうではないとすれば放っておくことを。

クレイニアース　いやしかし、お客人、とにかく驚くほどの仕方で、お聞きすることは私どもにとって何処かしらともに思われているのです。

二二

アテーナイからの客人　さあそこで私ども聞くことと致しましょう。だがしかし、何一つ

E

あなた方は驚かないで下さい。もしもあなた方にとって何処かしら上の方から私が手がけているると思われるとしても。何故なら、閑暇をこそ私どもは享受しているのでありまた何一つも我々に対しては急き立てるものはないのですから。あらゆる道筋であらゆる仕方で諸々の法を狙い見ないようにとは。

クレイニアース　全うにお語りでいらっしゃいます。

アテーナイからの客人　もう一度、ではですよ、第一として語られたことどもへと重ねて立ち戻ることとしましょう。何故なら、さあそこでよくぞとにかくこの限りをすべての者はともに思い知るべきですから、すなわち、人間たちの生成は或いは全くもって何らの始めをも掴んではいなかったし更には何時かとにかく終りを持つこともないのだ。否、常にあったしかつまたあらゆる仕方であるだろうというのか、或いは始めの何か長さがありそれからして時間に関しては手の施しようのないものとなりその限りを生じてあるのだというように。

782

クレイニアース　そうしましょう。

アテーナイからの客人　されはどうでしょうか。諸々のポリスの成立と滅亡、諸々の営為、多種多様なものどもの秩序のそしてまた無秩序の所属のものども、そして肉と諸々の飲み物と同時にかつまた諸々の食べ物の様々の欲望対象が、あらゆる仕方でそして大地のすべてを巡りはたして我々は思わないでしょうか、生じたのだと。また諸々の季節の転向の様々が。それらにあって生き物どもは自らの諸々の多様な変化を恐らくした変化のですが。

クレイニアース　どうしてそうでないことがあれましょう。

アテーナイからの客人　さればどうでしょうか。我々は信じていますね、諸々の葡萄の樹がまた何処かで何時か以前にはなかったが現われたのだと。他方、同様に諸々のオリーヴの木々がまたデーメーテールとコレーとの贈物でもあることを。またトリプトレモスとかいう何某かの者が[80]そうした物どもの伝達者となったことも。だがしかし、そこにおいてそれらのものどもがなかった時には、まさか私どもは思わないでしょうか、生き物どもは、ちょうど今のように、お互いの食べ物へと向って向きを取ったことを。

クレイニアース　もちろんそう思います。

C **アテーナイからの客人**　他方、人間たちがお互いを犠牲にすることがなお今にも多くの者にとっては残ってあるところを、我々は見ます。また反対に別の人々において我々は聞くのです。牛さえも、一方、彼らは敢えて味わうことをしなかったし、また神々のために犠牲となるものでは生き物たちはなかったのであり、他方、諸々の混ぜ物や蜂蜜でもって浸された諸々の果実やそのような別の純粋なものが供物としてあって、他方、彼らは諸々の肉からは食することは神意に適うことではなく神々の祭壇を血でもって汚すこともそうだというように遠ざかっていたのであり、否、何かオルペウス的なと語られる諸々人生が我々の中のその当時の人々にとっては生じていたのでして、その際、彼らは、一方、魂を欠くすべてのもの

D どもには絡みましたが、他方、魂を持つすべてのものどもからはその反対に遠ざかったので

ありました。

クレイニアース　また強く語られていることどもとそしてまた信ずべくも信じられることどもを、あなたはお語りになられています。

アテーナイからの客人　されればさあそこで何に向ってそれらのことどもがあなた方にとりすべてとして語られたのか、この今にはと、人は恐らく言うことでしょう。

クレイニアース　全うにあなたは了解なさいました。お客人。

アテーナイからの客人　またそれではですよ、もし私が可能ならばそれらにとって続いてあることどもを、クレイニアース、私は話すように努めることでしょう。

クレイニアース　お語り下さい。

アテーナイからの客人　私は見るのです、すべてのことどもは人々にとって三つの必要と
欲望から準備されてあって、それらの三つを通して徳が全うな仕方で導かれる彼らに帰結し、
E かつまた反対のものが悪しく導かれた彼らに帰結するのです。他方、それらは、一方、食と
飲みとして誕生してすぐの者たちにあり、そのすべてをめぐってすべての動物は生得の恋心
をもって、その際、それは狂気とかつまた不服従とに充ちるのです、語って別の何かをする
のでなくてはならぬ、諸々の快楽と欲望のすべてのそれらをめぐったものどもを満たしつつ
一切の苦痛からその都度に彼ら自身を引き離すことを除いてとする者に対しての[81]です。他方、
783 私どもにとって第三のそして最大の必要と恋の最高に鋭いそれは、一方、最後のものとして

進み出て来ますが、他方、すっかり火と燃えたものとして人々を諸々の狂気でもってすべての仕方で作り上げ、種族の種蒔きをめぐって最多の傲慢でもって燃えてあるのです。それらをさあそこで三つの病として最も優れたものへと所謂最も心地よいものとは逆に向きを取り、ながら、一方、三つの最大のもの、すなわち、恐怖と法と真実の言論とでもって抑制をすることを試みなくてはなりません。その際、確かにムーサたちにかつまた競技を主宰する神々を併せ用いながら増大とかつまた流入とを消去せよ(82)なのです。

B　然るに、さあそこで子供たちの出産を諸々の結婚の後に我々は置くと致しましょう。また出産の後には養育と教育を。そして恐らくそのようにして諸々の議論が前進して行く時には法がまた、我々にとって各々として成就することでしょう。先立つものへとかけて(83)共同食事へと到着した時にこそ。――そのような諸々の交わりが、して見ると、女達のだとして生じなくてはならないか男達だけのものとして生じなければならないかどうかは、彼らに対して(84)近くから交わった上で我々は多分見て取ることでしょう――。またそれらの共同食事の前にあることどももまだ目下には立法化されてはおりませんが、それらを配列した上で以前にも我々は作ることでしょう。そしてこれは今し方に言われたことでしたけれど、我々はそれらをより正確に見て取ることでしょうし、またむしろそれらにとって適合しかつまた相応しい諸々の法を我々は置くことでしょうか。

C　**クレイニアース**　最も全うなことどもをお語りです。

アテーナイからの客人　それならでです、我々は見張ることと致しましょう、記憶でもって今し方に語られたことどもを。何故なら、多分、それらすべての必要を何時か我々は持つでしょうから。

クレイニアース　どのようなことどもを、さあそこであなたはお命じになられるのですか。

アテーナイからの客人　それらを三つの言葉でもって、我々は早すでに区別しております。先ずは食べることを何処かしらで我々は語っていました。また第二には飲むことを、他方、アプロディテーのことどもの或る強烈な興奮を第三のものとして。

D

クレイニアース　あらゆる仕方で、お客人、我々は何処かしら記憶してあることでしょう。目下にあなたがお命じのことどもを。

アテーナイからの客人　立派にお語りです。我々は、しかし、結婚のことどもへと進んで行きましょう。その際、彼らに対して教えようとするのです、如何にしてまたどんな仕方で子供たちは作られるべきかを。そしてもしも我々が説得しないようであったら、脅すつもりでです、或る諸々の法でもってして。

クレイニアース　どのようにですか。

二三

アテーナイからの客人　花嫁と花婿は心に思うべきです、最高に取り分けて能力にかけて

E 最優秀のこどもたちを国家のためにもたらそうとしながらに。他方、すべての人々は一切の行為の共同者なのです。一方、彼らが彼ら自身とかつまた行為とに注意を向けるその時にはすべてのことどもは美にして善として成就され、他方、注意を向けずにあっては或いは知性を持たずにあっては諸々の反対のものどもが然りです。さあそこで花婿もまた花嫁と子作りに注意を向けるとせよですが、他方、同じことどもに即して花嫁もまたそうで、この時間に
784 渡っては、つまり未だ子供たちが彼らにとって生じていない時に渡っては、抜きん出てそうなのです。他方、彼らの監督者として我々が選んだ女たちをあらしめよでありますが、より多く或いはより少なく、役人たちにとってそれだけの女たちをつけるがよしと思われるだけの数でありかつまたその時にそうであるのを。時に彼女たちはエイレイテュイアー[85]の神殿に向って毎日に昼の三分の一の部分までは集りながらありますが、さあそこでそこへと集っている女たちはお互いに知らせ合うとせよなのです、もしも誰かが誰か別の或ることどもへと向って眼差ししている男を或いはまた女を子供を作っている者たちの中にあって見るならば。
B 諸々の結婚においての諸々の犠牲とかつまた諸々の供物の生じてものどもよりのです。

他方、子作りと子作りする者たちの見張りとは十年間続くものだとせよです。他方、それ以上に渡っては否なのです。それは出生のよき流れがある場合にはということです。然るに、産むことなき者としてある人々がその期間にかけてなるとすれば、身内の者たちと役目の女たちとともに離婚をさせることとです、双方の者たちにとって有益なことどもにかけ共同して

諮りながら。然るに、或る悶着が双方の者たちにとって相応しいことどもと利益となること
C
どもついて生ずるならば、護法官たちの中で十人を選んだ上でまあ彼らに彼らは委ねますが、他方、彼らは塩梅しますがそれらに留まることです。他方、若者たちの諸々の家へと入って行きながら、女たちは或ることどもは忠告し、或ることどもは脅かして、彼らをして過ちと無知から止めさせよです。然るに、もし彼女たちが出来ないとすれば護法官たちへと向って行って話しせよですし、他方、彼らは禁止せよです。然るに、もしもその彼らもまたどの道力余るのであれば、公共的なものに向い彼らは見解を現わすとせよですし、その際、彼らは公共の記録へ書き上げ、かつまたそもそも実際これこれの者をよりよくすることは不可能で
D
あることを宣誓をした上でです。然るに、書き上げられた者は名誉を剥奪されてあるとせよです。それは法廷において起訴した者たちを捕えることなくあっては、これらのことどもにおいて。何故なら、諸々の結婚へとも行ってはならず、諸々の子供たちの誕生祝いへも行くこともならず、然るに、もし行ったりすれば、諸々の鞭打ちでもって、望む者は無罪で彼を懲らしめるのだとせよなのです。他方、同じことどもは女をめぐってもまた諸々の規則なのです。何故なら、諸々の外出の女たちの(86)や諸々の栄誉、そして諸々の結婚と子供たちの誕生への祝い通いにおいて与らぬ者とせよなのです、もしも彼女が不品行でありつつ同様にして
E
書き上げられそしてその裁判を取ることがないとすれば。

然るに、さあそこで子供たちを諸々の法に即して彼らが設けた場合に、もし別の女と人が

そうしたことどもをめぐって共同しまた女が男とそうしたとすれば、もし、一方、なお子供を作っている人々とであれば、同じ諸々の処罰が彼らにとってはあるとせよです、ちょうどなお作る者たちにとってすでに言われているように。他方、それらの後では、一方、思慮のある男と思慮ある女とはそうしたすべてにかけてよき評判にあるとせよです。他方、反対にある者は反対の仕方で評価をされるというより、むしろ、他方、名誉剥奪されるとせよです。
785 そして、一方、そうしたことどもをめぐって程よくてより多くの人々がある時には、法無しのあり方が黙ってあるとせよです。他方、秩序を欠いて彼らがあるとすれば、立法がなされた上でその道筋で人は自らとして行為するとせよです、その時に置いた諸々の法に即して。

人生の始めは万人の人は各人にとって第一年です。その年は諸々の祖父の社において書かれてあることが必要です[87]、人生の始めとして。若者と乙女とにとっては、他方、白くされた壁の中にすべての氏族においてアルコーンたちの諸々の年の上で数えられた数が書かれてあるとせよです。他方、その氏族のその都度生きてある者たちは近くに書かれてあり、他方、生を
B 立ち去って人々は抹消されることです。

結婚の境界線は、他方、乙女にとっては十六才から二十才へかけてでありこれは最も長い期間が限られてのものですが、他方、若者にとっては三十才から三十五才までです。他方、諸々の役職へとは女には、一方、四十才が、他方、男には三十才があるとします。然るに、女にとっては彼女をもし戦争に関することどもに向って用いなくてはならぬ必要が思われる

なら、彼女が子供たちを産み上げた場合には可能でまた彼女たちに相応しいことを五十才に到るまで課すことです。

（平成二十二年二月十日午前三時十二分翻訳開始、同二十五年十一月六日、擱筆）

『法律』篇第六巻の註釈

1．岩浪版の「補注B」（七八五頁）に拠るとこの第六巻の第一～第三章に関しては議論の矛盾が見られると読むかそれとも一貫していると見るかということで、二つのテクストの併存を思う学者とそうは思わない学者との間に見解の相違が見られるのだということです。まあしかし、私どもはそういう学者的な穿鑿には頓着しないことにしましょう。つまり、事実上、矛盾などはなく議論は一方筋が通っていると見る学者の説に組みした方が面倒を避けられるとすることです。116頁

2．つまり、一に役職の制定と任命、二に役職者たちの役職に当たる上でなすべき仕事の指示をする法律という二つのことが整っても、最後に法律を執行する役職者たちの行為が問題になるのだということです。世に〝仏を作って魂入れず〟などという言い種がありますが、ちょうどそのように「法律の運用」には役職者の人間性が掛っていましょうか。117頁

3．前註で見られることを〝競技はその競いの有無を言わせない結果をもたらし、競技者の力を明らかにする〟というその言い方で言い直しているのだということです。117頁

4．ここで懸念されている〝国民による法律の受容〟ということは、目下我が国で問題になっている日本国憲法の改正如何の問題を考えるとよく分るでしょうか。改正には反対する考え方の人々にとって何よりもその心底にあるのは〝今の憲法を否定するような憲法などそもそも受け

入れられないのだ〃という心情でしょう。すなわち、アテーナイからの客人はおよそ「法というものの基本にはその受容ということが先ずあるのだ」ということをここで意識しているのだということです。トランプ遊びにしても、もしその遊びを遊ぶのならそのルールの受け入れこそが確かに第一のことだという事情に似ていると言えましょうか。119頁

5．〃据える〃という言葉の原語を現在形の接続法で読むかアオリストの時制の接続法で読むかということでアスペクトの差が生ずるわけですが、ここは諸写本に従います。120頁

6．ここは岩波版とイングランドとには従わず、底本のままに読みます。120頁

7．すなわち、前註で言う〃法律の受容という基本問題は受容をさせるルールの受容だ〃というその一つが「護法官が置かれてあるべきだ」ということとして言われているのです。120頁

8．今日の我が国の殆ど如何なる選挙もこと投票用紙に関してだとおよそ無記名となっており、それは恐らく記名しては〃思想の自由〃が侵されるからだということでしょうが、この護法官の選挙においての厳密な記名のあり方を知ると全くもって私どもはびっくりさせられてしまいましょうか。それに投票が神殿において行われるのだとか〃犠牲獣の間を通って投票をする〃とかいうことなども、それはどういう勿体づけなのだと如何にも怪訝にも思われましょうか。しかし何かしら、胸に手を当て考えてみるべきこともあるのかも知れません。122頁

9．今日では最早オリンピックの開催に当たり行われる聖火リレーが古代ギリシア世界において行われた植民市へとそれを産んだ母市が〃竈の火〃を分け与える習慣から出たことなのだとは、

周知のこととなっておりましょうか。母市という基本的には一つの家庭でのことが母市とその植民市というレヴェルでも古代ギリシア人たちは見ようとしたということです。123頁

10．古代ギリシア世界のこととしては彼の「ソローンの改革」が財産の所有によって四つの階級を置くことを国家にとっての善きことだとして定めたのでしたが、本篇でもその思想の線上で国家建設のことが考えられているのだという分けです。今日のデモクラシーの膝下ではおよそ階級などを置くことは飛んでもないことだと思われていてすべからく万民は平等なのだと見ることこそがモラールなのでしょうが、古代社会は〝分を守ること〟を階級の分によって維持をすることの方にむしろ優れた平等を思ったのでした。125頁

11．今日の我が国では参議院議員としての被選挙権が二十五歳以上だというだけが恐らくは年齢制限の唯一の例のようであり他は恐らく殆ど成人であればという平等が行われていますから、護法官は五十歳以上という制限は、私どもにとっては〝非民主的〟だという印象でしょうか。私どもが内々に良識として思うことにしていることも、古代ギリシアでは成文法となるのです。126頁

12．一つ、法の番人たること、二つ、財産登録の番人たること、三つ、不当利益を所有する者の裁判　126頁

13．以下、いろいろの選挙に関して〝挙手〟による採決ということが言われていて今日の我が国での選挙がおよそ無記名投票であることに比較して〝何というあからさまな選挙であるか〟と

いう印象を受けますが、恐らくは私どもがおよそ挙手によっても人を選び出すことを承知するそういう人間関係における選挙であり得たのだということでしょうか。127頁

14. "吟味されよ" とはすなわち資格審査ということですが今日の日本では候補者を政党などが立てる時に政党として内々に資格審査のようなことをしているようで、その審査が不十分で時が経ってから問題が起り新聞沙汰になったりします。その点、古代ギリシアでは「選挙―当選―資格審査」という流れ全体が厳格に立法化されていたということを或いは学ぶべきものがあるのかも知れません。127頁

15. 一応底本とビュデ版の読みに従いましたがシュタルバウムの考えたように "騎兵指揮官" の選挙が将軍のそれ並みというのはどうもあり得ないのではないかという疑念は残ります。127頁

16. アストに従う岩波版の読みは採らないことにします。128頁

17. 政務審議会の議員の選出に関して述べているここの段落についてはその四日間をかけて選ぶ手続きの綿密さが先ず何にしても今日の私どもを驚かせますが、更には "籤" による選出などということも興味が引かれます。129頁

18. 「慣習法に出た格言の "友愛が平等な人々を、或いは見出し或いは作るのだ" は一切の友愛を主人たちと奴隷どもの間で排除するのか。古代の諸々の風俗に関しては、それは尤もらしい。七七六C～七七八Aを見よ」(デ・プラース) 130頁

19. すぐ先で君主制と民主制との中間として政務審議会議員の選挙はあるのだと自画自賛をして

いましたが、その考え方において独裁制の極端な不平等と民主制の悪しき側面である無差別の平等ということを内乱の本をなすのだと言っています。130頁

20．「格言はピュタゴラース派的な味わいを持っており、それは一つの慎重な音楽的メタファーの使用によって引き立たせられてあるのだ」（デ・プラース）130頁

21．「〝徳と教育〟という二つの言葉での表現は、それら二つで〝徳育〟といった一つの表現を、すなわち所謂 ἓν διὰ δυοῖν（ヘンディアディス）を表現する」（デ・プラース）131頁

22．最初期の対話篇『エウテュプローン』篇の四Dでこの神事解釈者という役職の存在への言及がされていました。136頁

23．七五五C～Dでした。136頁

24．「口調はアカデーメイアの正面に刻まれた禁止〝何人もここを入らざること、幾何学者にあらざれば〟のそれである」（デ・プラース）137頁

25．イングランドと彼に従う岩波版はこの言葉を削除しているが、底本のままに読む。137頁

26．目下我が国では最高裁判所の裁判官たちの国民審査ということは行われていますが、ここで言われているような包括的な執務監査は殆ど行われていないと言うべきでしょうか。私どもとしてはそういう国制にある国家がどのように現実的かつ効果的にそのような法的な制度を運用し得たか知りたいところです。140頁

27．ここの下りは『クリトーン』篇五一A～Bの復習を促すようです。142頁

28.「〝グリュプテース〟という語はラケダイモーンの〝グリュプテイアー〟(秘密任務)の計画へと立ち返らせる。第一巻六三三Cを参照。143頁

29. イングランドとそれに従う岩波版の読みには従わず、底本の通りに読む。147頁

30. ここの読み方は、イングランドは〝到った者たちの中で籤に当たった者〟と読み、ロバンは〝到った者たちの判定〟と読んでいるのだとデ・プラースは註をしていますが、私は私の読み方でこそ読むべきだと思います。148頁

31.「〝教育の指揮者〟に関しての全ページは指揮者(コスメーテース)のアテーナイ制度を指すに至っていると見えるが、その肩書きは『法律』篇の影響の下で作り出されることが出来るに到ったのだ、云々」(デ・プラース)149頁

32. この段落の全体からするとどうやら〝予審〟とされるその調停することをこととする言わば私的な仲裁裁判から、そこで決着を見ない場合の公的な機関としての法廷に訴えての裁判との、二段構えでおよそ裁判をするのだというもののようです。150頁

33. 陪審役人ではないということ 151頁

34. 註32の私的な限りでの原告と被告との間の調停裁判のことでしょうか。注意されるのはこの法廷こそが最も権威あるものだとされていることでしょうか。私どもには〝最高裁判所〟こそが公的に最も権威を持つのだと通念において思われていましょうが、私どもにはやはりそれが〝お上〟なのでしょうか。152頁

35．私的な裁判は〝ディケー〟と呼ばれ公的な裁判は〝グラペー〟と呼ばれるものでした。後者は、言われている通りに、またソークラテースが訴えられた裁判でした。152頁

36．或いはここはビュデ版・岩波版・イングランドのテクストのようにO写本の読み方で読む方がよいかも知れません。「O写本の一つの訂正は、それは最初の手と見えるものだが、ここでδ'という構文を明確化するものを挿入している。かくて〝語らねばならない〟が新たな文章を始めることが出来るのである」（デ・プラース）152頁

37．アテーナイでは新年は夏至の後から始まったのだ。「アテーナイの一年はヘカトンバイオーンの月（6月～7月）初日に始まったのだ」（デ・プラース）152頁

38．七六七Aでした。154頁

39．本篇第十二巻九五六B以下となります。155頁

40．同じく第三巻六八五A、第四巻七一二Bにほぼこれとそっくりの言い方で言っていますが、こういう仕方で自らの真剣さを一種笑ってみせるところにこそ私どもはヒューモア（人間性）を見ることでしょう。156頁

41．岩波版は例の如くイングランドを奉じて〝よくなってゆく〟と読むことを考えて〝ゆく〟（ἰέναι）という語を挿入して読むことをしていますが、挿入無しでも立派に読むことが出来ると私は考えました。157頁

42．ここもヘルマンの提案に従ったイングランドにまた従って岩波版は不定法の定冠詞の τοῦ を

読んでいますが、私は底本のままに読みました。157頁

43．ここもイングランドと岩波版の読みに従わない。底本とビュデ版の読みで読む。160頁

44．この七七〇C7～E6のテクストについては微力な私はそれの訳出をするのに四時間ほどもかかり、翌朝の早朝にどんな議論なのかということについて議論を整理してみてやっと一つの訳出を得ることが出来たのでした。その時の私のメモを左に記しておきます。

＊、ここからの一節（七七〇C7～七七一A4）は私には読むのが大変にむつかしいところです。（何せ一大註釈をものしているイングランドさえも〝ここで我々は縺れのこの束の中心の結び目に近づいているのだ。私はそれを解くどんなやり方も見ない〟（第一巻六六一頁）などと告白しながら苦心しているのですから。その彼の不審は今はさて措き、ともかく私の解決の仕方を申します。

先ず心ならずも迷って分けが分らなくなってしまわないようにするためには、全くのところ平凡なことながら、それが何を語ろうとしている語りなのか、それはすなわちアテーナイからの客人が彼とメギッロスとクレイニアースという三人の老人たちが意見の一致を見得たのだとしてその一致して得ている言わば〝立法の哲学〟を若者たちに対して披露しようとするものでありました。故に、その〝哲学〟が開口一番口にされ、後はその理由づけというか説明というかそうしたものを与えるということになっており、そしてその後者が何とも一筋縄では行かぬ込み入ったものになっているのだということです。従って、私どもはそうした錯綜にめげては

ならぬということが先ずは心すべきことでしょうか。それでしかしその〝哲学〟とは、それは
＊　どうとかして人が善き者となること
ということとして語られます。だがしかし、その説明とは――
イ、それには人間にとって相応しい〝魂の徳〟を持ってあること
ロ、その〝魂の徳〟の出所は営為・性格・所有・欲望・思惑・諸々の学習であること
ハ、その場合、ともに住み合う国民たちの自然本性は老若男女の何れであってもであること
　右の同意に次いでの同意は
＊　その語られる同じ眼目へと一切の真剣さが張って全人生を通してであり、それら〝魂の徳〟の出所にとって障碍となるものは何一つより尊重されてはならないこと、すなわち、その際
＊　人は国家までも廃止して行くこと、そしてそうすべき条件は、もし――
「人が奴隷的な頸木を堪えながらより劣悪な者どもによって支配されることを欲するかさもなければ国外逃亡によって国を棄てることを欲するかという選択の前に、〝追われた者〟となることが必然であるならば」ということであること
とこうされます。結論的に見られるのは「一にも二にも人は魂の徳を求めて善き人になる努力をすべきであり、それが叶わなければ「もしも自らの欲するところが叶わず必然が追放されることを余儀なくするのなら国を棄てよ」ということでしょうか。続く語りが「すべてそうしたことどもを本来人間達をより悪しき者にする国制を交換して取るくらいなら蒙りながら堪える

べし」と語っているところから、

イ、「魂の徳」と優れた人間のあり方とは善き国制とともにあること、されば

ロ、前者を守るべき後者が喪失してしまえば、その国制を喪失した国家をも棄てるパトスをも

敢えて蒙るべし

ということが語られているところからもこの結論は結論されましょう。160頁

45．この当りのことすでに第五巻七三七Eでも同様に語られていました。161頁

46．5040－2＝5038　然るに、この五〇三八という数は十一で割り切れます。162頁

47．「市民達のこの相互の認識の諸々の利点はずっと前に下線を引かれるに到っていた（七三八E）」（デ・プラース）162頁

48．七六四E～七六五Aにこの点の議論がありました。163頁

49．七七〇Bで語られていました。163頁

50．先の七二一Bや後の七八五Bでは三〇歳から三五歳の範囲までとなっているのでその記述の違いに戸惑いますが、どちらを取るべきなのでしょうか。常識的にはこの二五歳から三五歳の範囲でという方がプラトーンの真意かなとも思われますが、二度までも三〇歳から三五歳の範囲でと言っていることもあり、恐らくプラトーンはその相違には気がついていないところでしょうか。164頁

51．「クレイニアースはともかくも（七二三D以下）「序文」の有用に下線をすでに引いていた。

アテーナイからの客人は目下はこれから〝複式〟の法律の七二一B～Eで提出されたのを展開しようとしているのである」(デ・プラース) 164頁

52. 「酒」を素面ならざる神とし「水」を素面の神とするのだというわけですが、成程、思いつきやすい表現なのかも知れません。 166頁

53. 七二一B～Dでした。 166頁

54. ヘーラーは主神ゼウスの妻で誇らしい結婚をしたので結婚を保護する女神と見なされます。そのラテン神話での登場が〝ユーノー〟(Juno) であるところから June Bride ということを西洋世界は言うようにもなりました。 167頁

55. すでに触れられた〝執務監査〟のことですが、官職にあった者は任務を終えたらその一ヶ月以内に報告する義務があり、市民はこれについて告発することが出来たのだとか。 167頁

56. 七四二Cを参照のこと 168頁

57. ともに結婚の神聖を守る神だとか。 168頁

58. 先に第一一巻九二六Eで重ねて議論されます。 169頁

59. 国家建設のための立法の話しが披露宴の持ち方のそれにまで及ぶとは今日の私どもには何という束縛かと思われますが、どうもその基本は「およそ人の暮らし方とは法的なものなのだ」という思想が徹底しているのだということでしょうか。私どもにとっては〝冠婚葬祭〟の本にその役目が回されているのでしょうか。確かに〝世間並みに〟とか〝世間体を考えて〟という

やはり成文法ではないけれども一種の慣習法的なものは私どもにもまたあるわけです。169頁

60．七五三Eでは〝初めは仕事の半分〟と言われ、七六五Eでは〝最初の芽生えこそその自然の本性の卓越へ〟と言われていました。171頁

61．このことについては第五巻七四五C～Eで語られていました。171頁

62．デ・プラースはルクレティウスの『デー・レールム・ナートゥーラー』（ものの本性について）の Et quasi cursores vitai lampada tradunt という詩句を引用して註にしています。訳せば〝あたかも走者たちのように諸々の人生は松明の灯を手渡して行く〟ということです。171頁

63．原語の〝オイケテース〟を岩波版はいきなり〝奴隷〟と翻訳しジョウエットの英訳も然りでデ・プラースの仏訳は domesticete というそれでギリシャ語の〝家〟（オイコス・オイキアー）とのつながりを活かして翻訳していますが、やはり事が事ですから話題が〝所有物〟ではあれプラトーンのタッチは〝奴隷〟（ドゥーロス）という言葉でもってするのではなく、否、実に〝召使い〟という同じ家に住まいながらその家のために仕える仕事をする者というその言葉でもってされていることを私どもは見なくてはならないと思います。よく古代ギリシアの文化や文明にけちをつけて所詮は奴隷労働の上に立った徒花に過ぎないのだと冷笑する者もおりますし、プラトーンやアリストテレースの奴隷の見方の酷薄を非難する学者も存在するようですが、プラトーンもここで触れているように主人と召使いとの間にどのような徳に充ちた信頼がありえたかということはギリシア悲劇などにも十分に窺えることなのです。何事も皮相な思い込み

に過ぎぬ思いにかまけて速断しないようにしたいものです。172頁

64．所謂〝ヘロット〟のことですが、一応、自由民と奴隷との中間の存在だというのが一般的な理解です。172頁

65．英雄ヘーラクレースの名前に因むヘーラクレイアが名前のギリシア人都市は多数ありますが、ここで言われているのはその中の〝ポントスのヘーラクレイア〟という黒海沿岸の都市です。マリアンデューノイはアマゾーン遠征途中のヘーラクレースが助けた部族、その王が建設したのがヘーラクレイア・ポンティカだとか。172頁

66．テッタリアの先住民ですが、ギリシア世界では一般的に農奴とされる者たちはペネステースと呼ばれたようです。172頁

67．ホメーロス『オデュッセイアー』第一七巻三二二行以下　173頁

68．この段落の最後の話しは奴隷制のもたらす難儀のことになっていますが、最初は〝奴隷とは何か〟と同定することの難しさのことを言っていることに、むしろ一層注意すべきでしょうか。何故なら、仮に召使ないしは奴隷を所有することを肯定するとしてもそれは同じ人間がその中からそれらとして人為的に作り出して行くだけではないのか、そしてそうするにおいては確かに主人と奴隷とは区別されるべきだとはしても、そういう区別は所詮人為に拠るものであって何か最初に本質的な決定がなされてあるわけではないのだと、プラトーンは見るようですから。プラトーンが〝同じ言語を話す〟ということをそこにどうして主人と奴隷の区別があろうかと

いう意味で言っていることを考えましょう。175頁

69.すなわち、プラトーンが仮に奴隷制度を肯定するのだとはしてもそれはこういう人としての深謀遠慮の上に立ってこそであることを注意しましょう。175頁

70.この下りも全く前註の通りです。およそ制度というものの肯定とは生活と行為の〝けじめ〟のそれなのだということです。176頁

71.「スパルタの町はただにキャムプ（野営地）なのである。その人々の胸郭部は町の周りにそれがその必要を持つ諸々の唯一の城壁を構成するのである、云々」（デ・プラース）177頁

72.「もし人がどのような詩句から諺が引かれているかを知らずにいるとすれば、アルカイオスはすでに言っているのである〝勇敢な人々こそ彼らの都市の城壁である〟と。そしてその思想はサラミースを前にしたテミストクレースのそれである。その時彼はアテーナイ人たちに向って彼らの町を放棄するようにと勧めたのである、曰く〝真実のアテーナイは彼らの諸々の城壁のあるところにではなく、否、その国民がいるところそこにこそあるのだ〟と。アイスキュロスの『ペルシアの人々』三四九行を見よ、云々」178頁

73.七七六Bで一旦中断された議論にここで返ります。180頁

74.「真実の非妥協的な崇拝は、プラトーンをホメーロスに対抗する仕方で仕上げた（『国家』篇五九五C2〜3、六〇七C7〜8）。そしてアリストテレースはその順番にその師に対抗する形で態度を取り、曰く〝何故なら、二つの友の間では真実をこそより先としなければならぬ〟と。

（『ニコマコス倫理学』第一巻、4．1．一〇九五A16）」（デ・プラース）180頁

75．「『国家』篇第六巻四八六C10（Ἀνόητα δὴ πονῶν 分けのわからぬことどもを骨折って行っては）のアナロジーはF・アストに対して ποιοῦντα の代りに πονοῦντα を推測させるに到った。シャンツとイングランドはこの軽い変更をテクストの中に導入している。だが『パイドーン』篇八四A5（prattein ペーネロペイアの甲斐無き仕事を遣る）を参照せよ」（デ・プラース）、要するに底本や自分の読みのように読めということです。182頁

76．七八〇B～Cでした。182頁

77．何だか今日の男女は平等だという風に考えることをこそモラールに適うことだと考える時代にあってはとてもけしからぬ考えがあからさまに語られているようで、居心地は確かに悪い。だが真意は、男女の道徳上の力が平等なら男女ともに同じ量の禍をもたらすだろう。けれども、女性のもたらす禍は男性のそれ以上だから、従って男性と女性とが等しく産み出す禍に女性が男性の産み出す禍以上に産み出す分を併せると、即ち二倍以上だというわけです。183頁

78．第三巻六七六A以下でした。185頁

79．岩波版は〝肉と〟という言葉をアストによって削っていますが、底本通りに読みます。185頁

80．「デーメーテールとコレーはエレウシースの女神たちだがそこではトリプトレモス、すなわち、伝説では讃歌の赤子デーモポーンを継ぐ者であるが、彼が小麦の最初の粒を受け取るに到った、云々」（デ・プラース）186頁

81. 「欲望を充足し苦痛を逃れることの他にもすべきことがあるのだ」という諭しに対し怒り狂うというようなことがそのままでは動物どもについて語られているかのようにも読まれてしまいますが、恐らくはこの〝動物〟というのはその一員である〝人間〟にすり替えられて語られているのだと思います。何故なら、およそ〝諭し〟に対して反応するというような言葉の理解を所謂〝獣〟であるところの動物のことだとは考えられないでしょうから。187頁

82. ここのところこの文の最初の δεῖ（ねばならぬ）という助動詞へとかかるべき不定法として〝πειρᾶσθαι κατέχειν 抑制を試みる〟とともに〝σβέννυναι 消去する〟という不定法となるべきだとして〝消去せよ〟という写本の命令法を不定法にアルディナ版に従いイングランド・ビュデ版・岩波版は読んでいますが、私は προσχρωμένους μέντοι（しかし実際、併せ用いながら）からは重文の二番目の文章になったのだと読むとすれば最初の δεῖ とともに命令法の σβεννύντων が定動詞になっているのだと見ることが出来ると思います。写本でも立派に読むことが出来るのにそのアルディナ版の不定法への改めは速断に過ぎないと思います。つまり、アルディナ版の不定法への改めるのはどうかと思います。188頁

83. ここもイングランドの推測に拠りビュデ版・岩波版は写本に沿って読む底本の εἰς を ὡς へと改めて読んでおり成程とも思います。とは言え何だかここの文書そのものが錯綜しているようにも思われますので、議論が語ろうとしていることを先ず確認しますと――イ、諸々の議論の進行の中で各々の法も成就すること

ロ、共同食事が女性達のだとして生ずべきか男性達のみのだとして生ずべきかは、彼らに対しより近くから交わってこそ我々は明かに見るだろうこと

ロ、それら共同食事の前のことどもは目下は未だ立法化されてはいないが、それらを配列した上では我々は前とすることだろうし、またそれらをより正確に見て取ることだろうこと

ハ、また一層彼らに相応しく適した諸々の法を我々は置き得ようこと

ニ、右のイ・ロ・ハで整理することから取り残された文章或いは語句をどう読むのかが問題であること

整理して見れば恐らく右の四点での確認となるかと思いますが、ここで最も肝要なことだとされていることが「結婚―出産―養育・教育」というように必要な個々の立法の成就だということは、恐らく間違いないでしょう。しかし、その成就の可能性のことをどういうことで言うのかということが問題であり

イ、拙訳のように〝先立つものにかけて共同食事へと到着した時にこそ〟と見てそうテクストを読むか、それとも岩波版などのように

ロ、〝先に共同食事の問題に到着した時のように〟と読むかとなりましょう。

私がロを取りがたく思うのは一つの文章が ὡς（のように）と ἡνίκα（〜の時に）というように一つの従属節を導くのに二つの接続詞を持つ文章であるかのようにしていることです。そんなことは文法的に許されないことですから〝〜の時に〟という接続詞の方こそが主文章へ

かかる接続詞だと見るべきですから、従って ὡς の方は前置詞か副詞かだとして見るべきかと思われますので、そうなると εἰς という前置詞を読むのと殆ど何の相違もないということになりましょう。つまり、何一つテクストを改めなくてもよいだろうということです。続く文章は共同食事の立法成就がおよそ立法の各々の成就の決め手なのだとはしてもその細部の問題は残されてあるのだということでの議論であり、その他に言われることもそうした付帯条件への言及だと見られましょう。　188頁

84．岩波版はこの〝彼らに対して〟以下の auto の複数・斜格形の αὐτῶν, αὐτά, αὐτοῖς の指示するものが曖昧で文意が明瞭ではないとしていますが、私は心して読めば解決するのではないかと思います。　188頁

85．出産の女神でゼウスとヘーラーとの娘、他に『饗宴』篇二〇六Dで言及されます。　190頁

86．ここの叙述からは古代のアテーナイでは婦人が婦人として尊重されて見られるとは、例えばお伴を伴って外出することだったことが知られます。今日の我が国ではそんなことは何ほどのことでもないわけですが、女性は普段は家の中にあって外出をしない者なのだという古代社会のあり方からそうなるのでしょうか。どちらの社会が本当に女性を大事にしていることなのかは、しかし或いは問題的なのかも知れません。　191頁

87．古代社会は人間の誕生ということに関して大変に濃密な思いを持ったようです。　192頁

(平成二十五年十一月十八日、午前三十三分、擱筆)

法　律（第七巻）

『法律』篇第七巻をこう読む

一

先ず内容目次を示します。

第一章（788a1-789d7）養育・教育の問題への定位、その立法の不適当・勧告の適当、その理由づけへ
第二章（789d7-791d4）家庭での日常的養育こそ公的遵法の基礎であれば、およそ赤子への絶えざる運動の与えにより魂の徳を涵養すべきこと
第三章（791d5-793a8）魂の気難しさとその幼児におけるあり方への乳母の対処の有効と、快楽・苦痛に対しての中庸の願わしさ
第四章（793a9-794d4）慣習法への言及、赤子への運動の与えに立ちその遊びのこと
第五章（794d5-795d5）右手と左手とのひずみの存在の指摘とその矯正の主張
第六章（795d6-797a6）こどもたちが学ぶべき体育とムーサの技のこと
第七章（797a7-798d6）「遊び」の変化を性格の変化・風俗の乱し、国家への禍とすべきこと
第八章（798d7-800b3）遵法精神を涵養する歌と踊りという遊びの神聖化のこと
第九章（800b4-801d8）「祭礼の詩歌」に関しての立法化（1）

第一〇章（801e1-804c1）「祭礼の詩歌」に関しての立法化（2）
第一一章（804c2-805c1）教育の諸施設の運営とそこでの義務教育、男女の同一訓練のこと
第一二章（805c2-806d6）議論の示唆する男女の共同以外の女性の生活とは何か？
第一三章（806d7-808c6）生活の必要が整った人の徳への急ぎのこと
第一四章（808c7-810e5）こどもの通学、その導き手（嚮）の必須、読み書きの教育の問題
第一五章（810e6-812b1）詩教育の矛盾を語る危険故に護法官に示すこと、本篇の議論
第一六章（812b2-813c5）竪琴による教育に関して
第一七章（813c6-814d6）こどもらの監督者を選ぶ順境、戦時に備える男女共同の体育訓練
第一八章（814d7-816d2）踊りのこと、その立法のこと
第一九章（816d3-817e4）喜劇と悲劇との関する考え方と立法
第二〇章（817e5-819a7）計算と数・幾何学・天文学の学習ということ
第二一章（819a8-820e7）エジプトでの算数教育の参照と基礎的教育としての立法化のこと
第二二章（820e8-822d1）天文学を学ぶ必要と〝天体の彷徨〟を思う謬見のこと
第二三章（822d2-824a22）立法者には立法に加え国制たるべき事柄の勧告が義務、狩りの勧告

二

さて、ざっと内容目次を見渡してみてもおよそ「哲学」の問題を問題にするぞというその問題

意識を意識しながら「『法律』篇第七巻をこう読む」などと題してみても、ただぼんやりと見渡すだけではどうも焦点が定まらないようです。内容目次も目を凝らして見渡す必要があるようです。

そう努力して見た時、ようやく何が思われて来るでしょうか。私にはこのような節目が見えて来るように思われます。すなわち、第一章での「養育・教育の問題への定位、その立法の不適当・勧告の適当、その理由づけへ」という問題意識或いはその設定はただ単にこの第一章だけのそれとして提出されたのでは決してなく、否、この第七巻の思索の全体においてずっと張り詰められまた維持されてあるものであり、従ってそれは十分に力強く太い何かであることを先ずは思うのでなくてはならないという一つの節目のことです。とは言え、思索の展開としてではそれぞれの局面を示すのであり、先ず第一章から第六章までが一つの区切り或いは節目でしょうか。勿論、第一章を一つの大きな節目と言いながら第一章から第六章までが一つの節目であるなどともすることには或いは何か不透明な点を読者の方々には思わせる恐れがありましょう。すなわち、私は第一章が一つの節目だと言っている時と第一章から第六章までが一つの節目であると言っている時にはその〝第一章〟という意味を二重の意味で、つまり一つは第一章そのものの内容の持つ力を思いながらそれを第一章と呼ぶ場合のその第一章という意味と、第一章から第六章までという範囲を区切るものとしての第一章という意味の、その二つの意味です。読者の方々には、どうかそこのところをよく御理解願いたいと思います。

そこで先ずはとにかくその第一章の内容を確認することから始めると、目下に議論が取り組むこととなっている子供の養育と教育という事柄に関してはそれは成文法として立法すべきものではなくあくまでも教えや勧告という形で行われるべきものなのだという認識が表明されることが最も肝要なことであるでしょう。すなわち、アテーナイからの客人の思うところでは子供の養育・教育の問題に対して法律でもって対処するというのは例えば蚊の一匹を殺すのに大砲を撃つことで殺そうとするといったものであり、必要な細かな対処とはならぬのだというわけです。それはまたこどもの養育や教育は所詮は家庭生活の日常のことでもあれば複雑多岐なものであり、故にそこでの過ちに法をもって処罰するなどの挙に出ればそれは違反の頻出となりつまりは多くの人に法律違反を常態化させる結果となる。そのことは逆に却って法の軽視を人々のものともさせてしまうことが考えられるのです。

ではそこで法的な公共の場においてではなく日常の家庭生活という私的な場での教えや勧告ということでこそこどもの養育や教育はなされるべきだとしても、また養育・教育とは見事な心身の成就をこそ目指すものでありそれは成長という成果のことであり、それはそこに成長に見合う均衡をもった労苦が伴うべきそのことでもあれば、それはどのような日常ともなるべきかが議論されなくてはなりません。そこで対話が持ち出す教育の日常とはこどもに対しては胎児の頃からしてすべからく身体に動きを与えてその心身の中にある病的な恐れを外からの動きによって克服し勇気と安らぎとを赤子のこととするものとして語られます。実に成程と首肯させられる議論でしょうか。もう一つの豊かな議論はとりわけ人間の赤子は叫びまたよく泣くものでありその赤子の赤子としての生を乳母というものは甘やかしも抑圧もすることなく普段に適切に判断し赤子の心の安らぎを図るのではないかというそれです。ここにはしかしちょっとした脱線の議論もあり、対話相手のクレイニアースはその安らぎの与えには快楽の与えも力となるのではないかなどとの示唆をしますが、アテーナイからの客人はここでの赤子の心の安らぎの問題は殊更に快楽を取り沙汰するようなそれではなく安らぎは安らぎとしてすでに十分なのであり、否、一般的に言って人間はおよそ快楽と苦痛ということに関してはすべからく中庸であるそこにこそ積極的な安らぎを得てあるのだという議論が提出されます。これも肯うべき議論でしょうか。

次いで右の〝赤子の心身への動きの与え〟という教育の日常の話しに続くその同じ教育の日常の話しは「遊び」ということへの注目として提出されます。その議論にはおよそ一般論的な反省に立つ議論が前置き的になされ、慣習法は国制の紐帯なのだという点と慣習法と成文法との相互相補という点が語られますが、およそ「遊び」ということこそがこどもたちのまさに日常であることを思うなら、その「遊び」においてこどももそれがそもそも人間であるその人間としてどのような成長をするのかということは、まさに日常的な一大事でこそありましょう。

だがしかし、問題の基本的な枠組みはおよそ〝日常〟ということでありまたそこで何に馴れてしまうのかということでした。そこで対話は一見ぼんやりとしたしかし考えて見ればなかなかに鋭いとも思われる人間の日常生活の観察を告げます。それは本来ただの四肢としては不均衡などないはずなものであるのに、通常人間は、事実上、右手と左手とを不均衡なものにしてしまっているのではないか。しかしこの不均衡は確かにそのまま素通りさせてもよい場合もあるだろうが、しかしそれはむしろ矯正されるべきだという場面もあるのではないかという指摘です。具体的にはスキュティア人は左右どちらの手も弓矢のそれぞれに対応し得るが、翻って我々ギリシア人はどうだろうという議論です。確かに我々にも〝茶碗は左手、お箸は右手〟だとか〝字を書くのは本来右手だぞ〟とか幼児を教育しますが、他方では〝字を左手で書いても構わないではないか〟という議論もある。要するに、四肢の用い方はやはり躾と人間の大事ということの問題であるのだというそのことでしょう。

こどもが日常生活においてどのように物事に馴れながら成長して行くものなのか、或いは成長して行くべきものなのかということをおよそ基本的な問いとして問うその中で四肢の均衡の或る馴れというおよそ専ら体育的な教育のことを議論したことは、翻ってそれまで遣ってきた議論の骨格のことを思い出させ、身体に動きを与えることとはおよそ「勇気」と「安らぎ」との体得を図るものでもあればそれは魂の教育だったことをも思い出させ、故に第六章の冒頭では総括的に〔**だがしかし、諸学科は何処かしら二つとして、とにかく言ってみて、これらを用いるべく結果致しましょう。すなわち、一方の身体をめぐるものは体育術に属し、他方のよき魂のあり方のためのものどもはムーサの技に属します**〕（七九五D6〜8）

ということが語られます。語られることは目を通せばただそうかそうかというそれだけのことと も思われますので殊更に「こう読む」などと力む必要は何もないことでしょう。ただこの六章に関しては二つだけ注意すれば体育のことが所謂体育であれ踊りであれとにかく国家の祭礼と戦争というその国家なるものへとひたすら捧げられるべきものとして語られているというその古風のことを我々も一考すべきではないかということ、次には体育のことはこれで語り終えられたのだという完了の意識とともに語られますが、ムーサの技に関して語る思いが先ず或る屈託において語り始められて次の章へ向って行くというそのことです。

三

〔**私は言うのですよ、すべてのポリスに即して諸々の遊戯の種族は一切の人々にとって知られずにあるのだと。すなわち、諸々の法の制定について或いはその制定された法が永続的であるべくも或いはあらざるべくもそれが決定的であるというそのことが**〕（七九七A7～9）

そもそも第七巻はこどもの養育・教育の問題に定位しおよそその問題は立法の対象とするよりは教えと勧告のそれとなるべし。何故なら、教育とは本質的に家庭の日常にこそその詳細な本場があるのだからというところから考察が始まったのでした。そしてそこからその教育的な日常の一典型だとして「遊び」というものが主題化されるにも到ったのでした。そしてその議論の途中では非成文の慣習法こそが成文法にも或いは国制にもその紐帯となるのだという議論も行われていたのでした。とすれば、今しもさしかかった第七章が「遊びの変化とはこどもの性格のそれにして風俗の乱しであり、それ故に国家への禍なのだ」とする見方の提出ともなろうことは必然の流れとも見られましょう。無論、しかしここには〝変化〟というものを「悪しきものからの変化」という仕方では語らず（何故なら、それはおよそ〝変化〟として語られるよりはむしろ〝改善〟或いは〝向上〟としてこそ語られるべきでしょうから）、否、「悪しきものへの変化」としてこそ語るのだということがありましょう。確かに英語でも Something new? と問われまたギリシア語で τί νέον（ホメーロス『イーリアス』第六巻四六二行、ヘクトールが自らの死後その妻が今更に新たな運命として受ける辛苦を予想して言うもの、アイスキュロス『アガメムノーン』八五行、トロイアからリレーされた烽火の合図の到着を知り王宮の門前に現われたクリュタイメストラーにこうコロスが尋ねる）と問われたならばその問いは吉兆としての知らせではなく、否、むしろ凶兆としての〝異変〟である方なのです。ここでもそのように古代人の感覚は近代人が〝進歩〟ということを無邪気に信じて「古いは悪、新しいは善」と思ってしまうような感覚とは全く逆の感覚で生きていたのでした。無論彼のヘーシオドスの「金の時代―銀の時代―青銅の時代―鉄の時代」などという堕落史観もまさにその感覚のことです。

それはともかくとして議論は〝古色蒼然〟こそが願わしいのであればおよそ「遊び」の変化を人性の変化として恐れよと語り、そうした保守こそが遵法精神そのものではないかとするところから「遊び」というものをエジプトに学んで神聖化することの国策までを語ることにもなります。それは一言で言えば「詩歌を祭礼へと捧げるべし」という立法であるわけですが、無論そこには一つの深謀遠慮の意識も用意されていて、旅人は別れ道に差し掛かればそれぞれが何処へ向う道なのかとよくよく調べるだろう、今の問題もその問題だということを意識します。だがそれでも議論の筋として〝公とされた神聖な歌と踊りとの遵守をこそ〟というその筋は残ることの確認をしながら、議論は前進致します。

〔**どんな仕方でさあそこでそれらを立法化して行きながら、人は全くもって笑止千万とはならぬことでしょうか、我々は見るとしましょう、さあそこでこうしたことをなおそれらをめぐっては。最も躓きのないのはちょうど何か印とでもいった或るものをそれらに対して最初に議論でもって拵えることです。然るに、私は語るのです、先ず諸々の印の一つとしてはこうした何かがあるのだと**〕（八〇〇B４～８）

私が右に〝何か印を・・・拵える〟と訳したところは岩波版の訳は〝雛形を作る〟と訳しましたジョウエットの英訳は framing certain models for composers となっていてそれらに比べると何か漠然とし過ぎる憾みがありますが、唯一私の訳が意味を持つかとも思うのはエクマゲイオンという原語が「蝋の中で象《かたど》る、印象を取る」ことであるそのことを愚直に守ったというところでしょうか。それに対して岩波版の訳もジョウエットの英訳もその印がどう用いられる脈絡にあるのかという脈絡との絡みを訳において思うものでしょうか。だから、一言で言って、この下りの議論にはとても含蓄があるのだということでしょうか。とは言え、そうしたことにただかまけてばかりではいけませんから、右に〝議論でもって拵える〟と語られていることを考えましょう。すなわち、私は「蝋対刻印」＝「歌舞の問題場面対その立法」という比例式を考えることが〝言論によって〟というその「言論のこと」だと思うということです。そしてその点を見渡した場合の訳がジョウエットの訳ともなっているのだと。

テクストの議論はそこを議論するに当たって先ず当今の犠牲式において冒涜的な言葉が吐かれ勝ちであることとか物忌みの時の歌には国民自らが哀しい哀歌を歌うべきではないのではないかなどといった否定的な状況のことを言いながらも、その中から歌の持つべき特性を

イ、歌は縁起のよい言葉のものたるべし――第一の法律

ロ、犠牲式においては各々の神にその都度に祈りが捧げられるべし――第二の法律

ハ、詩人はおよそ「祈り」とは神々への要請であることに鑑みて、およそ正しく祈るべし。とこう語りながら、詩人は富の神をポリスに住まわせる過ちをさえ詩作する者だから詩人の詩作厳格の審査されるべし――第三の法律

とこのように語ることになります。つまり、こう法律が刻印をされるということです。

〔**それらの後には、とまれ実際、神々の讃歌と諸々の祈願と共同している頌歌とが最も全うにも歌われることでしょう。そして神々の後では、同様にして諸々のダイモーンとかつまた英雄たちとをめぐって諸々の頌歌とともに諸々の祈願が生ずることでしょう、それらすべてに対し相応しくてありながら**〕（八〇一E１～４）

当面するところ議論は「祭礼の詩歌に関する立法」ということでしたが、右の引用文はよし章が変っても同じその議論が続行されるのだということを示唆しておりましょう。だがしかし、この

第一〇章の議論はその前半に関しては
イ、讃歌や頌歌が神々―ダイモーンや半神―遵法者の順序で捧げられるべきこと
ロ、歌や踊りに関してそれが伝統的なものから選ばれるべきこと・その修正も立法者の意を体すべきこと・すべからく徳性の涵養に資すべきものたること
ハ、男女の歌はそれぞれのハルモニアーとリュトモスを所有してあるべきこと
といった私どもが読めばそれはそうだろうと平たく首肯出来るものですが、後半が「音楽と歌の享受と伝達」という議論に及びその〝享受〟とは音楽の男女への相応しさのことでもあればまたそれはおよそ「魂」が問われるそのことであるから、そこからは次の比例式が見られはしないかというようなことが何か斬新な形で語られます。曰く「船大工の船対竜骨」＝「人生なる船の型対魂のあり方」ではないかとこう。そしてこうした比例式を思ってみるのも「魂」という人生へと推進力を与えるものによってこそ人生もどの道真剣に生きられるのだということであるのなら、そこにはそもそも「真剣」とは何に対してのそれであるのかというその問題までがあるのだという根本的な問いも秘められてあるのだということを対話は意識します。そしてその中でそもそものところでは〔**人間の諸々の事柄は真剣には何ら価いしない**〕（八〇三B３～４）とさえも言われるのですが、不幸ながら真剣にならざるを得ぬのだという人間観が語られます。すなわち、ここには神の事柄なら浄福な真剣に価いするが人間は神の玩具でもあれば精々「遊ぶこと」だけが人間にとっての真剣事なのだという何か逆説的な物の見方さえがあるということです。

そしてその間の事情が以下のように或る急旋回の如きものの中で説明されます。すなわち——

イ、今「目的と手段」ということを考えればその「手段」とは「目的のために真剣なものとして取られるものである。その一例が「平和」という目的に捧げられて選ばれる「戦争」である。だがしかし、それはあくまでも「目的」の実現へと捧げられてこその真剣事なのであり、手段としての手段が自らを自己目的的に真剣事とすることは認められぬ（戦争を目的化するなど狂人のすることとである）。

ロ、然るに、「平和」という戦争をしてさえ求められる「目的」はまさに自己目的的に真剣事であり、そこに人間性の実現と享受とがあり遊びと教育とがあるのである。戦争という手段の真剣とは人間性の実現と享受の真剣にこそ由来する。戦争において真実の真剣があるのではなく、否、平和においてこそ真実の真剣はあるのだ。

「遊ぶことだけが真剣事だ」などとは少し聞いたそれだけでは全く不真面目なだけの言葉にも聞こえますが、問題の核心は人間性の成就と享受というそこにこそあるのです。第一〇章はそうした認識の中に、されればその歌舞もダイモーンや神々の助言を得られようことを言い、何故人は歌舞するかという問いも「それは人間が神の操り人形として、それらを通してこそ僅かに真実に与り得るだけだからだ」ということで答えて行きます。確かに人が何故歌い踊るのかとの問いは答えようのない問いであり、最早神がそうさせるのだとしか答えられないものでしょう。

四

無論、第一〇章末の「人間は神の操り人形にも過ぎない」というような言い方は大いに物議を醸すべき言い方であり対話人物のメギッロスもそれは「人間という種族のみくびりではないか」という不満の表明をするのですが、そこをアテーナイからの客人は真摯に **〝神に向って眼差しを決めその身に受けた上で語ったのだ〟**（八〇四B７～８）と答えます。よくよくものを思うなら歌や踊りの成就が神の嘉し給うことと見られても一体どれだけの人間の人間としての誇るに価いする成就というものがあるのかはただ怪しいばかりのことであれば、むしろ人間を下手な舞い手であると思うことは一つの誠実でこそありましょう。とは言え、下手な舞い手ではあれ舞わねばならぬというその真剣事は引き受けてはいるのだとは、アテーナイからの客人も言うのでした。

〔**それらに続くことですが、諸々の建物が、一方、諸々の体育場のそして同時に共同の教場のだとして三箇所でポリスの真ん中に語られてしまっていますが、他方、外からは馬どもの三箇所での町をめぐる訓練所とそしてまた自由な空間が、弓術とそしてまたその他の諸々の飛び道具の闘いのためのちゃんと区分し整頓されたものども、学習とかつまた同時に若者たちの練習のそれらがそうでした**〕（八〇四C２～６）

右の引用文が示すことは、明らかに話題が次のそれへと展開して行ったということでしょう。これまでは教育における日常的な遊び、例えば歌や踊りといったものの神聖化が国制の紐帯でもあろうかというような、言わばソフト面での議論が一貫していたと見られましょうが、展開しての議論は何か教育のための建築物といったハード面への議論にもなるようであり、まさに思索は散文的に前進しているのでしょう。とは言うもののハードをハードとして語りつづけるべき如何なる展開もなく、やはり依然として議論すべきがおよそ立法のことそのことでこそあれば議論はどうしてもソフトの面に立ち返るものとなります。曰く、「**こどもは親のものというよりはむしろ国家のものであれば教育を受けるは義務たるべし**」（八〇四D４〜６）とこう。また男女は同一の教育を受けるべしと。それには古い物語りもあれば事実としてはサウロマタイ人のこととしても知られるということがあるのだと。されば男女が同じ仕事をすべきだとしないことは二倍たり得る仕事を半分にする愚行であり、そうしたことを認める立法者は過ちを犯しているのだとも。対話人物のクレイニアースは一応それは如何にも逆説的な認識だが事柄の是非の明確化にはとにかく議論の徹底に待とうという受け答えを致します。

〔**このことがとにかくこの私にとっては、クレイニアース、それを先にも私は言いましたが言いたいことであり、もしも一方、それらのことどもが十分な仕方では諸々の働きでもって生ずるべく可能であるということを確信させられていなかったのだったら恐らくは何かを言論でもって反駁することがあり得たでしょうが、けれどもこの今には別の或ることを、その法を受け入れようとはしない者に対しては探求をせねばなりません。だがしかし、我々の命令はそれらの中で消滅をすることはないでしょう、云々**〕（八〇五C２〜７）

男女の同一教育と同一の仕事という彼の『国家』篇第五巻以来の逆説が依然として逆説である

時にアテーナイからの客人はなおもその逆説を信奉し事実に即するならむしろ正説だとしながら、逆に男女が同じ仕事をするのではないとしたら女性の女性だけのとしての特段の仕事が語られるべきなのだと主張します。そしてトラキア風の・アテーナイ風の・その中間のスパルタ風の女性の生活様式はあると言えばあるだろうが、しかしこれによって女性の仕事が国家的なレヴェルにおいて特段のことになったとは考えられないのではないか。しかし、立法者はこれを中途半端に考えてはならない、これでは女性の特段の仕事とは贅沢と浪費ということになりはすまいかと言い放ち、男子にとってもサウロマタイの女性にとっても戦争を戦うことは単なる事実としての仕事ではなく真実にも仕事であるように、トラキアであれアテーナイであれスパルタであれ事実女性は何事かをしているのではあれ真実にもしているのだと言えるかどうかということこそそもそも問題なのはないかということを指摘するのです。それ故、この話しはそれだけのことにただ終ってそれ以上の議論には到らないで終ります。そしてその言い放ちとは語る自由のある客人のそれでもあればそれはそれ、今は次の問題へと進むことがその場で同意されます。

その〝次なる問題〟とはどんな問題か。それは生活上の必要がすべからくもう整ってある者にとってなお残されてある生活のことだとされます。そしてそれは自由民としてのスコレー（閑暇）において時間割を定めてまでする国事と家事とへの邁進であり、心身の徳の追求だとされます。そしてこれは主として大人の話ですがこどももまたその戒められつつ育つ義務のことが語られ、それ故またその戒めのための乳母・養育がかり・教師・護法官などという国家的な用意が語られ、またそのための法の充実の必要が語られます。またそのこどもの教育が読み書き・竪琴・算数で行われ、国の活性化のために暦法が教育されるべきことも語られます。無論それらの細部もまた語られますが、その大方は読めば済むことでしょうか。注意に価いするのはおよそ教育の素材としてその筆頭である詩作品が矛盾したことを語るものであるが故の危険を述べることでしょうか。そして議論はその危険を護法官に忠告するのには早朝からこれまで行ってきた議論の一切を思うことでなせばよかろうと議論するのでした。

五

〔さればはたして読み書きの教師の後では、竪琴弾きが我々にとつて呼び掛けられるのではないですか〕（八一二B２～３）

第一章から第六章までが一纏まり、そして第七章から第十章までが一纏まりという風に、一応区切られるかなと思われて来ましたが、第一一章以降の議論がそんな区切りをどのように明確に私どもに示してくれるのかその点はなかなか明確ではありません。まさに右の引用文がそのことを示しているだろうと思います。すなわち、何か一つの問題の中でずるずると次の話題へ移って行くのだというただそのことしか示していないようですから。そしてその一つの問題とは「何をこどもらには教えるのか」というその教科の話しだということです。もしもそうであるだけなら私どもは羅列される教科をただ数えて行くだけのことをするというはなはだ気楽な読み方だけをしさえすればよいことにもなりますが、右の引用文に〝我々が竪琴弾きに呼び掛けるのだ〟などということが言われているように、その教師が教師として遵守すべきことの話題を話題ともするのだということが窺われることでしょう。そのことはすでに第一一章で建物というハードの話しもそれが男児も女児も同じく義務教育として使う場所なのだというようなソフトな〝建物の使い方〟の議論にもなったのと同じ事情にも思われましょう。〝竪琴〟という教科が一つの教科なのだということに比べるならそれをどう教えるかという教え方は、相対的に見ればソフトの議論でこそありましょうから。まあそんな風に当面の議論はハード―ソフトの一対が絶えず思われるのだということを思っておきましょう。

そこで竪琴が一学科としてハードである時、それを教える竪琴弾きの教え方というソフトとはどう語られるものなのか。それは遙か先立つ第二巻での議論の想起から始まりそこで「善き音楽表現こそが若者が徳を追求することへと招かれるべく与えらるべし」としたことの再確認をして、次いで竪琴の音の明瞭を基準にして竪琴の音と歌声とが調和してあるべきことが言われ、他方、曲そのものと歌詞とは神聖にして祭礼に相応しくあるべきことが語られたことが思い返されます。加えてまたあるべき監督の任に当たるもののことや更に踊りと体育とのこどもの学習の監督者のことも語られます。

章が変って第一七章は第一六章の末尾で触れられたこどものたちの監督者を選ぶことの困難に関して、その選び出しも順境にあること、それは一つは彼がその補助者を選び得る法的な保証のこと、次にはこどもの教育こそは国家の安全の礎たることの認識と自覚が彼にはあることとして言われます。しかしながら、こうしてこどもの教育を語り続けて来てことを総じて思い返す時、対話はそのままでは男子の教育を語ったことだけに終るかも知れぬことを思い、これら教育とはすべからく女子の教育でもあることが続けられます。すなわち、およそ教育が国家のためのそれであるのなら、その国家のなすべきこととは平和の維持か戦争による国家の安全の獲得かということでもあれば、女子も教育をされるとはすなわち軍務に服する教育ともなるのだということが語られるということです。女子も銃後を守るべきであり、侵略に対しての抵抗力ともなるべきだからです。それ故、レスリングという学科も語られるに至りますが、無論、それは戦いへの備えとしてのことです。

〔さあそこでこの今は、一方、レスリングをめぐる能力のことだとしてこれまでのことが我々にとって語られるに到ったのだと致します。だがその他の動きの身体すべてのものについてはそれの大部分は或る踊りなのだと人は広く言いながらも全うな仕方で言葉に出しておりましょうが、二つ先ずそれらの形があることを認めるべきであり、云々〕（八一四D7〜E3）

右の引用文は新たな話題が踊りのことなのだということを先ず端的に語り出していると言えるでしょう。その端的な語り出しはまた端的にそれらの分割を、一方に美しい身体の荘重なものの模倣を他方に醜い身体の拙劣のそれとし、前者が一に闘う美しい身体と男らしい魂との踊りで、他方が平和時にあり思慮を保ち程よい快楽を感じてある魂の踊りだと語って行きます。とは言え、その前者は特筆されその名前が〝ピュリケー〟と呼ばれるものであることまでが言及されます。戦闘中のあらゆる動きや身のこなしが踊られることも。すでにこの第七巻の第六章でアテーナー女神へと捧げられる踊りが完全武装においてのものであることが語られていましたが、ことほど左様に国家が戦う必然性においてあることは踊るということにさえも浸透してたのだということでしょうか。私自身は寡聞にして我が国には戦いを模したどんな踊りがあるのかということには知識がなく、精々のところ長槍をもって踊る黒田武士を讃える黒田節の踊りだけしか知りません。その黒田節にしても大杯の酒を飲み干して飲み取ったというのですから、戦闘そのものの踊りではないわけであり、我が国における戦闘の踊りは遠のくばかりです。

戦いの踊りから語り始められましたが、無論、平和時の踊りも語られるわけです。しかしその語り方は些か今日の舞踏家がどう思うか懸念されるもののように私には思われます。何故なら、「**他方、平和の踊りはこれをこの道筋で更に考察しなくてはなりません、各々の者どものだとして。すなわち、全うな仕方でかそれとも全うにあらざる仕方でか、自然本性に即して人が美しい踊りを手中にしながら、諸々の歌舞において諸々の法を守る人間たちに相応しい仕方で全うをしているかどうかとこう**」（八一五B３～６）ということが言われていて「踊りはすべからく遵法的たるべし」などとは最早今日の舞踏家には何の感覚でもなかろうと察せられるからです。何故なら、今日においては最早舞踏とは〝自己表現〟ということの他の何ものでもないように思われるからです。ですから私どもとしてはもしここでの語りに何がしかの意味を思うとしたらその〝遵法的な姿〟

ということと〝自己表現〟ということとの間にそれらを繋ぐ「中項」を探すことでしょう。その探求は簡単には行かないだろうと思いますので、宿題としなくてはなりません。対話の方はそういう私どもには構わずにその「遵法的な姿」という基準によってバッコス・ニュムペー・パーン・シレーノス・サテュロスなどに絡む踊りは戦争の踊りでも平和の踊りでもない、国家的ではない踊りなのだという裁定をしそのままに放置することを言い、問題は一重に国家的な踊りなのだと致します。

とは言え、その後の議論はその要点を確かめるだけと致しましょう、何故なら、取り組むこの書物が『法律』篇だという限り、肝要なのは法的な集約点の議論でしょうから。で、どう議論はされるか。一つは戦争には関わらぬ平和の踊りは神々の崇拝のための幸福の意識におけるものだという本質的な把握の表明であり、二つ目は踊りの一つはエンメレイア（旋律においてあるもの）と名づけられもう一つがピュリケー（戦争の踊り）と名づけられていることの適切のことを言うもので、この命名者の適切に鑑みて護法官の仕事もあるだろうことを語ることになります。またそれらとして立法された踊りは不動なのであり、そこでこそ国民は不動の幸福を享受すべきだと。

〈先ずはされば諸々の美しい魂と高邁な魂とに属した踊りへとかけたことどもは――どんなものとしてそれらはあらねばならぬかはすでに語られたわけで――すでに渡り切ってあります。しかし、それら諸々の醜い身体や思考や笑いのだとして喜劇だとされるものどもへと向けられたことどもが、それらは言葉にかつまた歌に即して、踊りに即して、またそれらすべての模倣物に即して喜劇にされた

ものどもにということですが、先ずは必然なのです、観察すべくまた認識すべくも。何故なら、云々〕

（八一六D３～９）

第一八章でおよそ踊りが美しい身体を模倣するものと醜い身体とを模倣するものとに二分されながら前者は第一八章において議論されたのに後者が手つかずのままであったのが、今こうして議論されるに到ったのだということです。無論、醜い身体の模倣などとはパラドクシカルなことですから、模倣することの必要は説明されなくてはなりません。その説明はこうなります――

よし人が思慮あらんとし徳を志しても笑止なことと真剣に価することとをともに自らの眼前にしたその中でしか志を得ない。またもし人が有徳ならそれらの両方を行為することは許されず、笑止なことの無知の故に不本意にも笑止なことをするようなことがないようにとこう志すならば、彼は笑止なことをそれとして認識しておく必要があるのだと。これは如何にも我々に納得の行く説明ですが、されぱまたそこには自由人はかと言って笑止なことを真剣に学ぶべきではないこと、真剣な学びは奴隷や外国人のことだとか、喜劇が必要としよう新奇とは自由人の求めるものではないという条件づけもぬかりなく語られます。そしてこの章は必要な喜劇論をやっただけだとし、広く一般的見れば悲劇作家こそが国家的なレヴェルを担う真面目な存在でもあれば、彼が我々の建設中の国家に遣って来てその入国を求めたならどうするかということを話題にし、閉じることになります。その回答は、一言で言えば「我々の建設する国家と国制こそが悲劇そのものなのであり、悲劇作家は我々だけで十分なのだ」とこう返されます。なかなか見事な回答でしょうか。

六

〔**なおさあそこで、ではですよ、自由人たちにとっては三つの学問が実にあるのです。すなわち、一方、諸々の計算と諸々の数をめぐったものどもが一つとして学問であり、然るに、測定の知識が長さ・面・立体のだとしてあり一つとして更に第二のものであり、第三のものとしては、他方、諸々の星の周回の相互に対するものがどのように本来的に進行するかとこうするものです**〕（八一七E5〜八一八A1）

計算と数・幾何学・天文学という『国家』篇で哲学者教育のプログラムとしてすでに語られていた学科がまたこうして語られるというわけです。しかしここではその詳細な研究は或る少数の人々のことであることと多数者は最も基本的な事柄のみを学習すべきこと、但し、数学的知識の持つ必然性はこれを知らねばならぬことだけが語られます。そしてこの数学的知識の神的必然性ということが特筆され、その学習はそれなしには神もダイモーンも人間に対して世界を世話することをさせ得ないのだと語られまたその学習のプムログラムの認識の不可欠のことも語られます。だがしかし、そのプログラムの立法化は不慣れの故のその困難が思われて先延ばしされますが、それよりも間違った取り上げ方の禍のことの方が力説されます。

そして目下に語り得ることとしてはエジプトで行われている諸々の遊びを通じての数学の学習がその軍務の実際へも応用可能であることやおよそ「通約の可能性」ということが語られるべき

また語られざるべき場面の知識を得させ無知を免れさせることだとされます。無論、これは立法が必要なことだとも語られます。

〔さあそこで諸々の星のだとしてそれらの後では見て下さい、若者たちにとっての学科を。もしそれが我々に語られて気に入るか或いはその反対であるかと〕（八二〇E８〜９）

対話相手のクレイニアースは〝ただ語ることだけをして下さい〟と言って事実上それが学科であるべきことに同意しますが、アテーナイからの客人はその同意を受けて目下に大方は奇妙ではないか、何故なら、天文の研究は神や宇宙の冒涜だとしているからという自らの思いを急ぎ表明します。そしてその反対こそが正しいのだと。天文学は真実で美しいのであり天体におよそその彷徨などを決して見ない敬神的なものなのだということです。彷徨とはそう見えるだけのことであり、天体の運動の真実ではないのだと。さればその真実が担保される限りは、若者が学ぶべき学科であるのだと。

〔今やすでに、それではです、終りを持ったというべきです、とにかく教育の諸学科についての諸々の法規は。だが狩猟について同様にして思考すべきです、またすべてのことどもについてそれだけのそうした限りのことどもを。何故なら、恐らくはさあそこで立法者にとってその課せられるものはより大きいものの上にあることでしょうから、諸々の法を置いた上で彼が離れてしまうよりも〕（八二二D２〜６）

誰にとっても明らかに、右の引用文は一つに若者たちをそれによって教育すべき諸学科の語りを終えたことと二つにおよそ立法者とは立法という直接的な責任とともになお間接的なというかその余剰においてというかそういう課題も彼のものであることを言い、その余剰としての責任が〝狩猟〟について勧告をすることだと語っていることでしょう。かかる立法者の持つべき奥行きのことは今日では全くもって等閑に付せられているように思われますが、どうでしょうか。勿論、日頃国会などで立法を行っている政治家たちが不祥事を起した時には道義的責任が云々されるということがあり、その意味での奥行きは今日の政治家たちも持ってはいましょうが、しかしここではそういう受け身での責任ではなく〝勧告をする〟というポジティヴな責任のことが語られていることを私どもは承知しなくてはなりません。また議論はおよそ〝狩猟〟とは多岐に渡るものであありこれらはおよそ立法ということによってではなくて、勧告ということによってより身近な仕方で人の行為に迫るべきものであることを言うものとなっています。その最期を飾るのは〝馬や犬などともに自らの身体を用いた狩猟こそ若者たちの魂をよくするものなのだ〟という勧告の例でしょうか。

かくて『法律』篇第七巻は大きく区切るなら第一章から第六章まで、第七章～第一〇章まで、第一一章から第一九章まで、第二〇章から第二二章まで、そして第二三章が単独でとこのような区分になるでしょうか。最初の区分は教育と日常との問題、第二のそれは変化と慣習とのこと、第三は学科の列挙、第四は特に数学と天文学が、第五に立法者の奥行きの問題が語られたのだと言えるかと思います。

（平成二十五年十二月十九日、午後三時八分、擱筆）

『法律』篇第七巻

一

788 **アテーナイからの客人**　だがしかし、子供の男の子と女の子とが生まれたからには養育と
教育とをそれらの後には論ずることが先ずは何処かしら至極尤もにもなることでしょう、
我々にとってはですね。それが語られずにあることは先ず如何にしても不可能ですし、他方、
語られてあっては或る教えやまた勧告でもってである方が諸々の法でもってよりは私どもに
とっては尤もらしく現われることでしょう。何故なら、私的な仕方でまた諸々の家に即して
多くの些細なことどもが万人にとって目に見えざるものどもに生じて行き、容易く各人たち
B の苦痛にかつまた快楽そして欲望により立法者の諸々の忠告に反した異なるものどもとして
逸れたものとなった上で、ありとあらゆる相互に似るところのないものどもとして市民達の
諸々の人柄（エートス）を作り上げるわけなのです。だがしかし、それは諸々のポリスには
悪しきものなのです。それはまた何故なら、それらの事柄の小ささと頻出の故に諸々の処罰
が置かれた上で諸々の法を作ることは適当でもなく同時にまた見てくれのよいものではあり
ませんし、他方、損なうからです、成文として置かれた諸々の法を。諸々の些細なことども
やしばしばのことどもにおいて人々が法を犯すことに慣れっこにさせられてですが。そこで
C また一方ではそれらのことどもをめぐって立法すべくもどんづまりがありますし、他方では
沈黙することも出来ぬことになる。だがしかし、私が語っていることはこれを明らかにする
ことをやってみなくてはなりません、例えば諸々の雛形の如きものを光りの中へともたらし

た上で。何故なら、この今に語られていることどもには何かの線で暗闇が似つかいますから。

クレイニアース　最も真実なことどもをあなたはお語りです。

アテーナイからの客人　されば、一方、諸々の身体と魂とをとまれ全うな養育は全面的に能力ありと、はっきり現われていなくてはなりません、出来るだけ見事にそして最も優れて成就するべくもということ、このことは先ず全うに何処かしら言われてあるのではないですか(1)。

D

クレイニアース　何が一体問題でしょうか。

アテーナイからの客人　諸々の身体は最高に美しく、思うに、これはとにかく最も端的なことですが、出来るだけ真っ直ぐな仕方で、若くして子供たちがあるにおいて、直ちに育つことでなくてはならぬのです。

クレイニアース　全くそうです。

アテーナイからの客人　だがしかし、どうですか。このことを我々は心に思うのではないですか。すなわち、最初の成長こそはすべての生き物において大いに最大で最も多く育つのであり、そこでまた論争をもまた多くの人々に対して提供したのでした。曰く、とまれ人間として背丈は五歳から以後の二〇年においては二倍としては増大しては生じないのではないかと。

クレイニアース　真実をお語りです。

789 **アテーナイからの客人**　さればどうですか。多大の成長が諸々の労苦の多くて均衡を持つのを離れて流れ込む場合には、我々は知ってはいませんか、数知れぬ悪しきことどもが諸々の身体においてなすのであると。

クレイニアース　実に全く。

アテーナイからの客人　この時こそ最大の労苦が必要とされるのです。曰く、最大の養分が諸々の身体にとってつけ加わる時に。

クレイニアース　何ですかさあそこは、お客人。一体そもそも、今しも生まれたばかりで最も若年である者たちに対して諸々の労苦の最大のものを我々は課すだろうというのですか。

アテーナイからの客人　決してとにかくそういうことではありません。否、未だまた以前に自らの母親たちの胎内で養われている者たちに対してです。

クレイニアース　どうお語りなのですか、最高に優れたお方。或いは諸々の胎児にとってだと仰有るのですか。

B **アテーナイからの客人**　ええ。とは言え、何らの不思議でもありません、あなた方がその齢《よわい》にある者たちの体育に関しては無知でいらっしゃることは。それをこそ私はあなた方に、よしんば奇妙なものであるにせよ、明かにすることを望む次第です。

クレイニアース　全く、先ずはさればお望みでしょう。

アテーナイからの客人　あるのですよ、それでですが、我々の許では一層そうしたことを見て取ることが。それは諸々の遊戯を実にそこでは必要以上に遊ぶことの故にですね。何故なら、養っているのですよ、さあそこで我々のところではただ単に子供たちのみならず、否、またより年長の或る者たちまでが諸々の鳥の雛たちを、互いに対してする闘鶏へと向って。C 彼らは獣たちのそうしたものどもを訓練しながらも考えるどころではないのです、それらにとって諸々の労苦の互いに向ったそれらが程よいものだとは。それらにおいて彼らは訓練しつつ掻き立てるわけですが。何故なら、それらに加えて腕の下に各人は、一方、より小さなものどもは両手の中へと、他方、より大きなものどもは小脇の方へ内にして、歩き回りつつ行くのです、幾スタディオンも。それがよき身持ちのためだが決して何か自らの諸々の身体のではなく、否、それらの獣どものであるのです。そしてとにかくこの限りを学び取る力のD ある者には明らかにするのです。曰く、諸々の身体すべては諸々の揺り動かしやそしてまた諸々の動きよって動かされて疲れ知らずのものどもとしてすべてのことどもを享受するのだと。すなわち、自らによって、或いは諸々の駕籠においても、或いはまた海路に沿っても、或いはまた馬上で運ばれて、また別のどういったものであれそれらによって運ばれて諸々の身体がある時に動かされる限りのものどもはということです。(2) そしてそれらの故に、諸々の食べ物や飲物の諸々の養分に対して主人となり健康や美またその他の力を我々のために提供することが可能なものとしてあるのです。

二

されば何を言ったものでしょうか、そのようにそれらのことどもがそのあり方をしてある
E においては、その後我々は何をしなくてはならないのかと。あなた方は同時に笑いでもって命ずることをお望みですか、その際、諸々の法律を制定し、一方、妊婦は散歩すべし、他方、生まれたものは蝋の如くにもそれが柔らかな間は塑像すべし、また二歳まではこれをお襁褓にくるむべしなどとして行って。そしてさあそこでまた乳母たちを我々は法でもって処罰をしながら強いるのでしょうか、赤子たちを或いは野原へと或いは諸々の神社へと或いは身内の者たちへと常に何かの道で運んで行くように、十分に彼らが立つことが出来るようになるまでは。そしてその時、彼女たちはなお彼らが幼くてありながら何処かで力づくでもって力一杯押しつけられて四肢が曲げられないようにと始終注意させられ、三年を生まれた赤子が果たすまでは彼女たちは持ち運びながら堪え続けることを。他方、出来る限りは力が強くて
790 彼女たちはあることが必要で、また一人であってはならないのですか。他方、それらの各々の上にもしそれが生じないとすれば罰を遣らぬ者たちに対して我々は書いたものでしょうか。いや、或いは飛んでもないのですね。何故なら、ちょうど今言われたことが数多くまた不断に生じて来ましょうから。

クレイニアース　どのようなことがですか。

アテーナイからの客人　笑いをしこたま我々が蒙ることですよ、服する気になどならない

ことに加えてですよ、乳母達の女のかつまた召使流の諸々の性格はです。

クレイニアース　いやしかし、さあそこは何のために我々はそれらが語られねばならぬと言ったのですか。

B **アテーナイからの客人**　このことのためです。主人たちのそしてまた自由人たちの諸々のポリスにおける諸々の性格は、恐らくは聞いた上では意識の全うなそれへと到りましょう。すなわち、私的な住まい振りが諸々のポリスにおいて全うなものとして生じて行くのを別にしては空しく人は共通のものどもが持つだろうことを思うということです。諸々の法の制定の何か確固としたあり方をですよ。そしてそれらのことどもを胸内に思いつつも自らとして諸々の法のこの今に言われたそれらを用い、また用いながらもよくぞ家とそしてまたポリスを同時に彼自身のそれとして経営して行って幸せにすることだと。(3)

クレイニアース　また大いにありそうな仕方でお語りになられました。

C **アテーナイからの客人**　されば、だからですよ、私どもとしてはそのような立法から止むことはまだ致しますまい。実に幼少の子供たちの諸々の魂をめぐる追い求めごとどもをまた我々が与え返す以前には。さながら我々がまさにその流儀に即して諸々の身体をめぐっての諸々の筋書きが語られていた時に決まりを着けることをすでに始めていたところの同じ仕方に即してです。

クレイニアース　実に先ずされば全うにお語りです。

アテーナイからの客人　ならですね、我々は次のことを例えば両方のことどもに向けての要素といつたものとして取ることとしましょう。すなわち、実に幼い者たちの身体とそしてまた魂との保育と運動とが精々すべての夜と昼とを通じて生じて行くのは実に有益なことで先ずはすべてにとってであり、他方、最少ならず最も幼少の者たちにとってはあるのだというように。またそれが可能なことだったなら住まうことがです、さながら航海しながらとでも
D いうように。然るに、この今にはそのことに出来るだけ近く致さなくてはなりません、子供たちの新たに生まれた育てものどもをめぐっては。然るに、証拠立てされるべきであります、これらのことどもからもまた。すなわち、経験からしてそのことを有用なものだとしてあるところを小さなものたちの養育者たちとコリュバンテスの[4]諸々の癒やしをめぐって果たして行く女らが把握しまた認識するようにと。何故なら、何処かしら幼児たちの寝付きの悪い者たちを寝かしつけることを母親たちが望むといった時には、静けさを彼らに対してもたらす
E のではなく、否、反対に動きをそうして、つまりは畳んだ腕の中で絶えず揺すって行くのであって、沈黙をではなく、否、或るメローディアーをもたらして、何のことはない、まるで彼女たちはアウロスでというように魅了するのですが、それはまるで思慮を失ったバッコスの徒たちの[5]諸々の癒やしがそうであるように[6]その動きの踊りと同時にまたムーサ（歌）とを彼女たちは用いて行くのです。

クレイニアース　されば何がそれらのことの原因として、お客人、取り分け我々にとって

実にあるのだというのでしょうか。

アテーナイからの客人　実にそれは困難ではありません、認識すべくもね。

クレイニアース　どのようにですか、さあそこは。

アテーナイからの客人　恐怖してあることとなのですよ、何処かしらそれら二つの情態は。[7]
791 そして実にあるのです、恐怖は魂の拙劣な或るあり方の故にこそ。されば外からして誰かがそうした諸々の情態に対して揺さぶりをもたらす場合には、外からして動きがもたらされて行って内にある恐ろしくて狂気じみてある動きを克服し、他方、それは克服したその上では安らぎと静けさとが魂において現われることを達成して行くのですがそれらは心臓に属した諸々をめぐったものどもの困難なものに生じた上での各々の人々の動悸に属したものであり、全くもってそれは喜ばしいことなのです。すなわち、それは、一方、或る者たちには眠りを得させ、他方、目覚めている者たちには神々とともに踊りかつまた笛を吹いてありながら、
B その神々に対して吉兆を得ながら彼らは犠牲を捧げるのですが、我々にとっての諸々の狂気の状態の代りに諸々の正気の身持ちを持つことを作り出しました。[8]そしてそれらは、とまれ手短なことどもを通してそのようにして語ったことですが、納得の出来る語りを或るものとして持っているのです。

クレイニアース　全くその通りです。

アテーナイからの客人　だがしかし、もしもとにかくそのようにしてそうした何かの力を

C

それらのことどもが持つのであれば、心の内にこのことを私どもの下で思うべきであります。曰く、すべての魂は諸々の恐怖と幼少であるものどもからしてともにありながらでは、より一層恐怖心を通して生ずることに慣れて行くことだろうと。だがしかし、このことを万人は言うことでしょう、臆病の練習とはなるが、否、勇気のそれとはならぬとこそ。

クレイニアース　どうして否でしょうか。

アテーナイからの客人　だがしかし、ともあれ反対に勇気のだとしては若くある者たちからすぐにもやる事柄なのだと我々は言うことでしょう、すなわち、我々にとって降りかかって来る恐ろしいことどもとかつまた心配なことどもとに対して打ち勝つことを。

クレイニアース　全うにお語りです。

アテーナイからの客人　一つとしてさあそこで次のことも魂の徳の部分にかけて、つまりそれは全くもっての子供たちの諸々の動きにおいてする体育訓練ですが、大なることどもを我々にとって貢献するのだと我々は言うのです[9]。

クレイニアース　全くそうですね。

アテーナイからの客人　また実にとにかく魂における気難しからざるものと気難しいものとは、よく魂のあることと悪しく魂のあることの小ささからざる部分として各々生じながら、生ずることでしょう。

クレイニアース　どのようにして否でしょう。

D

アテーナイからの客人　さればどんな向きで直ちに私どもは植え着けることでしょうか、どちらか我々の望むものを生まれ立ての者に対して。さあそこで告げることを試みなくてはなりません、どのようにして人がまたそれらのどの限りに即して道がつくのかと。

クレイニアース　どのようにして否でしょう。

三

アテーナイからの客人　私は語ります、とにかく私どもの許での思惑を。一方、甘やかしは気難しく怒りっぽく些少なことどもから強く動かされるものに幼い者たちの諸々の性格を仕上げ、他方、それらの反対に酷くてかつまた野蛮な抑圧は彼らを卑屈で自由人らしからぬかつ人間嫌いな者に作って行って、不都合な住人に仕上げるのです。

クレイニアース　如何にして、さればさあそこで、未だ人の言葉を解せず更にはその他の教育を未だ味わうことの不可能な者たちを養育すべきでしょうか、国家の全体は。

E

アテーナイからの客人　このようにどうとかして。何処かしら声を叫び声とともに直ちに発することにすべて生まれたものは馴れています。そして最少ならず人間たちの種族が然りです。そしてさあそこでまた泣くことに対しては叫びに加えて他のものたちよりもかまけているのです(10)。

クレイニアース　実にさればく全くです。

アテーナイからの客人　されば乳母たちは子供が何を欲しているのかを狙い見てあっては
792 まさにこれらでもってその宛いにおいては証拠立てるのです。何故なら、先ず、そのものが
宛われて彼が黙るなら彼女たちは立派に宛ったと思い、他方、彼が泣いてまた叫ぶとすれば
立派ではなくそうしたのだとする。さあそこで子供たちにとっては好きなものどもと嫌いな
ものどもとを明らかにするものは諸々の泣くことに叫ぶことなのです、諸々の印しとしては
決して結構なものだとは行きませんが。だがしかし、実にあるのです、その時間は三年より
より少ない年月のだとして。過すべくも人生の小さからぬ部分としてより悪しく或いはより
悪しからずあって。

クレイニアース　全うにお語りです。

アテーナイからの客人　さあそこで、気難しくまた決して紳士的ではない人は、はたして
B あなた方お二人にとって思われないでしょうか。悲しみの姿をした者でありかつまた概して
言って諸々の嘆きで一杯であると。それは善き人がそうであるべく必要であるよりももっと。

クレイニアース　この私にとっては、とにかくされればそう思われます。

アテーナイからの客人　さればどうでしょうか。もし人が三年間に渡ってすべての工夫を
もたらしながらどうとかして我々にとって養育される者が可能な限りに少ない悲痛と諸々の
恐怖と苦痛の一切を能力に即して用いるだろうように試みたとすれば、はたして我々は思わ
ないでしょうか、養育されるもののこの時期の魂を一層よき気概をしたそしてまた紳士的な

ものとして成就することを。

クレイニアース　それは明かなことです。また取り分けて、お客人、もしも誰かが沢山の快楽を彼に用意してやるとすれば、そうでしょう。

C

アテーナイからの客人　そのことでは最早この私はクレイニアースには着いて行くことはしないことでしょう、驚いた人よ。(11)何故なら、実にあるのですから、私どもにはそのような行為は破滅として最大なのです、すべての行為の中で。何故なら、始めにおいてそれはその時々に生ずるのですから、養育のですよ。だがしかし、我々は見るとしましょう、何事かをもしや我々が語っているかと。

クレイニアース　お語り下さい、何をあなたが主張なさっているかを。

アテーナイからの客人　小さからざることについてこの今には私ども二人にとって議論があることをです。だがしかし、見て下さいあなたもまた、そして我々をともにその上に立ち判断して下さい、メギッロス。何故なら、先ずさあそこでこの私の議論は諸々の快楽を全うな人生は追うのでも更に全くもって諸々の苦痛を回避すべきでもなく、否、それとして中間

D

のものをこそ歓迎せねばならぬと主張するのです。(12)これをこそ今し方に私は言ったのでした、紳士的なものとして名づけた上で。それをこそ状態としてはさあそこで神のものだと予言の或る言葉に十分に狙いをつけた仕方で我々すべてが呼んでいるのです。その持ち前をこそは追うのでなくてはならぬと私は言うのです、我々の中で神々しくまさにあらんとしている者

もまた。されば、その際、自らとしても諸々の快楽へと向って傾いた者に総じてなって行くこともなくてこそあるのです、それは諸々の苦痛の外にあろうことはなくあるとしてですが、更にまた他人をして、それが老人をであれ或いは若者をであれ、我々と同じそのことを蒙るよう放って置くこともしてはならぬと。それは男をであれ女をであれなのですが、然るに、すべての者たちの中で最も少なく能力にかけて最近にということで若く生まれた者をこそは
E そうなのです。何故なら、最も決定的に、されば万人にとって植えつけられるのですから、その時にこそはすべての性格が習慣の故に。なお、他方、とにかくこの私としては、もしも私が巫山戯ているとまさに思われようとしているのではないとすれば、言うことでしょう、すべての婦人たちの中で子供を孕んでいる女たちをもまた取り分けて彼の一年間に渡っては世話をしなくてはならないと。それはどうとかして諸々の快楽の或る数の多いものと同時にまた狂ったものと孕んだ女が交わったり更には諸々の苦痛とそうしたりするといったことがなく、他方、雅やかで好ましくかつ穏やかなものを尊びながらその時の時間に渡ってずっと生きて行くようにということです。

793 **クレイニアース**　何一つもあなたは、お客人、メギッロスに問い糺すには及びませんよ、どちらが我々の中でより全うに語っておることかとなど。何故なら、この私自らがあなたに同意しているのですから、苦痛にかつまた快楽の混ざることのないものに属した生をすべての人々は避けるべきであると。他方、或る真ん中を常に切らなくてはならぬとこう。立派に

それならですよ、あなたは早お語りですしかつまた同時にお聞きでいらっしゃいます。

アテーナイからの客人　大いに、先ずはされば全うな仕方で仰有った、クレイニアース、あなたは。このことをそれならですよ、それらの上で三人してありながら我々は熟考しようではありませんか。

クレイニアース　どのようなことをですか。

四

アテーナイからの客人　実にあるのです、それらのすべて、この今に我々が通り抜けようとしている限りは、多くの人々によって書かれざる法規なるものと呼ばれるものどもとして(13)。そしてそれらを父祖の法なのだと彼らがそれに名を付けるものどもはそうした一切以外ではありません。そしてなおとにかく今し方の議論は私どもにとって流れ込んで来た上で諸々の法として呼んでもならぬしまた述べられぬものどもとして放ってもならぬというようにしたのでしたが、立派に語られてこそあるのです。何故なら、紐帯としてそれらは全国制のものであり(14)、その際、すべての諸々の文字において置かれそしてまた制定されてあるものどもとなお置かれるであろうそれらとの中間にありながら、文字通り例えば父祖のまた全くもって古式の諸々の法規といったものであり、それらは、一方、立派に置かれることになっていてまた習いとされてあってはあらゆる安全でもってぐるっと包み込んだ上でその時に書かれた

B

C 諸々の法を所有するのですが、他方、もしもそれらが見事なものの外に調べを欠いた仕方で
歩み出すならば、さながら大工たちの諸々の建築物における諸々の支柱が真ん中から外れて
行くといった具合に同じところへと共倒れさせるのです、一切のものどもを。つまり、別の
ものどもがそれと異なるものどもの下に、それらがかつまた立派に後でその上に建築された
ものどもが諸々の古いものどもが崩れ落ちたその時にはということです。それらのことども
をさあそこで思い続けて行きながら我々は、クレイニアース、あなたのためポリスが新しく
てあるのを一緒に結ばなくてはならぬのです。大きなことも小さなことも力の限り見落とし
D 残すことをせずにです、諸々の法或いは習慣或いは諸々のしきたりと人の呼ぶその限りは。
何故なら、すべてそうしたものどもでもってポリスはともに結ばれてあるのであり、他方、
互いのものども無しにはそれらの各々のものどもは法規としてはあり得ないのであり、そこ
でまた驚くべきではないからです、よしんば私どもにとって数多くの同時にそして細々した
法規或いはまた習慣であると思われながらもそれらが流れ込んで来てより長いものに諸々の
法をすることがあってもです。

クレイニアース　いやしかし、全うにとにかくあなたはお語りですよ。この私どももまた
そのようにずっと考えて行くことでしょう。

E **アテーナイからの客人**　一方、それならですよ、三年にすでになった者の年齢にかけては
それは男子のまた女子のということですが、それらのことどもを人がもし正確な仕方で実行

してそして序でのこととしてかく言われてあるものどもを用いるのではないなら、小さから
ざることどもが利益へと生ずることでしょう、最近に養育をされている者たちにとっては。
然るに、三歳にまた四歳に五歳にそしてなお六歳において魂の性格にとっては諸々の遊びが
必要なこととしてありましょう。だがしかし、甘やかしは懲らしめて行きつつすでに止しに
しなくてはならず[15]、かと言って面目を失わせない仕方でそうして行き、否、このことをこそ
私はとにかく奴隷どもにおいて言ったのでしたが、傲慢とともに懲らしめて行って懲らしめ
794 られる者たちにとって怒りを植えつけてはならぬこと更には懲らしめられずにある者たちに
対して甘やかしを放っておいてもなりません。すなわち、同じことを遣らなくてはならない
のです、とにかくこのこととして自由人たちの場合にあっても。
　然るに、諸々の遊びはその年齢の者たちにとっては独りでにといった或るものであって、
それらを彼らは彼らが寄り集まった場合には自らで殆ど発見するのです。他方、一緒に集る
ことをしなくてはならぬのです、村々に即した諸々の神社へとすべての今やその年齢である
子供たちは。三歳児から六歳児までですが、村の者たちの各々のこどもが共通に同じところ
へと。他方、乳母たちがなおその年齢にある者たちの行儀のよさにかつまた野放図に配慮を
しなくてはなりませんが、けれども、乳母たち自身と群れの全部のだとしては十二人の婦人
B たちの中の一人が各々の群れの上に配列され彼女は毎年秩序を保って行くのですが、十二人
の婦人たちとは先に言われていた護法官たちが位置につけた者たちです。然るに彼女たちを、

C　一方、諸々の結婚の世話のことで権威ある女たちが自らに選出しているのです、各々の部族から一人を彼女たち自身にとっての年齢の者たちとして。だが、その任につけられた上では支配するとせよなのです、神社へと毎日通いながらまたその都度に不正をなす者を懲らしめて。一方、奴隷の男児奴隷の女児をまた外国人の男児と外国人の女児を自らがポリスの召使たちを通して、他方、市民はこれを、一方、異議を懲罰に対して唱えるなら都市保安官たちへと向って裁きへと導いて行き、他方、文句なくて彼があれば市民をも自らが懲罰せよです。

D　だがしかし、六歳の男児と六歳の女児以後は、一方、今や区別をされるのだとせよです、各々の種族は——一方、少年たちは少年たちとともに、他方、乙女たちは同じように相互とともに時の過しをなすのです——他方、諸々の学科へと向って各々は向うべきですが[16]、一方、男の子たちは諸々の馬と弓と投げ槍と投石の教師たちへとそうすべきであり、他方、もしも何かの筋道で同意をするのであれば、とにかく学習までは女の子たちもまたそうです。またさあそこで、とにかく特にということですが、諸々の武器の使用に向っては然りです。何故なら、さあそこでこの今に現状としてあるのは、そうしたことどもをめぐっては万人の許で殆ど知られずあるのです[17]。

クレイニアース　どうしたことがですか。

五

アテーナイからの客人　して見ると、右のものどもと左のものどもとは我々の自然本性において諸々の行為の各々への諸々の使用に向っては両手をめぐったことどもは隔たりながらあるのだという時、とにかく両足をめぐることどもにかつまた下の四肢のことどもは何一つ諸々の苦労にかけては隔てがあるとは現われてはいないのです。両手に即してのことどもは乳母たちや母親たちの無知でもって、例えばびっこという具合に各々がなっているのです。

E

何故なら、各々の四肢の自然本性は殆ど等しく均衡があれど自らが諸々の慣れの故に隔たりのあるものにそれらを我々は作ってしまっているのです、全うに使わずにあって。何故なら、先ず諸々の仕事の中で大きくは相違をしない限りのものどもにおいては、すなわち、一方、リュラーは左手で取扱い、他方、琴爪は右手においてそうしていて何ら問題ではありません。またそうした限りのものどもが。然るに、それらの例を他のことどもへともまた用いながら必要がないのにそのようにして用いることは殆ど無考えです。だが、示しました、それらの

795

ことをスキュティアー人たちの習いが。左手に、一方、弓を導き去り、他方、右手に矢だけを宛って行くのではなく、否、同じように各々のものどもを両方のものどもへと使って行くのです。他方、実に多くの異なるそんな諸々の実例が戦車を駆ることにおいてかつまた別のことどもの中にありそれらの中で学ぶことが出来るのです。すなわち、自然本性へと反して準備しているのだ、左のものどもを右のものどもよりより弱く準備している者たちはとこう。

然るに、それらは、これは我々が語ったのでしたが、一方、諸々の角の琴爪においてまた

そうした道具においては何ら大したことではありません。然るに、諸々の鉄を戦いにかけて
用いなくてはならなくなる場合には、大きく相違します。また諸々の弓や投げ槍やそれらの
諸々の各々を、他方、大いに最大のことは諸々の武器に向って諸々の武器を使用しなくては
ならぬ場合には然りです。他方、全く大いに相違をするのです、学んだ者は学ばなかった者
よりもまた訓練した者は訓練してはいない者よりも。何故なら、ちょうどパンクラティオン
を、或いは拳闘を或いは相撲を完璧に鍛錬してある者は、一方、左のものどもから闘うこと
が不可能であるが、他方、片輪になりまた調子が狂って引きずられたりはしません。それは
C 彼を人が他のものどもへと場所を変えて苦労するように強いる場合ですが、同じそのことを
さあそこで、思うに、武器においてもその他のすべてにおいても全うなこととして期待する
べきなのです。すなわち、二つのものを所有してある者はそれらでもって防御しまた他の者
どもに対して攻撃をしかけるそれらのものの何一つをも怠惰なままにも熟練無しにあるべく
も出来るだけ放っておいてはならないのです。他方、もし人がとにかくゲーリュオネースの
自然本性を或いはブリアレオースの[18]それを持ちながら生い出て来るならば、百の手でもって
百の投げ槍を投げることが可能でなくてはなりません。さあそこでこれらすべてのことども
D のその世話は女性の役人とそしてまた男性の役人たちにとって生じなくてはなりませんが、
その際、一方、前者は諸々の遊びとかつまた諸々の養育とにおいてそうなって行き、他方、
後者は諸々の学科をめぐってそうなって行ってでして、それはどうとかして足がまさに足で

かつまた手がまさに手をした者たちにすべての男児たちにかつまた女児たちとがなりながら、何一つも諸々の習慣でもって諸々の自然本性を可能な限りに痛めることがないようにということなのです。

六

E

だがしかし、諸学科は何処かしら二つとして、とにかく言って見て、これらを用いるべく結果致しましょう。すなわち、一方の身体をめぐったものどもは体育術に属し、他方のよき魂のあり方のためのものどもはムーサの技に属します。然るに、体育術に属したものどもは更には二つで、一方は踊りであり他方は相撲です。然るに、踊りの一方のものは先ずムーサの言葉を真似る者たちに属し、つまり彼らは闊達なものにそしてまた同時に自由なものとを見守るわけですが[19]、他方のものはよき身持ちと軽快さにそしてまた美のためにということであって身体そのものの諸々の四肢と諸部分において屈伸と引き延ばしの相応しいものであるのです。それは、その際、かつは彼ら自身の各々のものども自身によきリズムの動きが与え返されそれが一面に種として播かれ同時にまたすべての踊りへと十分に伴って行く時のことです。

796

そしてさあそこでとまれ相撲に即したそれらの、一方、アンタイオスやケルキュオーンが[20]彼ら自身の諸々の技術の中で無用な勝利欲のためとして編み出したものどもは、或いは拳闘

のエペイオスやアミュコスが[21]そうしたものどもは戦争の共同にかけては何ら有用ではなくて
あり、言葉でもって飾るに価いしません。しかし、全うな相撲からすることども、すなわち
首や両手や脇腹からの振りほどきからするそれらは勝利欲とかつまた格好のよい構えととも
力とそしてまた健康とのために骨折られて行くのでありますが、それらはすべてのことども
に掛けて有用であって放棄してはならないのです。否、弟子たちに対して課しつけなくては
B ならずかつまた同時に教えようとする者たち対してもそうなのです、我々が諸々の法の中で
そこにある場合には。すなわち、一方の者たちに対してはすべてのそうしたことどもを恵み
ある仕方で与えるべく、他方の者たちに対しては諸々の感謝において受け取ることを。
　更にはまた諸々のコロス（歌舞団）においてあらためて相応しい諸々の模倣を真似ること
を、放棄してはなりません。すなわち、一方、この地に即してだとクーレーテスたちの[22]武装
しての遊戯、他方、ラケダイモーンに即してはディオスコロイ[23]（カストールとポルックス）
たちのそれです。他方、あらためて何処かしら私どもの許の乙女にして女主人の御方が[24]歌舞
の遊戯をお喜びですが、手ぶらの両手でもって楽しまねばならぬとはお考えではなく、他方、
C 完全武装でもって身を飾った上で、そのようにして踊りを全うしなくてはならぬとお考えに
なられました。さあそこで、それらをあらゆる仕方で模倣することが若者たちにそしてまた
同時に乙女らには相応しいことでありましょう、女神の恵みを尊びながらに。戦争の有益に
おいてかつまた諸々のお祭りのために。子供たちにとっては何処かしら直ぐにかつまた彼ら

が未だ戦争へ赴かない限りの時間に渡って(25)すべての神々のために諸々の神詣でとそしてまた
諸々の行列とを行いながら武器とかつまた諸々の馬たちとともに身を飾ることが必要なこと
でしょう。その際、より速くかつまたより遅く踊りにおいてまた行進において諸々の祈りを
D 神々とかつまた神々の子供にもたらして行くのです。そしてさあそこで諸々の競技と予選の
競技とをもし何らかのことどものためであればそれら（戦争やお祭り）のため以外に戦いを
すべきではありません。何故なら、それら競技は平和においても戦争に即しても国制と個人
の家々へと有益でありますが、他方、諸々のその他の骨折りにかつまた諸々の遊戯や諸々の
真剣は諸々の身体に即して自由人のものではないからです、メギッロスにクレイニアース。
それを私は体育術だとして諸々の最初の語りにおいて詳らかにすべきだと言ったものは、
殆どさあそこで私はこの今に通り終えるに到りました。そして実にあります、それはすべて
E 達成です。だがしかし、あなた方がもし何かしらそれよりも優れたのをお持ちであれば共同
の中へと置かれてお語り下さい。

クレイニアース　容易なことではありません、お客人、それらのことどもを放ったその上で別のことどもをそれらよりもより優れたものとして体育術と競技とについて言うことは。

アテーナイからの客人　ではですね、それらにとって次に来るものはムーサたちとそしてまたアポッローンの諸々の贈物をめぐってでありますが、一方、彼の時にはすべてを語ってしまってあるのだとして私どもはただ体育術をめぐることどもだけを残しているのだと思い

797

ました。だがしかし、実に明かなのです、現実には何かあるのかもかつまた最初のことどもとして万人にとってどんなことどもが語られるべきかも。

クレイニアース　全く先ずされば語られるべきです。

アテーナイからの客人　だがしかし、[26]さあお聞き下さい私から。先ず先程にもまたお聞き戴きは致しましたが。とは言うものの、他方、とにかく酷く奇妙で馴れていないことは人は語るにつけ聞くにつけ用心をしなくてはなりませんが、またさあそこでこの今もなのです。何故なら、この私は先ず言うに心配なきものとは行かぬ語りを語ろうとしているのですが、しかし、それでも何処かの道筋でもって挫けずにあった上で私は負い目を帰すことでしょう。

クレイニアース　さあそこはどんなそれを、お客人、お語りなのですか。

七

アテーナイからの客人　私は言うのですよ、すべてのポリスに即して諸々の遊戯の種族は一切の人々にとって知られずにあるのだと。すなわち、諸々の法の制定について或いはその制定された諸々の法が永続的であるべく或いはあらざるべくそれが決定的であるの[27]だということが。何故なら、一方、それがまさにそれとして配列されてまた同じことどもを同じことどもに即してまた同じ仕方で常に同じ者たちが遊びかつまた同じ玩具に対して御機嫌であることを分け持ってあれば、真面目に置かれた諸々の規則もまた静かに留まることを許します。

B

だがしかし、同じものどもが(28)動かされ新奇にされまた諸々の別の移り行きを常に用いて行く、そして如何なる時にも同じものどもを好ましいものとしては幼い者たちが口にしない時には、更にまた諸々の格好の自らの諸々の身体のであるものどもにおいてもそしてその他の諸々の道具においても彼らにとって意見の一致した仕方でよき形のものにそしてまた不格好のものが置かれぬことは、否、何かを新しいもの切り出し馴れ親しまれたものどもとは諸々の形態にかつまた色彩やすべてそうしたものどもに即して異なるものを引き込む者が、その者こそが抜きん出た仕方で尊重をされることは、そのことよりもポリスにとって風俗の乱しとしてより大きいものはないのだと我々は主張することでしょう、最も全うなことどもを語りつつ。

C 何故なら、それは若者たちの諸々の性格を密かに置き換えることであり、また、一方、古風なものを彼らの許で価値のないものに、他方、新奇なものを価値のあるものにすることですから。そのことよりも、他方、もう一度更に私は語ります、言葉であれかつまた思惑であれ、より大きな罰はすべてのポリスにとってありはしないのだと。とは言え、さあ聞いて下さい、それがどれだけの悪だと再び言うのかを。

D **クレイニアース**　そもそも古風であることが非難されることをお語りなのですか、諸々のポリスにおいて。

アテーナイからの客人　全くその通りです。

クレイニアース　それらですよ、拙劣ならざる者として私どもを聞き手にまさにその議論

798

に向ってはあなたは持たれましょう。いや、出来るだけ最高に好意のあるものとしてです。

アテーナイからの客人　とにかくそれはそうでしょうか。

クレイニアース　ただお語り下さい。

アテーナイからの客人　さあそこであなた方はお進み下さって、より大きな仕方でそれを我々自身から聞き、かつまた互いに向ってそのようにして語ると致しましょう。何故なら、さあそこで変化をすべての悪しきことどものを除いて大いに最高に危険極まるものだとして我々は発見することでしょう、すべての季節において、諸々の風の中で、諸々の身体の過し方において、諸々の魂の諸々の向きにおいて、言って見れば、一方のものどもにおいては否、

E

他方のものどもにおいては否としてではなくて、まさしくそう私は今し方に言ったのでしたが、悪しきどもにおいてを除いてなのです。そこでまたもし人が諸々の身体に向って眼差しをして如何にして一方ではすべての食べ物に他方ではすべての飲み物と諸々の労苦と馴れたものとなりながら、また最初はそれらによって混乱させられた上で次いではまさにそれらのものどもから時の下でそれらにとって固有な肉を生い育てた上で、親しいものとしてそしてまた馴れたものでそしてすべてのその暮らしに知己のものとなった上で快楽と健康に向って過すのかとこうすれば、またもし何時かひょっとして更にまた何でもあれ評判の良い諸々の暮らしの中の物を変更することを彼が強いられるとすれば、とにかく諸々の始めに即しては諸々の病によって混乱させられた上で何時か辛うじてちゃんとなったのです、滋養にとって

の馴れをもう一度獲得した上で。さあそこで同じものとしてそのことが人々の諸々の思想をめぐってそしてまた同時に諸々の魂の諸々の自然本性をめぐって生ずることを認めなくてはならないのです。

B

何故なら、それらを諸々の法として人々が敬意を払いそしてある神的な幸運に即して長くまた多くの時間に不動のものとして生じたものどもは、その結果誰一人記憶を更には何時かはちょうど今にあるあり方より別の仕方でそれらがあり方をあったことの伝聞をも持たないといったことでは、畏敬し恐れるのです、魂のすべては彼の時に制定されたものどもの何かを動かすことでは。工夫を、さあそこで立法者は心に思うのでなくてはなりません、とまれ何処であれ何処からかしてどんな仕方でこのことがポリスにとって実に存在するようにと。されればこの道筋でとにかくこの私は見出すのです。諸々の遊戯をすべての立法者たちは思うのです、動かされてであれ幼い者たちのそれらは、まさにこのことを先に我々は語っていたのですが[29]、如何にも遊戯であるのだと。そしてそれらからは最大の真剣や害は伴うことなどないのだと。そこでまた彼らは向きを変えることはせず、否、従うのです、譲歩しながら。

C

そして彼らはこのことを考慮致しません。これらの子供たちの諸々の遊戯の中で新奇を作る者たちは必然的に以前の子供たちとは異なった大人たちとなり、他方、別者となった上では別の人生を求め、他方、探した上では諸々の異なった営みや諸々の法を欲することになり、そしてその後は今にも語られた最大の悪が到来するだろうからと考え彼らの誰一人も恐れは

D

しないのです。されば先ず諸々の別のより小さい変更をされたことどもは諸々の悪しきことどもをしでかすことはしないでしょう、諸々の形態をめぐってそうしたものを差し出す限りのものどもは。然るに諸々の性格の賞讃にかつまた非難について取り沙汰されることどもはすべてのことどものうちで、思うに、最大にしてかつまた持つとも多くの用心が必要なことどもでありましょう。

八

アテーナイからの客人　さればどうでしょうか。先の諸々の議論に私どもは信頼を寄せておりましょうか。それらを私どもは語っていたのでした[30]、諸々のリズムにすべてのムーサの技をめぐったことどもは、諸々の向きのより良きまたより悪しき人々のそれらの模倣されたものなのだと。それともどのようでしょうか。

E

クレイニアース　決してどこか別様の仕方ではとにかく私どもの許の思いはそのあり方を持ってあることはないことでしょう。

アテーナイからの客人　されば私どもは主張するのではないですか、一切の工夫を凝らさなくてはならないのだ、どうとかして私どもにとって子供たちが諸々の別の模倣物に諸々の踊りに即して或いは諸々のメロディーに即して触れることを欲しないようにと、また更には人が彼らを様々の快楽をもたらして来ては説得することがないようにと。

799

クレイニアース　最も全うなことどもをお語りです。

アテーナイからの客人　されば誰かが我々にあって持っておりましょうか、そうしたことどもの方へとより優れた何かの技術を、エジプト人たちのそれに比べてです。

クレイニアース　どのような技術などを、さあそこはあなたはお語りなのですか。

アテーナイからの客人　捧げることのですよ、一方ではすべての踊りを他方ではすべての歌を。その際、先ずは第一に諸々の祭礼を配列し、一年へとどんな諸々の祭礼をどんな時においてい神々のどんな各々の方々や神々の子供方やダイモーンの方々のために生ずべきなのかを考量したその上で(31)。他方、その次には神々の諸々の犠牲のそれぞれにおいてはどんな歌を讃歌として歌わねばならぬか、また諸々の踊りの如何なるものでもってその時の犠牲の式を尊ばならぬかと。先ず第一にはある人々が配列しますが、他方、何であれ配列をされたもの

B

どもをモイラの女神たちやその他のすべての神々にすべての市民たちが犠牲として捧げた上で灌奠を行いながら、諸々の各々の歌を神々とその他の方々の各々の方々に捧げるのです。然るに、もしこれらのことどもに反し誰かが神々の中のどなたかに諸々の別の讃歌や或いは諸々の踊りをもたらすとすれば、男の神官にそしてまた女の神官たちが護法官とともに閉め出しながら神意に適う仕方でまた法に則して閉め出すのです。他方、閉め出された者がもし自ら進んでは閉め出されないのであれば諸々の不敬虔を全人生を通じて欲する者にとってはもたらすのです。

C

クレイニアース　全うにお語りです。

アテーナイからの客人　さあそこでこの議論のところに到ってあれば、我々自身にとって相応しいことを身に受けると致しましょう。

クレイニアース　何事ついてお語りなのですか。

アテーナイからの客人　すべての若者は何処かしら、老人こそがそうだというのではなく、どんなことにもせよ諸々の奇妙でまた決してこれまでに馴れたことではなかったことどもに属したことを見たり或いは聞いたりした上では、何時か何処かしらそれらについて惑いだとされたものには同調しないことでしょう、そんなにまで直ぐさま駆け寄っては。だがしかし、立ち止まってはちょうど三叉路に自分が到ってそして非常にしっかりとは道を見て取らないでいた上でというように、それはよし彼がたまたまただ一人で進んで行っているのではあれ

D

よしまた他の人々と一緒にそうしているのであれですが、彼自身に対してそして他の人々に対して困っていることを尋ね上げまた先には進み出すことはしないことでしょう、何らかの筋道で進み行きの狙いをそれが一体どの道筋で通じているものなのかを彼が我が身に確かにするその前には[32]。またさあそこで我々にとって現在してあるものもまた同じようにすべきであるのです。何故なら、奇妙なものとしてこの今に降りかかってある議論はありますれば、必然があるのです、何処かしら狙い見ることのすべてをなすべくもです。そして容易い仕方でそのようにしてそれ程のことどもについてこの年齢の者でありながら強弁をしつつ即座に

おいて何か明確なことを言うべく持っているのだと言わぬだけのね。

クレイニアース　最も真実なことどもをお語りです。

アテーナイからの客人　さればこのことに対してだと私どもは時を与えるだろうというの
E ではないですか。他方、何時かそれを我々はちゃんと確かにすることと致しましょう、我々が十分に狙い見たその時には。けれども、引き続く制定が諸々の法のこの今に我々にとって現在してあるもののために結論にもたらされることを、無駄に妨げないようにと、行くことにしましょう、それらの最後に向って。何故なら、どの道、多分、神が欲しなされば、また道行きもそれの全体が終りを十分に持った上でこの今に行きづまりとされていることもまた明るみに出されることでしょう。

クレイニアース　最も優れたことどもを、お客人、あなたはお語りでおられるし、我々もあなたが語られていらっしゃるように致しましょう。

アテーナイからの客人　思われたのだとせよです、先ずはさあそこで、とこう我々は言うのですが、奇妙なそのこと、すなわち、諸々の法として諸々の歌が我々にとってなってあることが。ちょうど昔の人々もまた彼の時に[33]琴の歌をめぐって何かしらそのように、どうやら、
800 名づけたようにです[34]——そこでまた恐らくは彼の人々さえもとまれ全くとはこの今に語られていることから引き下がってあるわけではなく、他方、眠りに沿うてそうしたことを誰かが或いは現にもまた目覚めてあって夢見たのでした、そのことを占いながら——だがしかし、

B

されば思われは、そのことについてはこのことであるとせよです。

諸々の公のものでありかつまた神聖な歌とまた若者たちの一切の踊りとに反しては、何人も諸々の法のどういった他のものに反してより以上に口にしてはならぬし、更には踊りの中で動いてはならない。そして、一方、そのようにしてある者は処罰なしに離れて行くとせよ。他方、服さざる者はこれを、ちょうどこの今に言われたように、護法官とかつまた女の神官たちに男の神官たちが懲らしめるのだとせよです。然るに置かれてあるとせよです、この今に我々にとってそれらのことどもが語りでもって。

クレイニアース　置かれてあるのだと致しましょう。

九

アテーナイからの客人　どんな仕方でさあそこでそれらを立法して行きながら、人は全くもって笑止千万とはならぬことでしょうか。我々は見るとしましょう、さあそこでこうしたことをなおそれらをめぐっては。最も躓きのないのはちょうど何か印とでもいった或るものをそれらに対して最初に議論でもって拵えることです。然るに、私は語るのです、先ず諸々の印の一つとしてはこうした何かがあるのだと。犠牲式が生じまた供えものなどが焼かれてこれが法に則してある時に、もしも誰かに誰かが私的に、とこう我々は言うのですが、諸々

C

の祭壇にかつまた犠牲獣どものところで傍に立った上で、それは息子或いはまた兄弟ですが、

ありとあらゆる涜神的な言葉を吐いたとするなら、はたして、我々は言うことでしょうね、彼は落胆と悪しき不吉な声と予言とを父やその他の身内の者たちにとって吹き込んだ上で声にしたのでないですか。

クレイニアース　それは無論です。

アテーナイからの客人　ではですよ、我々の許の諸々の地域においてはこのことが諸々の
ポリスにとって言わば殆どに生じていまして、もうすべてと言える程なのです。何故なら、
公的に或る犠牲式を或る役職が犠牲式とする場合にはそれらの後にコロスの一つがではなく
D 否、諸々のコロスの多数が来たって、そして彼らは諸々の祭壇から離れてなどではなく、否、
それらの傍らへと時には立ったその上で、犠牲獣に対して冒涜の言葉を灌ぎかけるのです。
その際、諸々の述べる言葉やそしてまた諸々のリズムや諸々の最高に哀れをそそる調べとで
もって聞く者たちの諸々の魂を張り詰めさせて行くのですが、また誰であっても涙すべくも
取り分けて犠牲を捧げたポリスを即座にする者、この者こそが賞品を運ぶのです。この慣習
に対してさあそこで、はたして我々は反対投票をしないのですか。またもし何時かひょっと
してそれらの悲しみの表現から市民たちが聞き手にならねばならぬ、日々が清浄ではなく、
E 否、不吉なそれらである時にはというのなら、その時には来たることが必要でありましょう
か、諸々のコロスが外から雇われた歌い手たちとして。例えば、死者たちをめぐり雇われる
者たちはカーリアー風の何か歌でもって[35]死者たちを[36]伴うのです。そうしたものは何処かしら

801

そのような諸々の歌をめぐってもまた生じて行きつつ相応しいものでありましょう。そしてさあとにかく衣装もまた何処かしら諸々の埋葬の歌にとっては、諸々の花冠も金を張られた飾りではなくて、他方、すべての反対なのですが、ここで私は出来るだけ速やかにそれらについて語りながらも離れて行くのです。然るに、この限りを我々自身に対してもう一度私は尋ねるのですが、諸々の歌にとっての諸々の印の第一の一つのこれを我々にとって気に入るものだと置いてあらしめよです。

クレイニアース　どのようなことがですか。

アテーナイからの客人　縁起のよい言葉遣いであり、またさあそこでまた歌の種族は縁起のよいものとして我々にとってあらゆる筋道であらゆる仕方でまたそもそも始まってあるとせよです。それとも何一つ重ねて問うなどせず、他方、私は置くと致しましょうか、それはその通りに。

クレイニアース　全くもってお置き下さい。何故なら、勝利を致しましょうから、満票でもってその法は。

アテーナイからの客人　何がさあそこで縁起のよい言葉遣いの後では第二の法でしょうか、音楽の。はたして諸々の祈願があることではないですか、我々がその時々に祈るところの神々に対して。

クレイニアース　どうしてそうでないことがありましょう。

B

アテーナイからの客人　然るに、第三の法とは、思うに、詩人たちが諸々の祈願とは神々からする頼みなのだというように認識をした上で、さあそこで知性を彼らが強く差し向けることをしなくてはならぬということです。それは悪しきことを善きこととして頼んでいつつも何時か気が付かない[37]というようなことがないようにと。何故なら、笑止なこととしてさあそこでその情態のそれは、思うに、生じることでしょうから、祈りがそのようなものとして生じた上では。

クレイニアース　いや、確かに。

アテーナイからの客人　さればこの我々は僅か前に[38]議論に対して服したのではないですか、銀の富も金のもポリスにおいては座を占めて中に住まってはならぬのだというように。

クレイニアース　確かにそうでした。

C

アテーナイからの客人　されば一体何の例として語られてあるのだと我々は言ったものでしょうか、その議論を。はたしてこのことのではないのですか。曰く、詩人たちの種族とはすべてが十分ではないのだ、断固として認識すべくもです、善きものどもとかつまた然らざるものとを。されば多分誰か詩人が諸々の述べる言葉で或いはまた旋律に即して試作した上でそのことを誤っていてすなわち諸々の祈りを全うならざるものとするのであれば、我々にとって市民たちをして最大のことどもについて反対のことどもを祈らしめることでしょう。そしてですよ、このことに比べては、ちょうど我々が語っていたように、多くの過ちを我々

D

は発見はしないことでしょう、より大きくは。我々は置くことにしましょうか、さあそこでこれもまた音楽をめぐっての諸々の法と諸々の型の一つだとして。

クレイニアース 何をですか。もっとはっきりと我々に言って下さい。

アテーナイからの客人 詩人はポリスの諸々の法規と正しいことどもに反しては、或いは立派なことどもに善きことどもに反しては、何一つ別ものを制作してはならぬこと、他方、試作をされたことどもを諸々の私人たちの誰一人に対しても以前に示すことは許可されないこと。すなわち、それらをめぐってすでに指定されてある判断者たちや護法官たちにとって示されまた受け入れられるだろうよりも以前には。然るに、殆ど指定されて我々にとってはあるのです、我々がその人たちを諸々のムーサの技に関することどもをめぐった立法者だとしてそして教育の世話人として選んだ人々が[39]。さればどうでしょうか。これをしばしば私は尋ねているのですが、法が我々にとって置かれてあれであり、また型にして印として第三にこれがあるのですか。それともどのように思われますか。

クレイニアース 置かれてあるとせよです。何が問題ですか。

一〇

アテーナイからの客人 それらの後には、とにかく実際、神々の讃歌と諸々の祈願と共同している頌歌が最も全うにも歌われることでしょう。そして神々の後では同様にして諸々の

B　802

ダイモーンとかつまた英雄たちとをめぐって諸々の頌歌とともに諸々の祈願が生ずることでしょう、それらすべてのために相応しくてありながら。

クレイニアース　どうして然らずでしょうか。

アテーナイからの客人　それらの後では、とまれ実際、今や法が諸々の嫉みなしに直ちに生ずることでしょう、これとして。市民たちの中で人生の果てを持った限りの者たち、諸々の身体に即し或いは諸々の魂に即して諸々の業績を立派にまた骨の折れるものとして成就し、また諸々の法によく服するものにすでになってあった者たち、彼らが諸々の頌歌に遭うことが相応しいことでしょう。

クレイニアース　どうして然らずでしょうか。

アテーナイからの客人　とにかく実際、なお存命中の者たちを諸々の頌歌にかつまた讃歌でもって尊ぶことは躓きなしではありません、一切として人がその人生を走り通した上で、終りを立派なものとしてその上に置く以前には。然るに、それらのすべては我々にとっては共通のものとしてあるとせよです、男たちにもかつまた女たちにも、善き男や善き女として際立って生じた者たちには。

他方、諸々の歌とそしてまた踊りとを実にこのように定めるべきです。沢山に実にあるのです、古人たちのムーサの技をめぐった古代のそして美しい諸々の詩作が。またさあそこで諸々の身体のためには諸々の踊りが同じようにして。何一つの嫉みも建設中の国制のために相応しくまた適したものを選び出すべくありはしないのです。然るに、試験官たちがそれらのだとして選ばれた上で選択をするのですが、彼らは五〇歳より若くはなくてあるのです。また、一方、十分なものだと昔の詩作品の中で思われたものは承認し、他方、欠陥がありと或いは全然不適当だとそうされたものは、一方は全くもって打ち捨て他方は問いただし問いただしされたものは改めることです。その際、人々は詩に関わり同時にまたムーサの技術に関わりのある男たちを招いた上でするのですが、彼らの詩作の諸々の能力をこそ用いるのであり、他方、諸々の快楽と欲望には或る僅かなものどもを除いては任せたりは致しません。

C だがしかし、立法者の意図することどもを解釈しながら出来るだけ踊りにかつまた歌そして一切の歌舞を彼らの知性に即して組織するのです。だがしかし、すべて秩序を欠いてあって秩序を得た上では歌をめぐった時の過しは、よしんば傍に置かれて甘い歌がなくてあっても、遥かにより優れるのです。快適なものは、他方、すべての歌にとって共通です。何故なら、それの中で子供たちから人がしっかりと落ち着きそしてまた思慮ある年齢までずっと生きてあって、すなわち、一方で、思慮のあるまた秩序に置かれた歌の中でそうしてあって、他方、

D 反対の歌から聞いてあっては、その歌を憎みそして自由人らしからぬものと広言しますが、他方、彼が通俗的で甘い歌の中で養育された上では冷たく不愉快なものであるとしてそれと反対の歌を彼は言うのです。そこでまたまさにこれはこの今にも言われたのでしたが、とにかく快楽あるいは不愉快に属したことは各々の歌をめぐって何一つもより分を持ってありは

致しません。だがしかし、表面的には、一方はより優れた人々として他方はより劣った人々としてその歌において養育された者たちを時々に提供致します。

クレイニアース　見事にお語りです。

E

アテーナイからの客人　なお、他方、女たちにとって相応しい諸々の歌とまた男らにとり相応しいそれらとを何処かしら別にすることが必要でしょう、型の或るものでもってけじめを人はつけた上で。そしてさあそこで諸々のハルモニアーとリュトモスに（両性を）帰属をさせることが必然のことです。何故なら、恐ろしいことなのですから、ハルモニアーの全体でもって正しい調子を外すこと或いはリュトモスでもってリュトモスを外すことは。その際、彼はそれらの何一つをも、諸々の各々の歌に与え返していないのです。さあそこで必然的なことなのです、それらの諸々の形態を立法することが。だがしかし、実にあるのです、一方、両者に対しては、両方の必然でもってしっかりとそのあり方を持ったものどもを、与え返すことこそが。他方、女たちにとってのそれら（ハルモニアーとリュトモス）をまさに各々の自然本性において相違して行くもの、そのものでもって全く明白なものすることをまたする必要があります。さあそこで、されば気宇の壮大と勇気に向っての傾向は男性的なものだと言わなくてはならず、他方、秩序のあるものと思慮の健やかなるものは一層傾きながらより女の種族のあり方であるのです、それは法とかつまた言論においてそう差し出すべくもあるようにです。

803 整えは、先ずはさあそこで何かそれであります。だがしかし、まさにそれらのことどもの
教示と授与がその後で語られるのだと致します。すなわち、どんな仕方でまたどんな者たち
にとってそして何時それらの各々を行為すべきであるのかと。さあそこで或る船大工は船の
建造の初めを竜骨を横たえつつ船の諸々の形態を自らのために例えば下書きをするのですが、
同じことをさあそこで、この私もまた私自身のために遣っているのだと私には見えるのです。
すなわち、その際に諸々の生の諸々の形態を諸々の向き《トロポス》の魂たちのそれらであるのに即して
B 区別せんことを試みつつ、さながらにそれら生の諸々の竜骨《トロピス》[40]を横たえているのだと。如何
なる工夫でもってまた一体諸々のどんな仕方でもってともにありながら、人生の最も優れた
それを航海の人生のそれであるのを通って我々は越えて渡るのであるか、このことを全うに
狙い見ているの[41]です。さあそこで実にありはします、それではですよ、人々の諸々の事柄が
一方で大なる真剣には価いせぬものとして。とは言うものの、必然のことなのです、真剣で
あることが。然るに、それは幸運なことではありません。けれども、そこにこそ我々がある
からには、もしも何らかの仕方で何らかの相応しいものを通してそのものを行為することが
あるなら多分はそれは我々に釣合ったことでありましょう。とは言え、さあそこで何を一体
私は語っているのであるか。恐らくは確かに誰かが私に対してまさにそのことを引き取って
行きながら、全うな仕方で引き取っていることでしょう。

C **クレイニアース**　全くその通りです。

アテーナイからの客人　私は主張をしているのです、一方、真剣なことは真剣たるべきだ、他方、真剣なことであらぬものは否だ。然るに、自然本性において、一方、神は一切の至福な真剣に価いしてあり、他方、人間はまさにこのことを先に我々は語ったのでしたが(42)、神の何か或る玩具として工夫されてこそあるものであり、そしてさながらにこれこそが彼の最善のこととして生じてあるのだと。さあそこでその向きにともに従いながらまた諸々の出来るだけ見事な遊びを遊びつつ、すべての男と女とはそのようにして生き通すべきであり、この今に我々が思い続けてあるよりは反対になのです。

D

クレイニアース　どのように反対になのでしょうか。

アテーナイからの客人　この今には先ず何処かしら一切の真剣は諸々の遊びのためにこそ生じなくてはならないと人々は思っています。何故なら、戦争をめぐったことどもを人々は考えるからです、それらは真剣なことであれば平和のためによく置くのでなくてはならぬと。だがしかし、あったのです、戦争の中には、一方、して見ると、されば遊び《パイディアー》が生い出ることなく更にまた教育《パイデイアー》が何時かしら我々にとり語るに価いするものとしても否であり、またありつつもあろうともしてはいないのです。その教育をさあそこで我々は言うのです、とにかく我々にとって最も真剣なことなのだと。さあそこで平和に即した人生を各人は最も多くかつ E また最も善く貫くのでなくてはなりません。されば何が全うなのでしょうか。遊びながらに生き通すべきなのです、さあそこで或る諸々の遊びを。犠牲を捧げ歌いつつまた踊りながら(43)。

804

そこでまた神々を、一方、慈悲深い仕方で人は自らのために備えることが出来るのであり、他方、敵どもを防ぎまた戦いながらも勝利するのです。だがしかし、どのようなことどもを歌いながら人は、また踊りながら、両方のそれらを行為することがあるかとは、諸々の型の中の或ることはすでに語っていますし、またちょうど諸々の道がそれらに沿って行くべくもあるものとしてすでに切り出されてあり、その際、人は詩人もまた次のことをよく語っているいることを期待するのです[44]——

テーレマコスよ、他のことどもは、一方、そなた自らがそなたの胸内で思うだらう。
他のことどもは、他方、ダイモーンがまた示唆するだらう。何故なら、我は思はねば
そなたが神々の意に反し生まれかつまた育ったとは

同じことをさあそこで我々の養育をされる者たちもまたかくも述べられてあることどもを、一方、心に思いながら十分に語られてあるのだと見なさなくてはならず、他方のことどもは、ダイモーンとかつまた神が彼らのために諸々の犠牲式にそしてまた諸々の踊りについて示唆することだろうとこう。どんな方々に対して遊びとして捧げつつそしてまた宥められながら彼らがずっと生きて行くだろうかとは。すなわち、彼らは諸々のあやかしで大いにあり真実の僅かな或ることどもを分け持ってあるのです。

メギッロス　全くもって人間たちの種族を我々にとって、お客人、あなたはおみくびりでいらっしゃる。

C **アテーナイからの客人**　驚かないで戴きたい、メギッロス、いや、私に同情して下さい。何故なら、神に向って眼差しを決め身に受けた上で私は言ったのですから、まさにこの今に到っていることを。だがしかし、されば実にあるのだとしましょう、我々の種族は詰まらぬものではなくて。それがもしあなたにとって好ましいのなら。他方、何らかの真剣に価いをしてあるのだと。

二一

それらに続くことですが、諸々の建物が、一方、諸々の体育場のそして同時に共同の教場のだとして三箇所でポリスの真ん中に語られてしまって(45)いますが、他方、外からは馬どもの三箇所での町をめぐる訓練所とかつまた自由な空間が、弓術とかつまたその他の諸々の飛道具の戦いのためのちゃんと区分し整頓されたものども、学習とかつまた同時に若者たちの練習のそれらがそうでした。だがしかし、もしもひょっとしてその時には十分にはそれらが語られるには到っていなかったのであれば、この今に述べられるに至るのだと致しましょう、D 議論でもって諸々の法とともに。

それらのすべてにおいては各々のことどもの教師たちの諸々の報酬でもって説得された者たちが外国人として住まいしつつ、教えるのです、戦争に向っての諸々の学科である限りのすべてのことどもを通って来る者たちに対して、また音楽の技に向った限りのことどもも。

これを、一方、父親が望む者は通って行くが、他方、望まぬ者は諸々の教育を放ってあるのだというのではなく、否、語り種さながら、すべての大人と子供がその可能なものに即して、彼らが子を設けた者たちのであるよりはむしろもっとポリスの者であるというように、必然から教育されるべきなのです。

E 同じことどもを、他方、さあそこで女たちについてもまた先ずはこの私の法は、男たちについてもそうである限りのすべてのことどもとして言うことでしょう。等しいことどもなのだとして女たちもまた励むべくもです。そして何一つ恐れることなく私は言うことでしょう、その語りを馬術のだとしても体育のだとしてもないのだ、男たちには、一方、相応しくあるが、他方、女たちには相応しくはないのだとはと。何故なら、先ずはさあそこで往にし方の物語を聞いていながら私は説得されてしまっているのであり、他方、この今に、言って見るなら、私は知っているのですから。すなわち、無数の数限りのない者で黒海をめぐっての女
805 たちに属した者が、彼女たちを人々はサウロマタイ[46]と呼ぶわけですが、彼女たちにとってはただ馬どものみならず、否、また諸々の弓とその他の武器の共同は男たちともまた同等だとして恐らくは課せられて練習されているのだと。それらに加えてそれらについては考量を私はこうした何かとして持っています。私は主張します。苟もそれらがそのようにして帰結すべくも可能であるとすれば、すべてのことどもの中で最も考えなきことどもである、この今に諸々の我々の許の地域において全力でもってすべての男たちが気持ちを一致して女たち

と同じことどもを営まぬことが生じていることはと。何故なら、殆どすべてのポリスがただ少しを欠く仕方で半分のことどもが二倍の代りにそのようにして実にあり、かつまた生じて
B いるのです、同じ諸々の税と諸々の労苦からして。とは言え、驚くべき過ちとして立法者にとってはまさにこのことは笑止であることでしょう。

クレイニアース　とまれそうらしくあります。然りながら、実にあります、我々にとって非常に多くのことどもは、お客人、馴れている諸々の国制に反しています、この今に語られたことどもにあってのです。いやしかし、と言うのも、それは、一方、語りがずっと進んで行くことを許しておき、他方、よく進んで行った時にはそのようにしてよしと思われることを選ばなくてはならぬとお語りなさった上で[47]、かつは大いに具合に適ってあなたはお語りであったし、かつはまたあなたは私を私自らが私自らに対して非難をするようにとさせられて
C います、それらのことどもを私が言ってしまってあるということを。さればお語り下さい、それらの後はあなたにとって好意ありとされてあることを。

一二

アテーナイからの客人　このことがとにかくこの私にとっては、クレイニアース、それを先にもまた私は言いましたが[48]言いたいことであり、もしも、一方、それらのことどもが十分な仕方では諸々の働きでもって生ずべく可能であるということを確信させられていなかった

のであったら、恐らくは何かを言論でもって反駁することがあり得たでしょうが、けれども、
この今には別の或ることを彼のその法を決して受け入れようとはしない者に対しては探求を
せねばなりません。だがしかし、我々の命令はそれらの中で消滅することはしないでしょう。
D 語らないようにとです。すなわち、教育とその他のことどもを出来るだけ女の種族が我々に
とって男たちの種族と共同しなくてはならぬとですね。そして何故なら、さればこのように
どうとかしてそれらについては思い通さなくてはならぬからです。さあここが肝要、男たち
に対して女たちが共通して生を分かつのではないとすれば、まさか必然がないのではないの
ですね、とにかく或る秩序が異なるものとして彼女たちにとっては生ずるべくも。

クレイニアース 必然がありますとも、確かに。

アテーナイからの客人 どんなこの今にすでに受け入れられてあるところの諸々の秩序の
中からするものを、その共同のこの今に彼女たちにこの我々が課しつけるところのもののだ
として我々は前に置いたものでしょうか。どちらでしょうか。それに関しトラキアー人たち
E がまた多くの異なる種族が用いる秩序、すなわち、耕しかつまた牛を飼い羊を世話し奉仕を
するに何一つも奴隷どもと相違する仕方でなくてすることをでしょうか。それともちょうど
この我々のすべてにまた彼の地域をめぐった人々のようにでしょうか。何故なら、この今に
さあそこでとにかく我々の許でのことは、このようにそれらについては生じながらにあるの
ですから。或る一つの住まいへと、これが言い種ですが、〝一切のものを集めた〟その上で

我々は女たちに管理することをかつまた諸々の杼にすべての毛糸紡ぎを支配することを託しました。

806 それともそれらのさあそこで真ん中を通ったものを我々は主張するのですか、メギッロス、ラケダイモーン風のものとして。乙女たちとしては、一方、諸々の体育に同時にまた音楽の技に与ってある者であるとしてありつつ生きるのでなくてはなりませんが、他方、妻たちだとしてあっては、一方、毛糸紡ぎのことでは働きはしませんが、勤勉な或る人生でまたどのようにしても詰まらないものでも安っぽいそれでもないそれを織り合わせなくてはならず、他方、世話や家計の切り盛りに更には子供の養育の何か真ん中のものへとは到着しなくてはなりません。だがしかし、戦争へかけてのことどもには彼女たちは共同をせずにありながら、

B そこでまた何時か或るポリスにかつまた子供たちについて避けられぬめぐり合わせが生ずるとしても、諸々の弓も、それは誰かアマゾーンたちのようにですが、別の飛び道具に技術とともに与ることは出来ずにあって、楯や槍を手に取った上で神を真似ることも然りであり、それは彼女たちにとって祖国が大損害を蒙る時に雄々しい仕方で立ち上がった上でとにかく恐怖を、よしんば何らより大きいものではなくとも、敵どもに対して或る戦列において目撃された上で与えることが出来る意味で。他方、サウロマタイの女たちを全くのところ真似る

C ことを敢えてすることさえないでしょう、彼女たちがその仕方で生き続けながらには。他方、女たち自身に比べては男たちとして彼の人々の女たちは現われることでしょう。されば、それ

らのことどもに関してあなた方の立法者たちを、一方、賞讃することを望む者は賞讃をするがよい。だがしかし、この私のものは他の仕方では語られはしないことでしょう。何故なら、完結してそして中途半端ではなく立法者はあらねばならず、女性は、一方、甘えるべくまた浪費すべく放っておき、その際、女性は諸々の暮らし方を無秩序な仕方で用いてあり、他方、男性には注意を払った上で、遂に殆ど幸福な生の半分を二倍のそれの代りにポリスに対して残すことになるのです[49]。

メギッロス　何を私どもはやりましょうか、クレイニアース。お客人をして許しましょうか、スパルタを私どもに対してそんなに損なうことを。

D **クレイニアース**　ええ。何故なら、彼に対しては何でも言う自由が与えられてあるのならですよ、我々がすべての道筋で十分に諸々の法を論じ通すそれまでは。

メギッロス　全うに語っていますよ。

アテーナイからの客人　さればそれらの後のことどもでは今や殆どこの私のことは告げることを試みることですね。

クレイニアース　どうしてそうでないことがありましょう。

一三

アテーナイからの客人　さあそこでどんな向きが人々にとっては生ずることでしょうか、

E

生活の。すなわち、彼らにとっては、一方、必然的なものどもは程々に準備がされてあり、(50) 他方、諸々の技術に属することどもは他の者たちに託されてあり、他方、諸々の農事は奴隷どもの大地から採れるものどもの初穂を人々の節度正しく生きている者たちにとって十分なものとして果たす者どもの管理の中で与えられ、他方、諸々の共同食事としては、一方、男たちのは別に用意されてあり、他方、近くに彼らにとっての身内の者たちのは持たれてあり、身内の者たちとは子供たちにかつまた同時に女たちに彼女たちにとっての母親たちなどですが、他方、支配する男たちにまた支配する女たちにはそれらの共同食事のすべては解くべく各々には課せられてあり、彼らは各々の日に即し生活の行路の共同食事のそれを観察しまた見た上でそうするのです。他方、それらの後で、支配する者とまたその他の者たちは神々のその時の夜にかつまた昼がたまたま捧げられてある方々のために灌奠を捧げた上で、それらに即してそのようにして家へと進むのですが。

807

さあそこでそれらその道筋で秩序づけられてある者たちにとってははたして何一つとして必然的な仕事にかつまた全くもって相応しいそれは残されてはおらずに、否、家畜の向きにおいて(51)彼らの各々は太りながら生きなくてはならぬものなのか。さればとにかくそのことは正しくもまた美しくありもせぬと、我々は主張するのです。更にまたそのようにして生きてある者はかくて相応しいことにぶち当たらぬことはないのだと。然るに、相応しいのです、怠けていて安楽な気分で太ってしまった動物にとっては殆ど他の動物のとても勇気とそして

B

また諸々の労苦とともに痩せ細ったものたちに属するそれによってちりぢりに引き裂かれることです。それらのことどもはされればさあそこで、一方、正確さの十分なものを通して、今もまたそうあるように、[52]もし我々が探すことがあっても多分は何時か生ずることはないことでしょう。女たちにかつまた子供たちにまた住まいが私的なものとして、また私的な仕方ですべてのそうしたものどもが我々の各々の者たちにとってすでに用意されてある限りには。

C だがしかし、彼のことども[53]の後の諸々の第二のものどもが更にこの今に語られているそれらとしてもし生ずるとすれば、また大いにそれらは程に適う仕方で生ずることでしょう。だがさあそこで仕事としてそのようにして生きている者たちにとって、我々は主張するのですが、最初のものでなく更には拙いものでもないものが残されており、他方、すべてのことどもの中で最大のものとして課せられてあるものなのです、正しい法によって。何故なら、その他のすべての仕事どもの生、すなわち、ピューティアのかつまたオリュムピアの勝利に憧れるそれがあらゆる無暇を提供してある時に、二倍のそしてまたなお多でもってより多い無暇に満ちながらに身体のあらゆる仕方でのまた魂の卓越性に欠けての世話をめぐった人生が最も

D 全うにすでに言われてあるのです。何故なら、序での仕事の何一つも諸々の他の仕事に所属してあっては身体にとって諸々の労苦や養いの与え返しにかけて相応しいことどもの、更に加えて魂にとって諸々の学科や習慣の諸々の障碍となるものとして生じてはならぬからです。他方、すべての夜にかつまた昼は実に十分でありはしません、まさにそのことを行為をして

808　　E

行っている者にとって完全でかつまた十分なものをそれらから取り出して得るのには。そのようにさあそこでそれらのことどもが本来的に生い育ってこそあれば、配列が生じなくてはなりません、すべての自由人たちにとって時の過ごし方の時間のすべてをめぐったものが。殆どそれは夜明けから始まった上で常に引続く仕方でもう一つの夜明けとかつまた日没まで。

先ずされば数多くのまたしばしばのこまごまとしたことどもを語りながらでは或る立法者は不格好に見えることでしょう、家に即しての諸々の家政事についてでは。他のことどももあれまた夜に不寝番について絶えずポリスのすべてを正確に見張ろうとまさにしている者にとって相応しくある限りのことどもを。何故なら、全体のどんなのであれ夜を眠りながらに市民たちの中の誰であれその人がずっと通すこと、また召使どものすべてにとって目覚めてそしてまた常に第一に起きてあって明かにあらぬことは、そのことはすべての者たちにとり恥ずべきこととして受け取られてしまわなくてはならず、また自由人のことではないのです。よしまたされば法としてよしまた営みとしてそうしたことを呼ぶ必要があるのではあっても。そしてさあそこで女主人がまた家の中で女中たちの或る者どもによって起されてそして第一に彼女がその他の女たちを起すことを恥ずべきことだとして語るべきなのです、彼ら自身に向って男奴隷にかつまた女奴隷にまた子供たちが。そしてもしも何かの仕方で可能であったなら、全体のまたすべての家が。他方、夜に目覚めてあってすべての者は諸々の国の事柄に関することの諸々の沢山の部分をかつまた家政に関することどものそれらを行為しなくてはなりません。それは、一方、ポリスに即しては役人たちが、他方、女主人たちにまた男主人たちが諸々の個人の家の中で。何故なら、さあそこで睡眠の多量は諸々の身体のためにも我々の諸々の魂のためにも更には加えて諸々の行為のそれらすべてをめぐったもののためにも、しっくり調和してあるものとは自然本性に即してないのですから。何故なら、眠ってあっては誰一人として何一つにも価値はなく、生きてはいない者よりも何ら一層否なのですから。

C いやしかし、我々の中で生きることと思慮を働かせることに取り分けて腐心する誰でもあれ、出来るだけ最も多くの時間に渡って起きていたのであり、その際、ただ彼自身の健康に向うものだけを有用なものとして見張ったのでした。だがしかし、それは実に多くてあるのではなく立派な仕方で習慣の中へと入って行くものです。他方、目覚めながら役人たちは諸々の国家において夜にあっては、一方、悪人どもにとっては恐ろしく、それは敵どもとしてでもあれかつまた同時に市民たちとしてであれですが、他方、善き人々にして名誉ある者たちだとして正しくかつまた思慮を健全にしている人々にとってはあり、他方、有益であるのです、彼ら自身にとってかつまたポリスにとって。

一四

夜は、一方、さあそこでそうした或るものとして過されつつすべての以上に語られたこと

D どもに加え、勇気の或るものを加えて提供することでしょう、諸々の魂の諸々の国家にある

各々の者たちのそれらに対して。だがしかし、昼とまた暁が戻って来る時には、子供たちは、一方、先生たちに向って何処かしら向って行くことが必要であり、他方、牧人なしに羊どもも他の何ものも[54]これまでに生きるべきではありませんでした。更にはさあそこで子供たちもまた或る子供の導き手たち[55]なしに、更には奴隷どもも主人たちなしにそうでした。然るに、子供とはすべての獣どもの中にあって最高に手をつけ難いものです。何故なら、取り分けて思慮することの泉を未だ躾されてはいないものとして持ってあるだけに、油断のならぬまた

E 鋭くかつ最も傲慢なものとして獣どもの中で生じてあるからです。それ故、さあそこでそのものを沢山の或る轡でもって束縛しなくてはなりません。先ずは第一に乳母たちと母親たちから彼が離れる場合には子供の導き手たちでもって教育と幼さのために。なお、他方、更に何であってさえもそれを教える諸々の者たちでもってまた諸々の学科でもって、自由なものとして。だがしかし、更には奴隷をそうするというようにすべての遭遇した者は自由な人々の中にあって懲らしめるのだと致します。子供自身をそしてまた子供の導き手と教師とを、もしも誰かが何かをこれらの中で過つとすれば。他方、加えてもしもたまたまそこに居る誰かが正義でもって懲らしめることをしないなら先ず彼が非難でもって第一に掴まえられる

809 のだと致します、最大のそれでもって。他方、護法官たちの中で子供たちの支配へとすでに選ばれてある者は[56]、我々が語ることどもに遭遇し懲らしめることが必要でありつつ懲らしめない者を或いは向きに即さずに懲らしめる者を、監視するのだと致します。他方、彼は我々

に対して鋭く眼差しをしつつまた抜きん出た仕方で子供たちの養育の世話をしながら彼らの
諸々の自然本性を真っ直ぐにするのだと致します、その際、常に善きものの方へ諸々の法に
即して向きを彼は取るのです。
だがしかし、まさにその者を更には如何にして、我々にとって法は自らが十分に教育する
ことでしょうか。何故なら、この今には先ず、さあそこで何一つもこれまでに明確なことは
B 言われていないからであり、また十分なことも否なのであり、いやしかし、別のことどもは
すでに言われてあるが、他方のものどもは否なのですから。だがしかし、力にかけて何一つ
も彼のためには脇に残してはならず、他方、すべての議論を詳細に説明しなくてはならない
のです。彼が他の人々に対して説明する者でかつまた同時に養育者とならんがために。
されば先ず歌舞つまり諸々のメロディーと踊りについてのことどもは、どんな型を持って
ありつつ集め出されかつまた正しく立てられまた聖なるものとされるべきか、語られました[57]。
だがしかし、一方では文字の中にあるが他方では諸々の韻律を欠いてあるものどもはこれを
どのようなものどもとしてまたどんな仕方であなたにとって着手すべきなのか、子供たちの
C 最も優れた監督者よ、あなたによって養育される者たちがとは、我々は語るに到ってはおり
ません。とは言え、一方、戦争をめぐってのことどもの彼らが学びかつまた訓練しなくては
ならぬものどもは、これらをあなたは議論でもってお持ちであります[58]。他方、諸々の文字を
めぐったことどもが第一に、そして第二に竪琴と諸々の計算について、すなわち、それらの

内で戦争に向ってかつまた家政やポリスに即しての経営に向って必要であるべくある限りの
ことどもは諸々の各人は把握しなくてはならぬと言った[59]のでしたが、また同じそれらのもの
どもに向ってなお有用なものどもが諸々の神的なものどもの諸々の周回においてのものども
のだとして、諸々の星にそしてまた太陽や月についてありますが、それらは取り扱うことが
D それらをめぐってポリスすべてにとって必然的である限りのものどもです。――どんなこと
どもについてさあそこで我々は語っているのであるか。日々の月々の諸々の周回へのそして
月々の各年への配置についてであり、それは諸々の季節や諸々の犠牲や諸々の祭礼が自らに
とって相応しいことどもを各々として自然本性に即して導くことでもって獲得して行きつつ
ポリスを生きてまた目覚めてあるものとして提供しながら、神々に対しては、一方、諸々の
名誉を与え返し、他方、人間たちはこれらをそれらをめぐって一層思慮あるものとして成就
するためです。――それらは未だあなたにとってはすべてが十分な仕方では、友よ、立法者
E からは語り尽くされるには到っていないのです。さあそこで注意を向けて下さい、それらの
後でまさに語られようとしていることどもに。諸々の文字については我々は言ったのでした、
十分な仕方ではなくあなたはそのあり方をお持ちだと最初に。その際、何を言葉でもって
非難していてか。このことをです。未だあなたにとっては言われるに到っていないことです、
どちらなのか、学科の正確なあり方へとまさに市民として程のある者たらんとしている者は
進むべきであるか、それとも全く向って行くさえすべきではないのかとこう。他方、同様に

810

竪琴についてもあります。向い行くべきだと、然は然りながら、この今に我々は主張します。一方、諸々の文字にかけてだと十歳の子供には殆ど三年が、他方、竪琴に触れることは三と十年になってあるものたちにとって始めるべく時は適切であり、他方、留まってあるのには別の三年がそうです。そしてそれらよりより多くもより少なくも父親に、更には子供自身にとって、よし学び好きであれ更には嫌ってあってでも、それらをめぐってより大きくもより小さくも時の過しを自らのために作ることは許容されないと致します、違法なこととして。然るに、服そうとはしない者は諸々の教育の諸々の名誉からは名誉を受けなくてあるのだと致します。それら名誉はこれらを少し後で語るべきです。だがしかし、それらの時においてさあそこで何を一体学ばねばならぬか若者たちは、そして更には教えるべきか教師たちはということ、まさにこのことは最初にあなたは学んで下さい。

B

諸々の文字は先ずそれではですよ、書きかつまた読むことが出来てあることまでのことは骨を折るべきです。だがしかし、速さと或いは美に向って高くなし終えてすでにあることは或る者たちに、すなわち自然本性がそれら配置されてある年月において前進させないところの者たちにとっては、さようならすることがあります。他方、さあそこで諸々の学科で竪琴なしで詩人たちのだとして諸々の文字において横たわってあるものどもに向っては、一方、或るものどもにとっては韻律が伴い或るものどもにとっては韻律としての切られたものどもなしでありそれらはさあそこで語りに即してともに書かれたものとしてだけで言われる

C

に到っているものですが、韻律とかつまたハルモニアーを奪われたものであり、我々にとり躓きの多い諸々の文字だとして或る多くのそのような人々からすでに残されるに到ってあるのです[60]。それらのものどもを、すべての人々の中で最高に優れた護法官の方々よ、何として我々は用いることでしょうか。或いは何を一体あなた方に対して立法者は用いるべく課した上で全うな仕方で課し着けることでしょうか。また大いに彼は困惑することだろうと、私は予想します。

クレイニアース　一体何としてそのことを、お客人、あなたはお見えなのですか、あなた御自身にさながらに行き詰まりになってしまってありつつお語りになるべくもです。

アテーナイからの客人　真っ直ぐにあなたは了解をなさいました、クレイニアース、だがしかし、さあそこで共同をする方々だとしてあなた方は諸々の法についていらっしゃりつつ、必然は道のよくつくものもかつまた然らざるものも告げることです。

D

クレイニアース　さればどうですか。何をそれらについてはこの今にまたどのような或るものをその身に蒙りになられていてあなたはお語りなのですか。

アテーナイからの客人　さあそこで私は語ることでしょう。何故なら、幾倍も無数の諸々の口に対して反対のことどもを語ることは決してよく道のつくことではありませんから。

クレイニアース　だがしかし、何なのですか。小さくてまた僅かのことどもとしてあなたには思われるのですか、先程に我々にとって諸々の法について言われるにも到ってあること

E

どもが多くの人々にとって反対に置かれて横たわっているのだと。

アテーナイからの客人　また大いに真実のこととして、とまれそのことをあなたはお語りです。何故なら、あなたはさあそこで私に対しお命じなのですから、この私に見えるところ、同じ道が不愉快なものとして多くの人々にとっては生じてある時に――恐らくより少なくはない他方の者たちにとってはそれは好ましくそうする時に、だがしかし、もしより少ない者たちにとってでもされればとにかくより劣ったものにとってではないのですが[61]――その人たちと一緒に私が危険を冒しかつまた勇を賭しながらこの今に諸々の現在する議論から切られてしまってある立法の道を歩み行くことをです、何一つ放棄することをせずに。

クレイニアース　そうですとも。

一五

アテーナイからの客人　それならですよ、私は放棄は致しません。私は、そうです、語りますよ。詩人たちが私どもにはヘクサメトロン（六脚韻）の詩のだとして或る沢山がそしてまたトリメトロン（三脚韻）の[62]のまたさあそこで諸々の語られる脚韻のいるのだとこう。またその或る者たちは、一方、真面目さへと向い、他方、或る者たちは笑いへ向って行きますが、彼らの中でこそと幾倍にも無数の人々が主張するのです、若者たちの中で真っ直ぐに教育をされる者たちを養育しまた満ち足りた者たちにしなくてはならないのだ、その際、数多くを

811

聞いた者たちと諸々の読み上げにおいて彼らはなし、また多くを学んだ者にし、詩人たちの全体を諳んじた者たちにするのです[63]。他方、或る者たちはすべてのものどもから諸々の要所を選び出しまた諸々の或る言葉全体を一つ所へと取り集めたその上で暗記せねばならないと主張するのです、若者たちは記憶へと置きながら。それはもしも誰かが我々にとって善良で智慧ある者と多くの経験と博学からまさになろうとしてあるのならです。この人々に対してさあそこで他ならぬあなたはこの私に対してこの今々に率直に語って行きながら見解を表明することをお命じなのですね、何を立派に彼らが語りかつまた何はそうではないのかと。

クレイニアース　どうしてそうでないことがありましょう。

B

アテーナイからの客人　さあそこで一体何をされればすべてのそれらの人々について一言でもって告げながら私は十分なことを言うことでしょうか。私は思います、先ずはこのようなことを殆ど。それを皆もまた私に同意されましょうが、多くのことどもを、一方、彼らの中の各々は立派に語るに到っているが、他方、多くのことどもはその反対にもまた語っているのだということを。だがしかし、もしそのようにそのことがそのあり方を持っているのなら、私は主張します、危険なのだ、子供たちに対して博学が通じてあっては。

クレイニアース　されば如何にしてまた何をあなた忠告なさろうというのですか、護法官に対して。

アテーナイからの客人　何についてあなたはお語りなのですか。

クレイニアース　一体、どんな模範に向って眼差しをされた上で、一方、或るはすべての
C 若者たちが学ぶに任せ、或るは禁止なさろうとかということについてです。

アテーナイからの客人　よきクレイニアース、私は恐らくとにかく或る仕方に即して幸運で早あるようです。

クレイニアース　さあそこで、それは何についてですか。

アテーナイからの客人　全然模範に窮してなどいないのではないか、ということについてです。何故なら、この今に眼差しをして諸々の言論の夜明けからここまでさあそこでこの私どもがずっとすでに進んで来てあるところのものどもに向った上では――先ずこの私に我々が現われるところ、或る霊感の神々のであるものなしにあらずであり――他方、されば私にとっては思われたからです、全くもって或る制作に近似した仕方で言われるに到っているの
D だとこう。[64] そして私にとっては、多分、何一つ驚くべき情態が遣って来はしなかったのです、すなわち、自分たちの固有の諸々の言論を例えば集められてあるものとして私が見た上で、私が喜ぶに到ったことです。何故なら、さあそこで諸々の最も多くの言論のそれらを諸々の詩作において或いは流れる言語ということでそのようにして言われてあるのを私が学びまた聞くに到っているものども。それらすべての中でも私にはそれらはとにかく最も節度ありとはっきりと現われたしまた取り分け若者たちが聞くべくも相応しくあるのだとこうですから。さあそこで護法官にかつまた教育相に対し模範を私は持つ見込みはないことでしょう、私の

812　E

思うところ、それよりより優れたものとして告げるべくもです。或いはかつそれらを諸々の教師たちに対して子供らを教育することを命ずるべくも、またこれらに繋がりかつまた似たことどもを、もしもひょっとして何処かしらで彼が詩人たちの諸々の制作を渉猟しつつまた書かれてあるものどもを会話の形で或いはまた裸の仕方でそのようにして書いてしまうことなしに語られてあるものどもをそうしながら遭遇したとすれば、それらの言論の何処かしら兄弟たるものどもとして、如何なる向きでもっても放ることなく、他方、書くべくもです。そして第一には先ず教師たち自身に対して学びまた賞讃することを強制し、他方、教師たちの中で彼がそれらを気に入らない者たちはこれらを同僚としては用いないことです。他方、それらの者たちを彼が賞讃でもって投票を同じくする者たちとして彼が持つ者たちはこれらを用いながら、若者たちに対して教えそしてまた教育すべく彼らに手渡すのです。この私にとっての物語りはここでまたこのようにして終りと致します。読み書きという基礎的なことどもとかつまた同時に諸々の書き物について言われてあって。

クレイニアース　先ず前提に即してでは、お客人、とにかくこの私にとって見えません、私どもが前提された諸々の言論の外で進んでいるとは。とは言え、全体を私どもが真っ直ぐ立てているか否かは、多分、困難です、強弁するのは。

アテーナイからの客人　彼の時にこそ、何故なら、クレイニアース、とにかくまさにこのことはよりはっきり見えるものであることでしょう、それを我々はしばしばもすでに言っているのですが[65]、我々が終極に至り着いた場合です、すべての詳論の諸々の法についてのです。

B **クレイニアース**　全うにあなたはお語りです。

一六

アテーナイからの客人　さればはたして読み書きの教師の後では竪琴弾きが我々にとって呼び掛けられるのではないですか。

クレイニアース　勿論です。

アテーナイからの客人　竪琴弾きたちに対しては、先ず、ではですよ、我々は先の諸々の議論のことを想起した上で相応しいものを教示とかつまた同時にそうしたことどもをめぐる教育のだとして分配するがよしと私は思います。

クレイニアース　どのようなことどもについて、さあそこであなたはお語りなのですか。

C **アテーナイからの客人**　我々は言いました[66]、思うに、ディオーニュソスの六〇歳の歌い手たちは抜きん出た仕方でよく感覚する者となってあらねばならぬ、諸々のリュトモスとかつまた諸々のハルモニアーの諸々の組織をめぐって。それは諸々の節の模倣のよくまた悪しく模倣をしたのを諸々の受動されたものの中に魂が到ってある場合に善きそれの諸々の模倣物とかつまた反対のそれのそれらとを区別するのに能力ある者として誰かがありながら、一方、一方のものどもは投げ棄て、他方のものどもは真ん中へ前にもたらしつつ若者たちの諸々の魂のために讃美しまた歌いかけ、その際、呼び出すためなのです、各々の者たちを徳の獲得へと諸々の模倣物を通してともに従いついて来るべくも。

クレイニアース　最も真実であることどもをお語りです。

D **アテーナイからの客人**　それではですよ、それらのためにはリュラーの諸々の音を用いる必要がありますが、その際、諸々の弦の明確さのためには竪琴弾きとそしてまた教育されている者とは諸々の音を諸々の音に対して調和にしたものに与え返して行くのです。然るに、竪琴の異なった様々の音、それは諸々の別の節を、一方、諸々の弦は放ち、他方、別の節の諸々をメロディーを組織する作者がそうする時、そしてさあそこでまた緊密を緩やかさに、
E 速さを遅さにまた高さを低さに一致音としてまた反対音として[67]彼らが提供しながら、そして諸々のリュトモスを同様にしてありとあらゆる仕方の多彩にされたものどもとしてリュラーの諸々の音に対して合わせて行きながら、されば すべてそうしたことどもはもたらさぬことです、まさに三年においてムーサの技術の有益なものを速やかに取り出し得ようとしている者に対しては[68]。何故なら、反対のものどもは相互に対して掻き乱し合いながら学びにくさを差し出しますが、他方、最大に学びよきものとして若者たちはあらねばならないからです。何故なら、必然的なことどもが小さくも更にはまた少なくもなくて彼ら若者たちに対しては課せられた学科としてありますが、だがしかし、示すことでしょう、それらをば議論が時とともに。いやしかし、それらは、一方、そのようにしてムーサの技について我々にとっては

813 教育相が世話するのだとします。他方、諸々の節と更に諸々の歌詞のことどもはどのようなものどもをまた諸々の何をコロスの教師たちは教えなくてはならぬかは、またそれらのことどもも我々にとっては、先のことどもにおいてすべてとして述べ尽くしてすでにあります(69)。それらがさあそこで聖なるものとされて、諸々の祭礼に各々として旨く適合しつつ、快楽の幸運なそれを諸々のポリスに対して手渡して行きながら裨益せねばならないのだと、我々は言ったことでした。

クレイニアース　真実なことどもとして、それらもまたあなたは語り通されました。

アテーナイからの客人　最も真実なことどもとしてですね。それなら。またそれらのことどもを我々にとって受け取った上で歌をめぐって役人として選ばれた者(70)が世話をすることと致します、好意ある巡り合わせとともに。この我々は、他方、踊りとかつまた身体をめぐる
B 体育の全体とについて、先ほどに言われていたことどもに加えて与え返すと致しましょう。ちょうどムーサの技の教授的なことが残ってあったのを我々が与え返した如く、同じように体育術のも我々はそうすることと致しましょう。何故なら、男の子供たちにそしてまた女の子供たちがさあそこで踊ることと体育することとを学ばなくてはならないのですから。そもそもとにかくそうでしょうから。

クレイニアース　ええ。

アテーナイからの客人　ではですよ、一方、男の子供たちには男の、他方、女の子供たち

には女の踊り手たちがあることでしょうね、骨折り通すことに向ってはより適してこそ。

C

クレイニアース　さあそこでそうあるのだと致します、その道筋でもって。

アテーナイからの客人　もう一度、さあそこで最も多く事柄を持つであろう人を、我々は呼ぶこととしましょう。すなわち、子供たちの監督者を。彼はムーサの技をめぐってそしてまた体育術をめぐって世話をしてありながら多くとしては暇を持たないことでしょう。

クレイニアース　されば如何にして彼は可能であることでしょうか、老齢でありながらにそれほどのことどもについて世話をすることが。

一七

アテーナイからの客人　安々とですよ、親しいお方。何故なら、法は彼に対してはすでに与えていたし与えることでしょうから、重ねて受け取ることを、その世話にかけて市民の男たちからまた女たちから彼が誰でもあれ彼らをと欲する者たちを。他方、彼は誰をそうせねばならぬかを認識することでしょうし、そして彼は望むことでしょう、それらにかけて調子を外さないことを。その際、彼は思慮のある仕方で尊びつつまた役職の大を認めながらまた

D

思量とともにあってです。曰く、一方、養育された上でまた養育されてありながら若者たちがあっては万事は我々にとってよくまっすぐなものに沿い航海するが、他方、そうでなくては——それは言うことには価いせぬことでもあるしまたこの我々は語らないのです、新規の

ポリスの上で非常に予言を好んである人々を畏怖しながらに。

多くのことどもが、先ずはされれば我々にとってそれらについてもすでに語られています。(71)
すなわち、諸々の踊りをめぐったまた諸々の体育のすべての動きをめぐることどもについて。
何故なら、諸々の体育場を我々は置き、そして戦争をめぐる一切のことどもで諸々の身体に
E とって骨折られることどもをそうしました。すなわち、弓術のかつまたすべての投擲のまた
小楯の術の、またすべての重装備の戦闘の、また諸々の陣形展開の、そしてすべての行軍の
諸々の軍隊のであるもののまた諸々の設営のそして馬術へと学びとして力を差し向けている
限りのことどものをです。何故なら、すべてそれらのことどものとして教師たちが公のもの
として報酬をポリスから受け取りながらにあらねばならず、またそれらの弟子たちとしては
ポリスにおける子供たちとかつまた男たちが、そして少女たちと女たちとがすべてのそれら
814 のことどもの知識者として、その際、なお少女としてありながらでは、一方、すべての武器
着用においての踊りと戦闘とを訓練してあって、他方、女たちとしてあってでは陣形展開に
諸々の戦列に武器の着脱に触れてありながら然りなのであって、もし何一つのためではなく、(72)
いやしかし、もし何時か一塊りになってすべての能力でもってポリスを後に残しながら外へ
と男たちが出征する必要があることになろうなら、子供たちを見守らん者に(73)そしてまた他の
ポリスとがとにかくとにかくそれだけの限りは十分であるのでなくてはなりません。或いは
また反対に、それはそれらの何一つも不可能なりと誓いがなされたことではありません。

B ――外から敵どもの何か大きな力と強制でもって攻め入った者どもがまさにポリスについて戦闘続行が生ずべき必然を提供することへとは。多大の悪が何処かしら国制のそれなのです、このようにも恥ずべき仕方で女たちが育てられてあることとは。すなわち、ちょうど鳥たちのように子供たちについて戦いながら最も強い獣どもの何であれそれに向って死にそしてまたあらゆる危険を危険とすることを欲することなく、否、直ちに諸々の神殿に向ってその身を運びながらすべての祭壇にそしてまた神々の諸々の住まいを満たすこと、そして人間たちの種族の思われをすべての動物たちの中にあって自然本性において最も臆病なのだとして注ぎ下すことは。(74)

C **クレイニアース**　ゼウスに誓って、お客人、それは決して格好のよいものとして生じてはいないことでしょう、悪しきものを別にしても、そのことがポリスの中の何処に生じて来るのではあれ。

アテーナイからの客人　されば我々は置くとしましょう、法のそのものを。とにかくこれだけの程には戦争をめぐったことどもは女たちにとって無頓着にされてはならぬのだ、他方、すべての男の市民たちと女の市民たちとは励まねばならぬとこう。

クレイニアース　この私はとにかくされば同意致します。

アテーナイからの客人　相撲のでは、ではですよ、或ることどもを我々は言いましたが、(75)他方、最大であることとは、とこの私は言うのですが、我々は述べるに到ってはおりません。

更には実にあるのです、容易ならざることとして。身体でもって示しながら同時にまた言論
D でもって告げることなしには。そのことはされればその時にこそ我々は判断することでしょう。
すなわち、働きに言論が着いて行った上で何か明確なことを、それがそれらについて述べた
ところの諸々の他のことどものだとして明るみに現わすその場合にです。また戦争に関わる
闘いにすべての動きの中でさながらに同族として大いに取り分けて我々にとってそのような
相撲あるのだということも、またさあそこでそれを彼の相撲のためにこそ営むのでなくては
ならず、否、彼のものがこの相撲のために学ばれてはならぬのだということもそうです。

クレイニアース　立派にとにかくそのことをあなたはお語りです。

一八

アテーナイからの客人　さあそこでこの今は、一方、相撲をめぐる能力のこととしてここ
までのことが我々に語られるに到ったのだとします。だがその他の動きの身体すべてのもの
E については、それの大部分は或る踊りなのだと人は広く言いながら全うな仕方で言葉に出し
ておりましょうが二つ先ずそれの形があることを認めるべきであり、すなわち、一方の踊り
は諸々のより美しい身体のだとしてその荘重なものへと面してこれを模倣するものであり、
他方はより醜いそれらの拙劣なものへと面してそうするものですが、そしてもう一度拙劣な
ものとかつまた厳粛なものにおいては二つの異なったものどもがあります。さあそこで厳粛

なものの一方の踊りは戦争に即してのまた力づくの諸々の労苦の中に織り込まれた、一方で
諸々の美しい身体の、他方で男らしい魂の踊りであり、他方のそれは、かつは諸々の幸せに
おいて思慮を持ってある魂のそれでありかつは諸々の程よい快楽においてのそれなのです。
815 平和的な踊りとして人は語りながら、自然本性に即してそうした踊りを語ることでしょう。
　さあそこでそれらの中の戦争の踊りは平和の踊りとは別でありながらピュリケー[76]だとして
人は全うに呼ぶことでしょうが、すべての打撃や諸々の飛び道具に対してする諸々の用心を
諸々の頭の回避でもって、身の引きのすべてでもって、諸々の高みの中で跳ぶことでもって、
また諸々の身を低くすることとともに模倣するのですが、それらに対しての反対の用心は、
更には攻撃を表わす諸々の形態へともたらされるものとして、諸々の弓のそしてまた諸々の
投げ槍の諸々の投げにおいてまたすべての打撃の諸々の模倣を模倣せんとして[77]あるのです。
それらにおいて真っ直ぐなものとかつまたぴんと張ったものとが諸々の善き身体と魂の模倣
B として生ずる場合、真っ直ぐな線で走っているものとして身体の諸々の四肢の多くのものが
生じてあるとして、一方、そうしたものは全うなものと、他方、それらに対して反対のもの
は全うならざるものとして受け取られて行くのです。
　他方、平和の踊りはこれをこの道筋で更に観察しなくてはなりません、各々の者どものだ
として。すなわち、全うな仕方でかそれとも全うならざる仕方で自然本性に即し人が美しい
踊りを手中にしつつ、諸々の歌舞において諸々の法を守る人間たちに相応しい仕方で全うを

しているかどうかとこう。それでです、異論を唱えられる踊りを第一に異論のないそれから切り離して切り分けねばなりません。されば何がそれであり、またどんな道筋で切り離して各々の踊りを切るのであるか。先ずバッコスの狂乱の限りにかつまたそれらに続くものどもの中の、それらをニュムペーたちにそしてまたパーン、シレーノスたち、サテュロスたちだとして[78]名前をつけながら、彼らの言うところ、その酔っ払っているところを人々が模倣するものどもであり諸々の浄めにかつまた或る諸々の秘儀をめぐりそれらは演じているのですが、踊りの一切のその種族は平和的なものとしても戦争的なものとしても一体何が望まれているのかを境目をつけることは容易なことではありません。区別し限定をすることは実に私には次の筋道でもって殆ど最も全うにそれとしてあると思われます。別に、一方、戦争的なものから、他方、別に平和的なものから置いた上で、言うことです。すなわち、国家的であるとはあり得ぬのだ、踊りのその種族は。他方、そこに横たわってあるのを横たわるままにすること、この今は戦争的なものと同時にまた平和的なものへと向って、異論の余地ない仕方で我々のものであるのに立ち戻ることです。

C

D

だがしかし、戦争に似つかわぬムーサのものは、他方、諸々の踊りの中で神々をかつまた神々の子供方を尊ぶ人々のものですが、一つの一切だと、一方、種族は生ずることでしょう、よく行為していることの思惑の中で生じて来ながらに。然るに、それを二つの筋道で我々は分けることでしょう、すなわち、先ず一方はそのことの諸々の或る労苦からまた諸々の危険

E

の諸々の善きものへと逃れ通したものどもからするものであって、諸々のより大きな快楽を
持ってあるのですが、他方のものは以前においての諸々の善きことどもの安寧と増大として
であるもののそれであり、より穏やかなものに諸々の快楽を獲得してあるものです、前者の
それらよりも。他方、さあそこでそうしたことどもにおいては、何処かしらすべての人間は
身体の諸々の動きを、一方、より大きく諸々の快楽がある時にはより大きいものに、他方、
より小さい時にはより小さく動かすのであり、また、一方、より秩序を持って彼がありまた
816 勇気に向ってまた一層すでに鍛えられてあってはまた更にはより小さく、他方、臆病でまた
訓練を欠いた者に思慮を健全にしていることに向ってなってしまってあっては、より大きく
またより激しいものとして動きの変化を差し出すのです。然るに、総じて声を出していては
それは諸々の歌の中でであれ諸々の語りにおいてであれですが、沈静を全くとは可能であり
はないのです、身体に皆が自分として差し出すべくも。それ故に、語られることどもの模倣
が諸々の身体つきでもって生じた上で踊りの技術のすべてを成就したのでした。
　或る者は、一方、されば旋律的な仕方で我々の中にあって、他方、或る者は旋律を欠いた
B 仕方でそれらすべてにおいてその身を動かします。多くのものどもは、先ずはさあそこで、
ではですよ、別のものどもとして我々にとって諸々の古来の名前の中にあって如何にも旨く
そして自然本性に即して置かれてあるものどもだとして人は思考しつつ賞讃しなくてはなり
ません。他方、それらの一つとして諸々の踊りの、よく行為しており、他方、適度のあり方

を彼らとして諸々の快楽に向ってある人々のそれらをめぐったものもありますが、何とまあ全うな仕方で同時にまたムーサの技に適う仕方で、それが誰だったにせよ名づけたことか。そして語りに即してそれら踊りに対して名前を一切にとして置いた上でエンメレイア（旋律にあるもの）の名前をその上に冠したのでした。またさあそこで二つを諸々の踊りの美しいそれらの形として引き据えたのですが、その際、戦争に関わるものはピュリケーとし、他方、平和に関わるものをエンメレイアとし、それぞれにとって相応しく調和したものだと置いた上でだったのです、名前を。それらをさあそこで、一方、立法者は諸々の型でもって説明し、他方、護法官は探求かつまた探し出した上は他のムウサの技と一緒に踊りを結び着けそしてすべての祭礼へと諸々の犠牲式の各々に対し相応しいものを配分した上で、そのようにしてそれらすべてのことどもを配列の中で聖なるものとしたその上では、残りの時間においては何一つも、踊りに繋がることも歌に繋がることも動かしてはならず、他方、諸々の同じ快楽の中で同じように同じポリスとポリスの民たちとが時を過しつつ相似た者たちとして出来るだけありながらよくかつまた幸福な仕方で言い生きるのでなくてはなりません。

C

D

一九

先ずされば諸々の美しい魂と高邁な魂たちに属したことどもの諸々の踊りへ——如何なるものとしてそれらがあらねばならぬかはすでに言われた分けですが——かけたことどもは、

すでに渡り切ってあります。だがしかし、諸々の醜い身体や思考や笑いのだとして喜劇だと
されるものどもへと向けられたことどもが、それらは言葉にそしてまた歌に即して、踊りに
即して、またそれらすべての模倣物に即して喜劇にされたものどもにということであります
が、先ずは必然なのです、観察すべくそして認識すべくも。何故なら、諸々の笑うべきこと
を欠いては諸々の真面目なことどもを、そしてすべての反対のものどもの反対のものどもを
E 学ぶことは先ずは不可能なことのです、もし人がまさに思慮ある者たらんとしてあるのなら、
他方、なすことが不可能なのです、両方を、もし人が更にはまさに僅かでもあれ徳に与ろう
としているのなら。否、まさにこれらのことどものためにそれらを学ぶこともまたしなくて
はならぬのです。すなわち、何時か無知の故に笑止である限りのことどもをやったり或いは
語ることを必要もないのにしないこと、他方、奴隷どもに対しそうしたことどもはまた報酬
を受けている外国人たちに模倣すべく課し、他方、真剣さがそれらをめぐってどんな時にも
更には如何なる者もあらぬこと、更に或る者がそれらを学んだあり方の者としてあからさま
ならぬこと、自由人に属した者たちが男も女も、他方、新奇な何かが常にそれらをめぐって
817 現われることのためです、諸々の模倣物に属するのだとして。

先ずされば諸々の嗤うべき娯楽、それらをこそさあそこで喜劇として我々すべてが語って
いるものどもをめぐってはそのようにして法と言論でもって置かれてあるのだと致します。
然るに、真面目な人々の、とこう人々が言うわけですが、悲劇をめぐって我々にとってある

詩人たちの、もし何時かこれらの中の或る者たちが我々に対し遣って来た上で何度も重ねて尋ねることがあろうなら、何かこのようにして。すなわち――

「異国の方々よ、どちらですか。私どもはあなた方に対してポリスの中へとかつまた地方へと決まって訪れたものでしょうか、そして作品をもたらしかつまた導きましょうか。それとも如何にあなた方にとってはもう思われてあるのですか、そのようなことどもをめぐって遣ることは」

とこう。何をされればそれらのことどもに向っては全うに答えることでしょうか、神のような
B 人たちに対して。この私にとっては、何故なら、先ず思われるのですからこれらのことが。

「最も優れた方々よ、と言うべくも、諸々の外国人の中にあって、この我々は自らが悲劇の作者としてあるのです、能力に即して最も美しく同時にまた最も優れた。されば[79]すべて我々にとっての国制は最も美しくそして最も優れた人生の模倣として組織されたのであり、そのものをこそさあそこで主張するのです、とにかくこの我々はさながらに悲劇として最も真実のものなのだと。詩人として、一方、されば、あなた方がいらっしゃり、詩人として、他方、この私どもが同じことどものだとしてあって、あなた方にとって対抗する技術者にしてかつまた競争相手として最も美しいドラーマのそれなのです。そのドラーマをこそ、さあそこで
C ただ真実な法だけがそもそも本来的に完成するべく生じてあるのです。とこう、我々の許のそれは希望なのです。さあそこで我々を思われるようなことがあってはなりません、とまれ

唯々諸々とそのようにしてあなた方に対して何時か我々の許で諸々のテントを広場に即して固定しかつまた美声の俳優たちを導き入れながら、彼らは我々よりもより大きく声を出すのですが、放っておくだろうことを。すなわち、あなた方に対して任せるだろうことをです、こどもたちにかつまた女たちにそしてすべての大衆に向って大衆煽動をするようにと。同じことどもとして諸々の営みについて語って行くのにこの我々が語るところの同じことどもをではなく、否、とこう多くがあるように、また反対のものどもとしても最も多くのことども
D をそうして行って。何故なら、殆どねえあなた、完全に狂っていましょうから、この我々は。この我々にかつまた一切のポリスはです。どういったポリスであれあなた方に対してこの今語られたことどもを遣ることを委ねるものは。すなわち、判断する前に、諸々の役人たちが述べられることどもをまた真ん中へと語るべく有益なことどもをあなた方がお作りになっているかいないかとこうする前にそうする者は。されば先ず軟らかきムウサたちの子孫たちよ、役人たちに対して第一にあなた方のものどもを我々の諸々の歌に対して示した上で、もし、一方、とにかく同じものどもが或いはより優れたものがあなた方の許からはっきり語られているものとして現われるとすれば、我々は与えることでしょう、あなた方に対してコロスを。他方、そしそうでなければ、親しき方々よ、我々は何時かそう出来はしないことでしょう」

E それらのことどもが、さればあるのだと致します、すべての歌舞とそれらについての学習をめぐる諸々の法でもってともに秩序に置かれるに到ってある諸々の慣習として。すなわち、

切り離して、一方、奴隷どものそれらがあり、他方、切り離して主人たちのそれらがあるのです、もしともに思われるのなら。

クレイニアース どのように、だがしかし、ともに思われないでしょうか、とにかくこの今にそのようにして。

二〇

アテーナイからの客人 なおさあそこで、ではですよ、自由人たちにとっては三つの学問が実にあるのです。すなわち、一方、諸々の計算と諸々の数をめぐるものどもが一つとして学問であり、他方、測定の知識が長さ・面・立体のだとしてあり一つとして更に第二のものであり、第三のものとしては、他方、諸々の星の周回の相互に対したのが如何ように本来的
818 に進行するかとこうするものです。だがしかし、それらすべてがどのように正確さに絡んであるかは骨折り通さねばならぬ、多くの人々が、とこうではなく、否、或る少数の人々こそがそうすべきなのです——けれども、それらが誰たちであるかは我々が前進して行って最後においてきっと語ることでしょう[80]。何故なら、そのようにしてこそ、事は相応しくあることでしょうから——多数者にとっては、他方、それらにあって必然的な限りのものどもがまたそれが如何にしてかを最も全うにも語られるのです、知っていないことは、一方、多くの者たちにとって恥ずかしいことだが、他方、正確さを通してすべてのことどもを探求すること

B は容易でもなく全くもって可能ではないとして。だがしかし、それらの中の必然的なものは排除することは出来ず、否、恐らくは神を第一のものだとして諺を作った者は[81]それらのことどもへと眼差しをした上で言ったらしいのです。曰く、神さえも必然に対して何時か闘っているとは見えないのだと。すなわち、とにかく神的な限りであるのです、思うに、とにかく諸々の必然の中にあっても。とはとにかく諸々の人間的な語りの、それらへと多くの人々が眼差しをしながらそうしたことを語るそれらの中では、これこそすべての語りの中で大いに最高にお人好しであるからです。

クレイニアース　どんなものがされば、お客人、そうしたものではない諸々の必然として諸々の学科に属するのであり、他方、神的であるのですか。

アテーナイからの客人　私は先ず思います、それらを誰かが行為をせずに更に加えて全く
C もって学ばずにあったその上では、何時か人間たちに対してなることはなかったことだろうと。神としてもそしてダイモーンとしても英雄としても、人間たちの世話を真剣さとともになすような者だとして。他方、多くのことを欠くことでしょう、とにかく人間の神のような者になるべくも。彼が一も二も三も総じて諸々の奇数も偶数も認識することが出来ずにあり、更に数えることも全然知らずにあって、更に夜と昼を見分けることも出来ずにあり、他方、
D 月と太陽とその他の星々の周回のことでは無経験な身の持ち方をしてあっては。さればさあそこでそれらすべてを、一方、必然的ならざる諸々の学科だというようにあっては、まさに

E

殆ど何でもあれ諸々の最も美しい学問に所属するものを知ろうとする者にとっては、多大のものとしてまた思想の馬鹿さ加減であるのです。けれども、どのような諸々の各々をそれらのだとしてまたどれだけのものどもをそして何時学ばねばならぬかは、また何を何とともにまた何を他のものどもとは別にして、そしてそれらのもののすべての混合を、それらのことどもは全うな仕方で第一のこととして掴んだ上で他のものどもへと進んで行きそれらの学問が導いて行くにおいて学ばなくてはならないところのものなのです。(82) 何故なら、そのようにして必然がすでにしっかりと掴んであるのであり、それに対しては我々は言うのです、神々の中のどなたもこの今に闘うことも何時か闘うだろうこともないのですと。

クレイニアース　お客人、この今にそのようにして言われて行って全うにまた自然本性に即して、あなたのお語りのことどもは語られてあることでしょう。

アテーナイからの客人　何故なら、先ずそのように事はあるのですから、クレイニアース、困難なことのです、だがしかし、それらのことどもをその仕方でもって前もって自ら課したその上で立法することは。いや、別の時へかけて、もしそれがよしと思われるのなら、より正確に我々は自らに立法することでしょう。

クレイニアース　あなたは思われます私どもには、御懸念なのだ、私どものそうしたことどもについての無経験の習いをとこう。さればあなたは全うな仕方で御懸念ではないのです。さあそこで語ることを試みて下さい、何一つも隠さずにそれらのことどものためにして。

819

アテーナイからの客人　私は、一方、懸念してはおります、それら他ならぬあなたがこの今にお語りのことどももまた。とは言え、一層、なお私は恐れているのです、一方でまさにそれらの学科に触れてしまってありながら、他方では悪しく触れてある人々を。何故なら、何処においても恐ろしくまた酷いことでもすべてのことどもの無経験はなく。また最大の悪でさえもありません。否、多くの経験と博学が悪しき導きとともに大いにそれらよりもより大きな害となるのです。

クレイニアース　真実のことどもをお語りです。

二一

アテーナイからの客人　この限りのことどもは、ではですよ、各々のことどものだとして言うべきなのです、学ばねばならぬのだ自由人たちは。すなわち、非常に多くのエジプトにおける子供たちの群れが諸々の読み書きと同時に学んでいる限りのことどもです[83]。何故なら、

B

先ずは第一に諸々の計算をめぐって実に実に子供たちのために見出されてある諸々の学科が遊びとかつまた快楽とともに学ぶべくもあるのでして、それは諸々の或る林檎や冠の適合をしてある諸々の数の同一のそれらよりもより多く同時にまたより少ない者たちに対してする諸々の配分にそしてまたボクサーやレスラーたちの待ちになることと組みを得ることとの、順番においてそして次々にまた本来生じているように生ずべき諸々の配分です。そしてさあ

C そこでまた彼らは遊びながら、諸々の平鉢を金と銅と銀とそうした他のものどものだとして混ぜて行って、他方、或る者たちはそれら平鉢の全体をもまたある仕方で分けて与えて行きながら、これこそ私が言ったことですが、遊びの中へと諸々の数の諸々の使用を組み入れて行きつつ、それら遊びは学ぶ者たちをして諸々の軍隊の諸々の編成にかつまた諸々の導きに諸々の行進へとかけて、そして更には諸々の家政へとかけてあらゆる仕方で彼ら自らが彼ら自らにとってより有用でまた一層目覚めた者として人間たちを仕上げるのです。他方、その

D 後では諸々の測定において長さと広さと深さを持つ限りはすべてそれらをめぐって或る自然本性において笑止でかつまた醜い無知が人間たちすべてにおいて内在してあるのをそれからそれらは解き放つのです。

クレイニアース　どのようなものとして、さあそこで何だとあなたはお語りなのですか、それを。

アテーナイからの客人　親しいクレイニアース、とにかく全くもって実に自らもまた遅くなって何時かしら聞いた上でそれらをめぐった我々の情態を驚き、また思われたのです私には、その情態は人間的なものではなくて、否、むしろ或る諸々の豚といった獣どもに属してあるのだとこう。また私は恥じたのでした、ただに私の身の上をだけではなくて、否、また

E すべてのギリシアの人々の身の上をです。

クレイニアース　何についてですか。語って下さい、何をまたあなたはお言いなのかを。

820

お客人。

アテーナイからの客人　私は語ります、さあそこで。むしろ、だがしかし、あなたに尋ねながら私は示します。そして私にちょっとしたことを答えて下さい。認識しておられますね、何処かしら長さを。

クレイニアース　勿論ですよ。

アテーナイからの客人　だがどうですか、広さは。

クレイニアース　あらゆる仕方で。

アテーナイからの客人　そもそもそれらが二つであるということもですね。そしてそれらの第三が深さだと。

クレイニアース　どうして否でしょうか。

アテーナイからの客人　はたしてされば思われませんかあなたには、それらすべては相互に向って測定され得るものなのだと。

クレイニアース　ええ、

アテーナイからの客人　長さは長さに向って、かつまた広さは広さに向って、また深さも同様にして可能であるのです、自然本性に即して測定すべくも。

クレイニアース　とまれ非常に。

アテーナイからの客人　だがしかし、もしも実にあるのだ、非常にも穏やかにも或るもの

B

どもはそうすることが可能ではなく、否、或るものどもは可能だが或るものどもは否であるとして、他方、他ならぬあなたがすべてが然りと考えるとするならば、どのようにあなたはお思いでしょうか、それらのことどもに向ってその状態がおありだと。

クレイニアース　明かです、拙劣な仕方でだと。

アテーナイからの客人　どうでしょうか、他方、加えて長さにそしてまた広さが深さへと向って、或いは広さと長さが相互に向ってでは。はたして我々は思考していないでしょうか、それらをめぐってはそのように[84]、すなわちギリシア人たちすべてはです。曰く、可能なのだ、それらは相互に向って測定することが、ともかくも或る遣り方でとこう。

クレイニアース　全くのところ先ずされはそう思考をしています。

アテーナイからの客人　だがしかし、実にあるのは更にはそれらが決してどんな道筋でもそうは不可能であるが、他方、すべての、これを私は言ったのでしたが、ギリシア人たちだとしては我々は思考してそうも可能なのだとしているのだとすれば、まさか価値が無しではないでしょうね、すべての人々のために人は恥ずかしく思いながら彼らに向って言うべくも。「ギリシアの人々にあって最も優れた人たちよ、彼のことどもの一つとしてこれはあるのです。つまり、それらを我々は言いました、恥ずかしいこととして、一方、笑止であるのだ、知識していないようなことは。だがしかし、必然的なことどもを知識してあることは何一つとして実に見事であるなどとはしないのだ」とこう。

C

クレイニアース　どうして否でしょうか。

アテーナイからの客人　それらに加えてまたとにかく別のことどもとして実にあるのです、同族のことどもが。それらの中で更にまた沢山の過ちが彼のことどもの兄弟だとして我々にとってその内に生ずるのですよ、諸々の過ちの彼のことどもの。

クレイニアース　どのようなそれらですか、さあそこは。

アテーナイからの客人　測定可能なものどもとそしてまた測定不能なものどもとに属したことどもが相互に向ってどういった自然本性でもって生じてあるのかということです。何故なら、さあそこで人は狙い見ながら識別することが必然的なことであり、さもなければ彼は必然的に拙劣であるのです。また互いに対して常に問題を出し合いながら時の過し方の将棋よりももっと優雅なものを老人たちのだとして過しつつ、それら老人には価値のある諸々の閑暇の中で勝利を好むべきなのです。

D

クレイニアース　多分そうですね。とにかくされればらしいのです、将棋とかつまたそれらの学問とは相互から全く大いに切り離されてしまってはいないらしくです。

アテーナイからの客人　それらをば、ではですよ、この私は先ず、クレイニアース、主張するのです、若者たちは学ばねばならぬとこう。何故なら、またそれらは有害でも困難でもなく、他方、遊びとともに同時に学ばれて行きつつ、一方では裨益し他方では我々にとって害することはないのですから、ポリスを何一つも。だがしかし、もし誰かが他の仕方で語る

E

のでありば聞かなくてはなりません。

クレイニアース どうしてそれが否でしょうか。

アテーナイからの客人 しかしながら、実にもしもそのようにしてそれらがそのあり方をもってあるとはっきり現われるならば明かです、我々がそれらを取り入れるが、他方、その道筋でもってはそれを持つとは現われないとすれば、それらは排除されることでしょう。

クレイニアース 明かです。何が問題でしょう。

アテーナイからの客人 さればこの今には、外つ国の方、それらは横たわってあるのだと致します、必要な諸々の学科に属してあるのだとして。それは諸々の空隙あるものどもだとして我々にとって諸々の法に属したことどもがあらぬためです。然は然りながら、置かれてあるのだと致します。ちょうど解放し得る担保といったものどものように他の国制からは、もし或いは法を置く我々を或いはそれを置かれてあなた方をそれらが愛情のある仕方で取り扱わぬとするならば。

クレイニアース 正しいものとしてあなたはお語りです、その設定を。

二二

アテーナイからの客人 さあそこで諸々の星のだとしてそれらの後では見て下さい、若者たちにとっての学科を。もしもそれが語られて我々に対してその気をよくするか或いはその反対であるかと。

クレイニアース　ただ語ることだけをして下さい。

アテーナイからの客人　また実に奇妙がとにかくそれらをめぐってはあるのです、大きくかつどんな仕方でもどんな道筋でも我慢のならない。

クレイニアース　どのようなことですか、さあそこは。

821 **アテーナイからの客人**　最大の神だと宇宙全体を我々は言っています、探求をすることもしてはならず大忙しのその際に諸々の原因を調べることもまたと——何故なら、それは神意に適わぬことでさえあるから——だがしかし、らしくあるのはすべてその反対こそが生じていながらに全うな仕方で生ずることです。

クレイニアース　どのようにあなたは語られたのですか。

アテーナイからの客人　逆説的で先ず語られたことはあり、そして老人たちにとっては、人は思いましょう、適さないと。だがしかし、もしも一旦人が何かを美しくかつまた真実な学科であると、またポリスにとって有益で神にとって完全に好ましくあるのだと思うのなら、B 如何なる仕方でもさあそこは可能ではありません、なお告げないなどということは。

クレイニアース　尤もなことをお語りです。とは言え、諸々の星について学科を何をそうしたものとして我々は見出すことでしょうか。

アテーナイからの客人　よき方々よ、私どもは虚言をなしているのです、この今に言って見ればギリシア人たちすべてが偉大な神々、太陽にかつまた月のことを。

クレイニアース どういった、さあそこは嘘をですか。

アテーナイからの客人 我々は言います、それらは如何なる時も同じ軌道を行かないのだと。またその他の或る星々をそれらとともにそうして、その際、名づけているのです、惑星だとそれらを。

C

クレイニアース ゼウスに誓って、お客人、一真実として、それをあなたはお語りです。何故なら、人生の中でさあそこはしばしば私は見るに到っておりますから、自身としても。暁の明星にかつまた宵の明星がそして他の或る星々が如何なる時にも同じ走路へとは進みは行かず、否、あらゆる道筋で彷徨ってあるところを。他方、太陽と月が何処かしらそれらの常に万人がともに知識していることどもを(85)遣るところを。

アテーナイからの客人 それらが実にあるのです、ではですよ、メギッロスにそしてまたクレイニアース、この今にそれらをこそさあそこで私が主張して神々の宇宙に即された方々についてとにかく我々の市民たちにかつまた若者たちがこの程までは一切のそれらについて学ばなくてはならぬとしているものどもとして。すなわち、冒涜の言葉をそれらについては

D

吐くようなことはなく、他方、善き言葉遣いをするまでに。その際、常に犠牲式を捧げかつまた諸々の祈りの中で敬虔な仕方で彼らは祈って行くのです。

クレイニアース そのことは先ず全うです、とにかくもしも第一に、一方、可能なことだ

822　E

としてあなたのお語りことを学ぶことがあるのなら。次いではもしも我々が何かをそれらについて全うな仕方で語ってはいないが、他方、我々は学んだ上ではそう語るだろうというのであれば同意致します、この私もまた、とにかくそれだけのまたそのようなものであるのを学ばれるべきものであることでは。さればそれらのものどもがどのようにそのあり方を持ちながらそのようにあるのかを試みて下さい、他ならぬあなたが、一方、あらゆる仕方で説明なさることを。他方、この我々は試みます、あなたに着いて行くことを、学びながら。

アテーナイからの客人　しかしながら、実にあるのです、一方、容易ならぬこととして、私が語ることを学ぶことは。更には加えて困難なことでもありはしません。更にはとにかく何か時間の非常に多くのだというのでもありません。その証拠は、だがしかし、こうです。この私はそれらのことを若くあっても昔にも聞くに到ってはおりませんので、あなた方二人に対してこの今に多大の時間においてではなくて明らかにすることが出来ましょう。されどしかし、とにかく困難なものとしてそれらがあっては、何時か私は出来るようではなかったでしょう、明らかにすべくもです、その年齢であられるお二人に対してこの年齢の者が。

クレイニアース　真実のことどもをお語りです。いやしかし、何だとしてあなたは仰有りもするのですか、その学問を。それは先ずは奇妙なものだとあなたはお語りですが、他方、相応しいものだ、更には学ぶべくも若者たちにとって、だがしかし、我々は認識することがないのだとお語りなのです。あなたは試みなさって下さい、そのものについてとにかくそれだけのことは出来るだけ明確にお告げになられることを。

アテーナイからの客人　試みねばなりません。何故なら、その教説（ドグマ）は、いとも優れた方々、全うなものではありませんから、月についてそしてまた太陽やその他の星々について、して見ると何時かそれらは彷徨っていると思っていて。だがしかし、一切はそれの反対なのです[86]——何故なら、同一だとしてそれらの軌道の各々をまた多くのではなく一つのそれを円をなしてそれらは進み行くのですが、他方、見えるのです、多くの軌道を運ばれてあるのだと——他方、それらの中の最も速くあるものは最も遅いものとして全うならぬ仕方
B で思惑されており、他方、反対のものが反対の仕方でそうされております。さればそれらがもし、一方、本来そのようにこそ生い育ってあるが、他方、この我々がその道筋でもっては思うことをしないだろうというのであれば、もしも、一方、オリュムピアーにおいて走っている馬たちについてそのように或いは長距離を走る男たちについて我々が思考するならば、そして最速の者を、一方、最も遅い者だとして、他方、最も遅い者を最速だとして広く言うに到って、かつ頌歌をものしつつ敗者を勝者だと我々が歌ったなら、かつは全うな仕方でもかつはまた、思うに走者たちにとって好ましい仕方でも我々は諸々の頌歌をもたらしてなど
C いないのです、人間としてある彼らに対して。しかし、この今にさあそこで神々をめぐって同じそれらのことどもを我々が誤ってあっては、はたして我々は思わないのですね、笑止なこととしてかつまた全うならぬこととして彼処でその時に生じてあったものが、この今には

D

ここにおいてまたそれらの中で笑止なことだとしては、一方、どんな仕方でも生じないことなどを。それは実に更にはとにかく神の好み給うことでもないのです、諸々の嘘の声を我々が神々について繰り返して歌うのですから。

クレイニアース　最も真実のことどもをお語りです、苟もとまれそのようにそれらがあるのなら。

アテーナイからの客人　さればもしも、一方、我々がそうした仕方でそれらがそのあり方をもっていると示すだろうとすれば、学ばれるべきなのです、とにかくそれまではそうしたすべてのことどもは。然るに、それらがそう示されずにあれば放棄すべきなのです。そしてそれらは我々にとってそのようにともに横たわってあるのだと致します。

クレイニアース　全く先ずそう致します。

二三

アテーナイからの客人　今やすでに、それではです、終りを持ったと言うべきです、とにかく教育の諸学科についての諸々の法規は。だが、狩猟について同様にして思考すべきです、またすべてのことどもについてそれだけのそうした限りのことどもを。何故なら、恐らくはさあそこで立法者にとってその課せられるものは、より大きいものの上にあることでしょうから、諸々の法を置いた上で彼が離れてしまうことよりも。他方、異なった何かが諸々の法

E

に加えて勧告とかつまた同時に諸々の法との中間に何かとして本来的に生い育ってあることでしょう。それこそがさあそこでしばしば我々の諸々の語りにとってすでに落ち込んでいるのです。(87) 例えば、非常に年若い子供たちの養育をめぐって。何故なら、語られぬものであるとは我々は主張はしないのですが、また語ってありつつも諸々の法として置かれてあるのだと思うことは多大の無考えに満ちてあると言うのです。すでに書かれてあって、さあそこでその道筋で諸々の法がありそしてまた国制の全体がある時には、完璧なものとしては徳へと向って抜きん出てある市民の賞讃は生じないのです。すなわち、人が主張をして諸々の法に対して最も優れて奉仕し取り分けて服したまさにその者、この者が善くあるのだとする場合です。より完璧なものとは、他方、このように述べられてあるものこそであり、曰く、して見ると、誰でもあれ立法者が立法して行きそしてまた賞讃しまた非難する場合にその諸々の書き物に対して服しながら人生の純粋なそれを進み通した者こそが、とこう。この語りこそかつは市民の賞讃へかけて最も真っ直ぐなものであり、かつは立法者はさながらに単に諸々の法を書かねばならぬだけではなく、他方、諸々の法に加えて彼にとって美しくまた美しくあらじと思われる限りのことどもを諸々の法に対して織り込まれるものとして書くのでなくてはならず、他方、頂きの市民は何一つ劣らずそれらをこそ確かにしなくてはならぬのです、諸々の法によっての諸々の処罰でもって拘束されたものどもをよりも。

823

だがしかし、さあそこで我々にとって現在してあるもの（狩猟）をこの今々にもし例えば

B　証人のようにして我々が引き入れるならば、我々は明らかにすることでしょう、我々の望むものを一層。何故なら、狩猟は大変に多い何かの事柄であり、名前でもって包括をされるに到っていてこの今は殆ど一つなのです。何故なら、沢山なものとして先ず水棲のものどものがあり、沢山なものとして、他方、羽根のあるものどものがあり、実に多く、他方、陸上の獲物どももめぐったそれがあり、それは単に獣どものばかりではなく否またそれを思うに人間たちに至当な(88)狩猟をめぐってのものですが、これは戦争に即してかつまた、多大には、他方、また親しみに即して狩りをするものがあり、一方は賞讃を他方は非難を持っています。また

C　諸々の窃盗が海賊どものも、諸々の軍隊の諸々の軍隊に対しての諸々の狩りもあるのです。だがしかし、狩猟について立てて行く立法者にとって諸々の法をそれらとして明らかにせずにあることも出来ず、かつまたすべての課しつけと処罰へと向って上に置きながら脅迫的な諸規則を置くこともできません。何をさあそこで遣らねばならぬのか、そうしたことどもをめぐっては。一方、彼、つまり立法者は賞讃しまた非難する必要があります、狩りについてのことどもの若者たちの労苦とかつまた諸々の営みとに向ってのことどもを。他方、加えて若者は聞いた上では服する必要があり、そして快楽も労苦も彼は排除すべきではなく、他方、

D　各々のことどもをめぐっての処罰とともに脅された諸々や立法されたものどもよりも、賞讃とともに述べられたことどもを一層尊びまたその課競られたことどもを果たさなくてはなりません。

それらのことどもがさあそこで前置きとして語られた上で、引き続き生ずることでしょう、程に適っての狩りの賞讃と非難とが。何であれ、一方、より優れたものとして若者たちの諸々の魂を仕上げる狩りは賞讃する者のそれであり、非難する者のは反対のことどもをそうする狩りです。我々は語ると致しましょう、それではですよ、その後では引き続いて向ってこう広言した上で、祈りを通して若者たちに対して。すなわち――

E 「親しき者たちよ、そなたたちを或る欲望も海をめぐっての狩りのエロースも何時か捕えなど致しませんように。更には釣りのもまた総じて水中にある生き物どものも、更にはまた目覚めている人々にとって眠っている人々にとっての怠惰な狩猟をずっと働き続ける諸々の梁でもってしての狩りも。更に加えて人間たちの海に沿っての諸々の狩りのまた海賊稼業の憧れがそなたたちに襲って来た上で、野蛮でそして無法な狩猟者を仕上げませんように。他方、地方とポリスとにおいての盗みのことでは端っこの心にかけてさえも触れることが襲っては来ませせぬように。更には翼あるものどもの狩りのおだてるエロースが、強く自由人の精神をしたとはされぬものだが、若者たちの中の誰かに襲ってなど来ませせぬように。

824 さあそこで、ただ陸上のものどもを狩ることにかつまた狩猟とだけが我々の許での競技者たちにとっては残されてあることになりますが、それらにあって、一方、或るものは更には諸々の部分に沿って順に眠って行く人々のだとして夜狩猟と呼ばれながら、怠惰な者どものものであり、賞讃には価いせず、更には何ら劣らずに諸々の中断を諸々の労苦に比べて持ちながらにあり、諸々の網と諸々の罠でもって、否、勝利を好む魂の勝利でもってではなく、獣どもの野蛮な力を従えて行くものたちのものなのです。ただ一つだけとして、さあそこですべての人々にとっては残されたまた最も優れたものだと、四つ足のものどもに対してする馬たちにまた犬たちにまた自らの身体をもってしての狩りがあるのであり、それらのすべてに対して彼ら競技者たちは諸々の走りや諸々の打撃や諸々の投げでもって主人となるのです、自らの手というあり方で狩りながら。その限りの者たちにとっては勇気の神的なもの(80)こそが注意されるのです。

これらすべてのことどもについては、さあそこで一方、賞讃と非難としてはずっとすでに述べて語りがあることでしょう。法は、だがしかし、次のものです。

これらの神聖なさながらに狩人たちである者を何人も妨げてはならぬと致します。何処でまたどの道筋で彼らが犬の狩りをするにせよ。だがしかし、夜の狩りをする者が諸々の網でもって諸々の梁でもって信用に価いするものとして何人も如何なる時にもどんなところでも狩りをしようとするのを許してはならぬ。鳥の猟をする者に対しては、他方、かまけられていない土地どもに諸々の山においては、一方、妨げはしないのだとし、他方、耕作に適してまた人の手の入っていない神聖な諸々のものにおいては排除するのだと致します、出会った者は。他方、漁師は諸々の港でまた聖なる諸々の河にかつまた諸々の沼地でまた湖においてを除いて猟をすることは許されてあるのだと致します、彼がただ諸々のオポス（絞り汁）の濁らしを用いることだけをしない時には。

この今にはされば今やすべてのものどもは終りを持ったのだと言うべきです、ともかくも教育についての諸々の法規は。

クレイニアース　見事な仕方であなたはお語りでしょう。

（平成二十五年十二月七日、午後二時三十二分、擱筆）

『法律』篇第七巻の註釈

1．第一巻、六四三Ａ～六四四Ｂでした。243頁
2．『ティーマイオス』篇八八Ｄ以下を参照して下さい。同じ考え方が語られています。245頁
3．この第七巻では法よりは勧告をとか私生活こそ公的な生活の基礎をなすのだとかいった考え方が随所に見られます。プラトーンがおよそ〝法〟というものを見る見方を私どもは学ぶことでしょう。すなわち、およそ〝哲学〟などと言っても初歩はただ物事に順序を見ることなのだということです。247頁
4．トルコ半島南西端に立国をしていたプリュギアーの女神たるキュベレーに仕える祭司たちのこと、キュベレーの祭儀において彼らはキュベレーによって病的な興奮に陥り狂乱の振舞いに及んだのだとか。プラトーンでは他に『エウテュデーモス』篇二七七Ｄ、『クリトーン』篇五四Ｄ、『饗宴』篇二一五Ｅ、『イオーン』篇五三三Ｅ、五三六Ｃにというように多くの言及があり、プラトーンが人間の中に巣くう異常な熱狂や狂乱というものにそれなりの注目をしていたことが窺えます。248頁
5．バッコスとは宗教的な狂乱の儀式を持つ酒神のディオニューソスの狂乱の女の従者のこと、ここでの取扱いは前註のコリュバンテスのそれと大差はないようです。248頁
6．イングランドに従う岩波版の読みには従わず、諸写本と底本とに従って読む。248頁

7．文脈から推察されるようにこどもがなかなか寝つかれない情態であることとコリュバンテスの狂乱の情態のこと、249頁

8．それにしても母親たちが本能的に経験上知っているこどもの寝つかせ方のプラトーンの説明には、ほとほと感心させられます。249頁

9．私どもは寝つかれないこどもを揺すぶって寝かせつけることは勇気の鍛錬なのだなどと思う発想など全く致しませんが、およそ「勇気」などという道徳的・精神的なものが身体に動きを与えてこそ鍛えられるのだというその〝道徳の手作り感覚〟が、今に私どもの不意をつくことでしょうか。250頁

10．ここも「こどもが叫びかつよく泣く」ということを人間のこどものこととして特に留意する時、依然として前註の〝道徳の手作り感覚〟がそこに用意されていましょうか。251頁

11．無論、こどもを快活にすることについてのアテーナイからの客人の考えが悲しみや恐怖などの除去という限りで語られることとクレイニアースが快楽の与えを考えるものであることとの間の落差に驚いたということです。253頁

12．前註での落差を「人間はただ快楽を与えられればそれで人間だというのではなく、否、快楽・苦痛に対して中庸であるところに人間性はあるのだ」ということで客人は説明をするのです。この点『ピレーボス』篇三三Bを参照して下さい。253頁

13．第八巻八四一Bにも同じ表現が現われますが、またソポクレースの悲劇『アンティゴネー』

には「だって何かしら私にはゼウス様がそうしたことをお布令なさった方だったわけではなく、黄泉路の神々とともにお住まいの正義の女神ディケーがそのようなものを人々の中に掟として定められたのでもありません。それにまたそれ程の力があるとは思いませんでしたわ、あなたの御布告が。書かれてはいずにいて揺るぎのない神々の掟を、死すべき者でありながら抑えてそれに立ち勝ることが出来る程には」（四五〇～四五五行）とあります。255頁

14．私どもの身体はある意味で古来よりの伝統と法とに浸された中で生きるそういう全身であるものだという感覚が大切なのでしょう。対話は書かれぬ不文法を〝国制の紐帯〟とまで言っています。俗にひたすらただ成文法を遵守し遵守することだけで事足れりとする所謂〝役人〟と言われる人たちが嫌われるというのも、そもそも「法とは全身全霊のことなのだ」という深みを思う余地がないからのことでしょう。255頁

15．この辺り、〝遊ぶことを始めたことども〟はまた〝懲らしめられることを知ることども〟なのだとされていることに注意を致しましょう。デ・プラースは「遊びの観念は一つの大きな場所をプラトーンの哲学の中に保っているのだ」と言いながら二三の参考文献を示して興味深い見解を見るだろうとも言っています。257頁

16．男女の時の過ごし方は六歳以降は別なのだというその点では私どもの〝男女七歳にして席を同じうせず〟という古来の教えも同様に語っておりますが、ここのように〝どちらも学科へと向うのだ〟ということは続いて語られているのでしょうか。やはりこういうことはどういった

文脈を全体としてはなすものなのかということが肝要だと思います。258頁
17. 男女が武器の使用という点で同じく学習すべきことを推奨することの必要性に関して人々が無知であることを言いながら次の第五章へと進むわけですが、そこではおよそ戦争の必要からすれば右手と左手との不均衡を人間がその生活上の習わしからもたらしているのだということが指摘されます。無論、是正さるべきだというその意味で。私どもも〝茶碗は左、お箸は右〟などと言って躾ますし、また字を書くことも出来るだけ右手でと躾ようと致しますが、ここの議論に学ぶ限りは、およそ〝躾〟とはクリティカルなものなのだとは学びましょう。258頁
18. ブリアレオースは百の手を持つ巨人だとか、またゲーリュオネース三頭三身の怪物 260頁
19. 岩波版には従わず、底本のままに読む。261頁
20. アンタイオスもケルキュオーンもどちらも相撲やレスリングをして相手を負かしては殺したのだとか。とにかく古代ギリシアの世界にはそんな話しが多いのには閉口します。261頁
21. エペイオスはホメーロス『イーリアス』第二三巻におけるパトロクロスの葬儀のための競技においてボクシングを挑み相手を破っては殺したのだとか。262頁
22. クレーテーの島に住み、クロノスとレアーの赤子ゼウスの守護をレアーに託された精たち、ゼウスの泣き声が聞かれぬようにゼウスを匿う洞窟で武装し槍で楯を打ち騒いだとか。262頁
23. 無論、星座としては双子座の兄弟神 262頁
24. これも無論、アテーナー女神のこと 262頁

25．六歳から二十歳まで　263頁

26．岩波版の読みには従わず、底本のままに読む。264頁

27．今日の殆ど無制限と言ってもよい程の自由と放恣とをどんな人間にも許容して行く我が国の世相にあっては例えば他方でスマートフォンに溺れて病的な生き方に陥ってしまうことなどが新聞の記事にはなりますが、しかしここの下りのように「遊びの法の永続性への決定的なあり方の問題なのだ」というような見方は何の紙面のことともなりません。やはりどういう遊びをしてもよいとは思わない方が健全な社会なのではないでしょうか。264頁

28．イングランドに拠る岩波版には従わず、底本のままに読む。265頁

29．すぐ前の七九七Aでした。267頁

30．第二巻六五五D～六五六Aでした。268頁

31．私ども日本人の歌におよそ歌というものに対する思い方は所謂〝懐かしのメロディー〟なる番組にしても例の〝紅白歌合戦〟なるそれにしても要するに〝歌は世につれ、世は歌につれ〟という融通無碍の中へと委ねられてだけであるのではないでしょうか。「歌は神への捧げものであるべし」などという古風な考えは今日の私どもには何一つの共感をも得ることのない考えでありましょう。しかし老人たちは何故「昔の歌の方がよかった」などとの感慨を持ってしまうのでしょうか。もしかしたらそういう老人は心の何処かで祭壇のようなものを持ち、よかったという歌をその祭壇に捧げていたとは考えられないでしょうか。厳密な意味ではなくとも。269頁

32．議論は何かラディカルなことを考えようとはしていますが、しかし短兵急であってはならぬと自らを戒めているところが学ぶべきところでしょうか。270頁
33．この下り、岩波版の読みは採らない。271頁
34．「ノモス」という言葉は一つには「法」ですが、他方また七〇〇Bでは音楽の一つが同じそのノモスという言葉で呼ばれることが言われていました。271頁
35．『蛙』（一二三〇―二行）の中でアリストパネースはエウリーピデースをそのカーリア風の笛の諸々の歌とその諸々の泣き癖のことで非難している」（デ・プラース）273頁
36．イングランドと岩波版の読みは採らず、底本の読みに従う。273頁
37．〝祈ること〟の危険の問題についてはすでに『第二アルキビアデース』篇が議論をしておりました。275頁
38．第五巻七四二D～七四四Aでした。275頁
39．第六巻七六四C～七六五Cでした。276頁
40．ルビを施しましたのでどなたもお分かりのように〝トロポス〟と〝トロピス〟の語呂合わせが楽しまれています。280頁
41．岩波版の読みは採らず、底本に従って読む。280頁
42．第一巻六四四Dでした。281頁
43．ここの下り、一読しただけでは何だかどういうことが語られているのかがすぐには飲み込め

ない感じが致しますので、どういう議論なのかを落ち着いて整理しておきましょう――
イ、およそ人が真剣になることとはその真剣から得られる達成によってその後の時間における余裕を楽しむことを目指している。その余裕の楽しみとは遊びでもあれば、従って「真剣は遊びのため」と言える。
ロ、右のことを〝戦争〟というおよそ我々が真剣にならざるを得ないことに当てはめてみれば、戦争とはそれを遂行して平和へと到ることを目指している。すなわち、「平和」という目的も「戦争」という手段によって達成されるのだと言える。
ハ、しかしその「戦争」それ自体をただ単に手段としての限りで見れば、その手段そのものは何の目的でもない。右のイの「真剣」ということが一方ではそれによって得られる達成からの余裕の許す遊びへの手段とも見られはするもののしかしその「真剣」はそれ自身がすでに目的でもあるという事情にあるのとは、従って別の事情のものである。例えば、戦争をしておれば大砲を撃って勝利を目指さなくてはならぬが、よしその勝利の後の平和が真剣に目的とされてそれが真剣なことであっても、大砲を撃つことそれ自体がすでに真剣な目的とされてのことではなく、それが真剣であるのもあくまでも手段としての限りである。先の大戦でアメリカは日本に原爆を二度も投下したがそのこと自体にアメリカが真剣になったのならばアメリカは最早単に狂気の国であって、その投下に意義を与えるためには、すなわち、その原爆の投下という手段が真剣なことだったのだと正当化するためには、その真剣に価すべき理由を語ることが求められる。すなわち、原爆投下しての戦争という手段そのものが自己を正当化する自己目的的なものではなく、その手段がその手段の外にある目的のための手段であって初めて真剣なことであり得る。単なる戦争の中には真剣は存在しない。

二、そういうことを考えれば、およそ自己目的的なものだとも見られる〝遊び〟や〝教育〟はそれこそがそれ自身において我々が真剣になるべきものであり、それ故、それはおよそ戦争のことでなければ平和のことだとして、我々は平和に即した人生を最も多くそして最も善く貫かなくてはならず、そこには遊びと歌と踊りがあるのだとされる。

それ故、大切なのは「本当に生き生きと生きる」ということこそが真剣であるということの代名詞だということです。281頁

44. ホメーロス『オデュッセイアー』第三巻二六～二八行　282頁

45. 第六巻七六四C、七七九Dでした。283頁

46. アマゾーンとスキュティア人との子孫、ヘーロドトス『歴史』第四巻一一〇以下を参照して下さい。284頁

47. 七九九Eでした。285頁

48. 八〇四E～八〇五Aでした。285頁

49. 「ラケダイモーンの女性たちさえただ半分の存在だけを生きるのである。何故なら、立法者が彼女たちに男性たちのそれに似た一つの教育を与えた後でただ諸々の家庭的な任務のみを彼女

たちに委託するのだから」（ディエス）288頁

50．デ・プラースはこの章の冒頭に〝余暇と個人的な文化の生〟という見出しを与え、またここのところにこう註を与えています。曰く「市民達については彼らが厳密な必要品のことで満足するということを要求しながらも、プラトーンは諸々の富の進展を避ける積りなのだ。つまり彼はその富の進展を判断するのだ、正義と節度とは両立し得ないのだと」と。289頁

51．「立法者は、決して道徳的な意図を等閑に付すことはしないのである。国民たちはすべからくすべての物質的な心配から解放されてあるべきである。とは言え、彼らにとっては満たすべき大変に重要な義務が依然として残ることだろう。すなわち、彼らの身体と彼らの魂とについて気を配ることのそれである、徳を獲得することを目指して」（ディエス）289頁

52．岩波版の読みには従わず、底本のままに読む。290頁

53．『国家』篇第五巻でプラトーンは「妻子の共有」という逆説的な主張していました。290頁

54．イングラント・ビュデ版・岩波版の読みは採らず、諸写本と底本とに従って読む。293頁

55．「この言葉はここでその固有の意味において取るべくあるのだ。〝子供の導き手《ペダゴーゴス》〟というのはこどもをその諸々の外出において伴うこと、そしてもっと特別には小学生の荷物を運びながら学校へと導くことを負わされた奴隷である。人は思い出すのだ、『リュシス』篇掉尾においてのメネクセノスとリュシスのペダゴーゴスたちの人目を惹く干渉を。〝彼らはヘルメースの祭りで一杯聞こし召していたし、また些か面倒を引き起こす状態だと見えた〟293頁

56．第六巻七六五Dの教育監のこと　293頁

57．一度目は七九九A～B、二度目は八〇〇B～八〇二Eでした。　294頁

58．七九四C～七九六D、及び八〇四C～八〇六Cでした。　294頁

59．第五巻七四七Bでした。　295頁

60．「プラトーンの諸々の学習に関するプログラムの諸々の思想は、彼が『国家』篇の中で述べた諸々の美学的な理論へと明らかに結ばれている。見よ、特に第三巻と第十巻を」（デ・プラース）　297頁

61．ここのところのテクストをどんな句読法でもって決定するかということが学者たちによって色々に考えられていますが（イングランド・ビュデ版・岩波版）、殆どその相違は息次ぎの違いにも過ぎないようであり、それによって語っていることの実質的な内容が違ってしまうようには私には思われませんでしたので、バーネットによる底本のままに呼んでおきます。　298頁

62．訳出からどなたも推測されましょう、「ヘクス」は六「トレイス」は三であり、「メトロン」は尺度となる韻律のことだと。　298頁

63．「プラトーンはしばしば次の思想へと立ち返るのである。すなわち〝教育することとは生徒の精神の中へ学識を引き入れることでは全くないのだ〟との思想へ。ソークラテースは『饗宴』篇においてアガトーンをからかっているが、彼アガトーンは思い込んでいるのだ、知ることとは満ちてあるものから空であるものへと流れることであり得るのだとこう。それはさながらに

羊毛の繊維が満ちた盃からそれが最も少ないそれへと通らせる水といった如く」（デ・プラース）デ・プラースはこうした註によってここの議論に対して些か冷笑的な評価を与えているように も思われますが、私の理解では要するに人間の人間としての教育が行われなくてはならぬその 必然にあってはどの道子供たちは文芸に触れて行かなくてはならないのだというその意味で、 むしろ積極的な意義をそれに与えている文脈でこそあるのではないかと思われます。299頁

64．「それらは詩作品に似ているのである。何故なら、それの諸々の法を規定している国家は一つの虚構上の存在なのだから」（デ・プラース）300頁

65．第四巻七一八Ｂ、第六巻七六八Ｄ、第七巻七九九Ｄなどでした。302頁

66．第二巻六六五Ｂ～六七〇Ｅでした。302頁

67．この〝反対音〟（ἀντίφωνον）という言葉は二つの写本ＡＯには見られないがその流れでの二つの写本においてその欄外に書かれている言葉であることを考えるなら、或いはビュデ版やイングランドのようにこれを読まぬ方針を立てた方がよいのかなとも思いますが、一応底本の読みに従っておきます。303頁

68．「プラトーンをして音楽教育について諸々の探求と諸々の複雑のすべての種類を禁止するように導く諸々の理由は疑いもなく十分に複雑である。立法者は最初に法外に諸々の学習の計画を掛けすぎないように心配するのだ。課題は実に永遠的である。だがしかし、プラトーンは明白にそれ故彼の時代の諸々の音楽家たちの諸々の或る改革を心がけている」（デ・プラース）303頁

69．「七九八Dから八〇二Dへと到る長い展開へと立ち返るべし。プラトーンは諸々の歌に対して諸々の踊りに対してのように、一つの宗教的な性格を与えることについて推奨をしていたのであった」（デ・プラース） 304頁
70．第六巻七六四Eを復習して下さい。 304頁
71．七九四C～七九六Dでした。 306頁
72．岩波版の読み方は採らない。 306頁
73．ここも岩波版の読み方は採らず、底本の読みに従う。 306頁
74．『饗宴』篇二〇七Bでは生き物たちの子を守って闘う気概のことが語られています。 307頁
75．七九五D～七九六Aでした。 307頁
76．この〝ピュリケー〟という言葉についてはそれが戦争の踊りであることは殆ど確定的ですが、その言葉としての由来に関しては諸説紛々で、私などにはどうしようもありません。 309頁
77．ここも岩波版の読みは採らず、底本の読みに従いました。 309頁
78．何れも狂乱と酒の神のディオニューソスの従者とされてもよいでしょう。 310頁
79．この〝されば〟という小辞（οὖν）をバイウォーターの提案によって〝とにかく、されば〟（γοῦν）と読む読みがイングラント・ビュデ版・岩波版では採用されていますが、そのような〝とにかく〟などという限定が絶対必要なのかどうか。それ故、底本のままに読みました。 314頁
80．第一二巻九六一A～C、九六二C～Dでは〝夜明け前の会議〟というようなことが語られる

にも至りますが、その会議に出席するメンバーのことがここで語られています。316頁
81. 第五巻七四一A、〝必然に対しては神さえも抗し得ぬ〟というシモーニデースの詩句のこと、『プロータゴラース』篇三四五Dでソークラテースが言及していました。317頁
82. 「この箇所は疑いもなく哲人王の教育に関わる『国家』篇第七巻の諸々の発展である。諸学の学習は問答法の実践の準備をするのだ」（デ・プラース）318頁
83. 「アテーナイの少年たちがそれら同じ訓練を実践していたことは蓋然的」（デ・プラース）319頁
84. ここは〝そのように間違った考え方を考えているのではないでしょうか〟という問いです。すなわち、二つの立体が立体という全体として相互に通約可能ではあっても、その立体という全体を構成する面や線（辺）は必ずしもそれら相互において通約可能ではないのです。322頁
85. A写本を採るイングラントと岩波版とには従わず、A写本を訂正した写本とO写本の読み・ビュデ版及び底本の読みに従って読みます。326頁
86. 「プラトーンは彼の思考の底を明らかにすることを欲してはおらず、否、ただ単にそれが俗な見解から離れてあるのだということを示したいだけである」（ディエス）328頁
87. 七八八A～B、七九三A～Dでした。330頁
88. どちらの写本で呼んでも意味は似ており、であれば先立つ写本で読むべきでしょう。331頁
89. 第一巻六三一Cを復習して下さい。333頁

（平成二十五年十二月十七日、午前七時四分、擱筆）

法律（第八巻）

『法律』篇第八巻をこう読む

一

先ず内容目次を示します。

第一章（828a1-829e7）「祭礼」に関する立法とその際に持たれるべき善き国家を思う思想
第二章（829e7-831b34）国家の実戦的な軍事訓練のこと
第三章（831b-832d8）軍事訓練を欠く国家のあり方とその反対の目下建設中の国家と
第四章（832d9-834d7）戦争での有益へ向けての競走と重装備の試合及び馬での競技
第五章（834d8-837a5）吟唱詩人・歌舞団の競演の問題、男女の愛の問題
第六章（837a6-838d2）「友」であるあり方の三つと近親相姦を戒める絶対的道徳
第七章（838d3-840c10）快楽の抑制ということの世論化という問題
第八章（840c11-842a10）摂理における性愛という模範、羞恥心・神への畏怖等を立法して
第九章（842b1-844d3）食糧供給に関する立法を先ず農事関係法から
第一〇章（844d4-845d3）果実の摘果の適当・不適当に関して
第一一章（845d4-847e1）水・収穫物の搬入・これらの諸細則や手続きの立法・職人のあり方と
都市保安官のその尽力・輸出入に関する禁止のこと

第一二章（847e2-849a2）農産物の配分と住居の割り当て

第一三章（849a2850d2）市場に関しその市の日と販売の様々な禁止と許容と、外国人の居留

二

〔然り、それらに絡むことどもとしては、先ずは配置をしそして立法化をすることです、諸々の祭祀をデルポイの諸々の神託とともに〕（八二八A１〜２）

これまでにも私は〝『法律』篇何々巻をこう読む〟などと題しつつそれぞれの巻において何を読むべきこととして読まなくてはならないかと考えながら、私の読み方を読者の方々に申し上げて参りました。しかしながら、この『法律』篇を読むことにはこれまでの諸々の対話篇の場合と比べる時、奇妙なと言うか独特にと言うか、とにかくそんな難しさがあることを私は覚えざるを得ませんでした。そしてその理由を私なりに考えて見る時私はこんな思いに想到します。それは『法律』篇とはそもそもおよそ〝法律〟を語るものでもあればそれは〝この法、これこれの法〟というようにして法としての条文を逐条的に言わば羅列し続けるものであることは避けられない。すなわち、例えば『パイドーン』篇などを典型的な対話篇として振り返って見れば、それはこういう議論が先ず一つの纏まりとしてあった、それはこういう議論で否定されそう否定する議論に相応しく次の議論がまた一つの纏まりとして提出される、そしてまたそうした繰り返しが続いて行くというように、その議論の前進には一つ一つの論理的な筋書きを見ることがあった。然るに、

『法律』篇が逐条的に前進して行く時、その前進をさせる筋書きはどういう論理なのであるのかということが『パイドーン』篇においての場合のように判然と認めることがなかなか出来ない、そういうことではなのかなあと。現に『第八巻』に先立つ『第七巻』は教育の問題に定位をすることから始まり最後に教育の一つの手段としての〝狩猟〟ということを議論して終るものでしたが、右に引いたように『第八巻』の冒頭は〝それらに絡むことどもとしては〟というような語り方で議論の前進が意識されるだけであり、その議論としての前進はまさに〝絡んでいるのだ〟という論理で言われるだけなのです。俗に〝大所高所からどうとか〟というような言い方がありますが、何かそのように『法律』篇はそもそもの最初から私どもがそうしたところから世の事柄の秩序の凝視を迫るものに思われるのです。そしてそれは「いきなり」そうしなくてはならぬのだということのようなのです。すなわち、『法律』篇とは要するに「世の中の事柄はそもそも次々に立法することを迫る秩序であり配列（タクシス）なのだ。またそれは我々に何一つの用意はなくともその何の用意もない我々にとっていきなりにそうなのだ」という我々の存在の間髪を置くことの出来ないそのあり方に立ってこそ書かれているのではないかということです。

もし事情がそうなのだとすると、その〝絡んである〟とか〝絡む〟とか〝その後で〟とかいうそれだけのロジックをまさにロジックとして引き受けなくてはならないのでしょう。私としては、実のところ、目下に殆どその引き受けでくたくたになっていることを白状しなくてはならないのですが、最晩年のプラトーンが「秩序」とはそもそも人間存在にはこれを要するに「いきなり」

認めなくてはならぬものなのだというその覚悟でこの余りにも散文的な法の羅列の秩序を思ったことに頭を垂れて、その影を慕うしか道はないようです。

三

さあそれで〝秩序〟は教育の問題に絡んで祭礼の問題があることを示しているのだということで、「祭礼」の問題へ話しは展開します。とは言えその子細については読めばそうかと思うばかりであり、特筆すべきことはまあ次の四点でしょうか。すなわち——

イ、祭りの数は日々に祈るべきだから三六五以上だとされること

ロ、部族数の一二に応じた一二神の祭礼を設け、それらに相応しい犠牲・音楽競技・体育競技が割り当てられるのだということ

ハ、女たちの祭りが男子禁制のものとそうではないものとに区別されるということ（我が国の常識では神事に関して女人禁制ということこそ専ら云々されるのに対して、男子禁制ということがここで特に言われていることの興味深さ、確かにアリストパネースには『女だけの祭』という喜劇がありました）

ニ、天上の神と地下の神との二分は頷くことが出来るとして、特に後者への尊崇が強調されることでしょうか。

先ずざっとそうした「うむ、うむ」と私どもがただ頷くことの出来ることを語ることからして

議論は始まりますが、しかしながら、次に

〔**それらに加えて、他方、思想を持つべきなのです、十分にそれらをそのようなものとして区別しようとする人々は。すなわち、実にあるのだ、我々にとってポリスはこうしたもので。この今の諸々のポリスの中で他のものを、時間における閑暇と諸々の必然的なものどもの許容とについて、人々が見出しはすまいぞといったものでこそ。然るに、そのポリスはさながら一人の人間がそうであるように、善く生きなくてはならないのだというように**〕（八二八Ｄ５～八二九Ａ１）

とこう語り続けられて、およそ「祭礼」は閑暇と必然からの余裕とを土台としてあるとは言え、そうしてこそ持たれる祭礼というのも国家の〝善く生きるべき思想そのもの〟の謂いであることが意識に登って来るそのことが見られるに至ります。そしてその「国家の善き生」ということを如何に図るかということからこそ、以下第四章までの軍事訓練の議論が一連の議論となります。これは議論を先取りしてのことですが、その出発は国家が善く生きるとは国家が加害しないことではあれそれは容易なことだがむしろ被害を蒙らないそのことこそがその場合の肝要事ともなるのだということへの留意となります。そしておよそ〝戦争〟とは平和という本来と正常との回復という目的実現の目的的行為でこそあれば、それは本来の平和時においてその目的のための手段が講じられてあらねばならぬ。こうして、一言で言って、第二・第三・第四章はおよそ実戦的な軍事訓練の必要のことを語り、さればまたそのための体育競技や重装備での試合や馬での競技を語ることになって行きます。それ故、また何故に平和の本来にあって平和という本来の回復さえまた平和の本来のことなのかということが、平和は平和へとこそ向けられていなくてはならないのにともすれば人間の欲望の満足を野放しにすることを防ぎ切れず、人々は利得こそが平和そのものでもあるかのように思う迷妄に陥って平和の本来を厳しく回復すべき軍事訓練を尊ぶ真摯なあり方を等閑にするそんな事情にも触れることになります。げに、およそ「国家」のただ一つの仕事とは平和の永遠の維持とそのための一時の戦争によるその回復なのだということです。

第一章から第三章までの議論に関してはそういう筋を見ることが出来れば殆ど実質的に内容を得たことになろうかと思います。

四

〔**はたしてされば、それらに引続きあるのではないですか、何時か銘記することがすべての競技の体育的なものどもについて。それは、一方、それらの中にあって戦争に向って諸々の競技である限りは追求しなくてはならずまた諸々の勝利の賞品を置かなくてはならぬが、他方、然らざる限りのことどもはさようならをしなくてはならぬのだということです**〕（八三二D9～E3）

右に今し方私どもが考えて見ましたように『法律』篇とは「我々はその存在にあっていきなり次々に事柄を見てそれに備えなくてはならぬのだ」というものであることが右の引用においてもまさにそのままに見られるでしょうか。およそ「国家」とは永遠に平和を維持し享受すべきものでこそあればまたその平和は一時の戦争によるその喪失の回復をも自らのこととしているものであり、それ故に平和時の軍事訓練は必然だとされました。そしてその軍事訓練とは体育競技でもあるのだと。そして第四章では「競走」「重装備の闘い」「馬の競技」などについて子細な定めが語られるのを見ますが、これらは目を通せば我々はそれで済むことでしょうか。そこで――

〔**さあそこでこの今はすでに競技と学習は体育術のだとして、かつはどれだけのことどもを諸々の競技においてかつはどれだけのことどもを日々に即して教師たちの許で我々が遣ってのけるかということは、あらゆる仕方でその終りを持っています。そしてさあそこでムーサの技の、一方、最も多くのことどもは同様にしてすっかり終りをつけられています。しかし、吟唱詩人たちと彼らに絡む者たちのことどもとまた諸々の祭礼においてどれだけが歌舞団の競技としては生ずるべく必然的であるかということは、神々に対してかつまた神々とともにある方々に対して月々と日々と年々とが配置された時、その時に秩序づけられることでしょう**〕（八三四D8～E6）

とこのように言われることを第五章の冒頭に私どもは見るのですが、無論、これは明らかにこの第八巻がおよそ「祭礼」を語り始めたことが持つその〝次々の次第〟においてその〝次のこと〟を意識して語り歌舞団や歌舞に関する立法ということならその問題は比較的に容易だと言うその中で、しかしアテーナイからの客人がこう語り続けることにもなるのでした。曰く――

〔**教育の中へと私が言論でもって進んで行った時に、私は見たのでした、若者たちに少女たちが親しみの思いをしながら互いに交わっているところを。入り込んで来たのですよ、さあそこで私に対して尤も至極であるように、恐れることがです。私は思いを潜めました、如何に人はそのような**

ポリスを用いるべきかと」（八三五D４〜７）とこうです。若い男女がよく成長し奴隷仕事の労苦からは解放され専ら関心事は祭礼と歌舞だけだという時、彼らの肉体に潜む欲望の発露は如何なるものとなるのかという抜き差しならぬ懸念のことです。幾度もプラトーンは早語ったのですが〝絡む〟と言えば「肉体は魂の墓」（ソーマ＝セーマ）であり「魂」は「肉体」にすなわちその「欲望」に絡み取られていたのだということであり、その「絡み」がまた教育としては恐れでもあるということなのです。そして以下、第五章から第八章までの四つの章の考察は、総じて「人間存在においての欲望の問題」として行われることになります。

その大筋は左のようなものだと見られましょうか。すなわち——

先ず根本的に「我々が欲望の奴隷ではなくその主人となり、その主人としての意味で欲望から〝遠ざかる〟ことの可能性、すなわち欲望への〝用心〟」ということを問題に引き据える。時にしかし「同性愛」などという欲望の摂理に反する愛などの問題さえあれば、およそ「友愛・欲望・愛」の本質が見極められるべきではないかとされる。すなわち、〝親しみ〟（ピリアー）というものを

イ、徳性において相似たないし等しい者たちの相互においてある穏やかなもの

ロ、「欠乏するもの」が「すでに充足してあるもの」を我がものとする激しく非相互的なものとの二つに基本的に種別して見て、その上でそのイロの混合物を第三種として見ることをする。

そして、無論、右のイの「親しみ」をこそ最も人間存在にとって相応しくそして永遠的な価値を持つものとして肯定しその立場から「愛の立法」へ進む時、我々はその立法の思いがけない容易ということに気づくことを見て行きます。それは端的に我々にとって〝近親相姦〟ということが神と万人の疎ましさの観念において戒められまた忌避されるものであるという、そのことです。我々にはおよそ「神聖なもの」とその「畏怖」とを基礎にしてこそ誰しもが語り得る世論というものがあるのではないか。それ故、「欲望」への用心の問題とはただただその「用心」を語る言論が最も表に立ってある世論とこそなり得るかどうかのそれだということになる。

もう一つこれは行きがかりの上での議論のようでもありますが、オリムピアの競技での優勝者たちが勝利を求めてすべからく禁欲に努めた伝説へ言及をするということがあります。けれどもかかる禁欲が普遍的なモラルとなることは見込まれず、彼の〝共同食事〟が普遍性を獲得し得ぬ事情と同類の事情にあるのだと見られます。それよりも何よりも「欲望」の本質を「快楽」との交換においてだけで考えて〝むさぼるということ〟こそがその本質だとする我々の錯覚を、成程「欲望」の本質に恵まれるのには「快楽」の誘いに恵まれるその摂理が確かにあるとは言え、それはただ快楽が手段となり欲望の真の目的を遂げ或いは受けることとなのだということで透視して示し改めることを議論はさせます。世に蔓延る〝不貞・男色・規律なきアプロディーテー〟が恥ずべくそして忌まわしいこととして厳しく禁止される理由も、一重に一重に我々の成立の根底にある畏怖すべきもの・神聖なもののそこにこそ求められるのだとして、一連の議論は閉じられます。

五

〔**いやしかし、実際、とにかくこの今に我々は進んで来ては今や殆どあるわけです、先ずは共同食事が制度化されてあることの中に。・・・中略・・・。とは言え、それら共同食事にとって続くこととして生活の引き据えということがあります、すなわち、一体どんな仕方でそれはそれらには伴って来るものなのか**〕（八四二B1〜C2）

この第八巻を読むに当り私は議論がどのように前進させられるのかということに一つの自意識を強く抱かざるを得なくもなりました、そして例えば『パイドーン』篇といったような誰がどう見ても〝哲学的な討論の遂行〟を語るものならば一つの議論の提出とその論理的な検討の上での新たな議論への前進、かつまた同様の前進といった一つの明らかに筋道を立てられたその論証のプロセスとしてこそ前進が図られていることを見るのに対して、何やらこの『法律』篇は〝その後で〟とか〝それに絡むものとして〟とかいうただそのことだけでロジックの展開も許されるのだとされることを見なくてはならないのでした、そして私はまたそのことを『法律』篇とは存在のタクシス（配列・秩序）とはいきなり我々の出逢うべきものなのだということをまさに告げるものなのだろう」ということで受け止めることをしたのでした。そして今右の引用の中にそれとまさに同様の〝タクシス〟に出逢ってしまうことを覚えなくてはなりません。曰く〝いやしかし、実際〟とか〝それら共同食事にとって続く〟だとかとこうです。〝いやしかし〟とは「命令法の

ἀλλά」と言われるものであってそれはこれまで話題をそれとして打ち切り他の議論へと向うべきことを命令するものなのです。すなわち、プラトーンはこれまでの議論をその言い方で総括してさあ次へ行くぞと私どもに命令しているのです。〝それらに続く〟とは無論〝それらに絡む〟ということと全く同じことであり「羅列」とは〝網とはその目が連なってあることが本質である〟そのことがその謂いであるところからの言葉でしょう。およそ「法」の本質とはちょうど霞網で雀を捕獲するようにその網で人間の行為の正邪を捕獲するものでこそあるのだと言えるでしょうか。往にし方より「天網恢々疎にして漏らさず」という至言もありました。

さてそうしたことで『法律篇第八巻をこう読む』などと題してのこの書き物というのも、以上からしてとにかく私どもが〝法という羅列〟に忍耐することでなくてはならぬことの覚悟をするそのこととならなくてはならないのだと思われます。だがしかし、幸いなことにそのよう事情は逆に私どもの読み方とはその羅列の一つ一つの内容に忠実になるそのことも然ることながら、否、その事よりも何よりもむしろその羅列のされ方自身の方へと留意することに向いさえすればよいのだということを告げるものではないかとも思います。網は確かに網の目を必然的に持ちは致しますが、しかしその網の目そのものはむしろ一つの空白の入れ物にも過ぎないのであり入れ物であるからには何かがそこに入れられは致しますが、そもそもその入れ物は編み方が編むからこその入れ物であるからには網の意味はむしろ本質的にはその網の「編み方」に依存するのだとこそ語られるべきことでしょう。そうした意味で第八巻は以下の第九章から第一三章までの残された議論に関してはその入れ物に入るものとして内容の一つ一つをどうとかと読むよりはどのようにその内容のものが法として編まれるに到るのかというその編まれ方そのものをこそむしろ読んで行くことに致したいと思います。

それ故、恐らくはその法として編まれる内容のことは各章の内容見出しを一頭最初に内容目次として与えていましたものを再度左に示せばそれで先ずは済むことだろうと思いますので、先ずそれを左に示しましょう。それは——

第九章（842b1-844d3）食糧供給に関する立法を先ず農事関係法から

第一〇章（844d4-845d3）果実の摘果の適当・不適当に関して

第一一章（845d4-847e1）水・収穫物の搬入・これらの諸細則や手続きの立法・職人のあり方と都市保安官のその尽力・輸出入に関する禁止のこと

第一二章（847e2-849a2）農産物の配分と住居の割り当て

第一三章（849a2850d2）市場に関しその市の日と販売の様々な禁止と許容と、外国人の居留と先ず示されましょう。故に、議論は右の見出しで殆ど要約されるのだとして編まれ方を見れば、第九章の編まれ方についてはすでに見ましたので第一〇章・第一一章・第一二章・第一三章についで見れば——

第一〇章は〔**他方、さあそこで果実の共同をすべての人々はこうした何かとして作らなくてはなりません**〕（八四四Ｄ４～５）と言われ、

第一一章は〔**他方、水はすべてのものどもの中で、一方、諸々の庭園をめぐるそれとして滋養のあるものですが、他方、よく損なわれるものです**〕（八四五D４～５）と言われ、

第一二章は〔**他方、国土からのものの養いと分配のだとしてはクレーテーの法に近くて正しさの或るものが生じつつ、どうやら向きに即して生じているようです**〕（八四七E２～４）と言われ、

第一三章は〔**他方、さあそこで市場保安官にとっては市場をめぐったことどもが、何処かしら関心するところでなくてはなりません**〕（八四九A３～４）と言われ、誰にとっても明らかに看取されるように、今はもうその論理的に展開させるロジックとしての言葉遣いは最早ただ〝他方〟という素っ気ない言葉一つとなってしまっています。何十階もあるようなビルの各階の数をビルを見上げては数えて見ることなどを私どもがするようなことがあっても下の方の地上に近い辺りの各階はしっかりと一つ一つを確かめながら数えることがあり得てもずっと上の方になったら、最早私どもはいい加減にしか各階を確かめることは出来なくなってそれこそ〝他方〟〝他方〟と面倒くさそうにただ数えることだけをお座なりに遣るだけのことになってしまうことでしょう。ちょうどプラトーンもそのようにして今は〝他方〟〝他方〟と言いながら法の網の網目を数えて行くもののように思われます。だがしかし、またそのことは逆にその面倒くささの意識と正比例してそれぞれで語られる法が如何にも綿密そのものと詳細を持つことと対応してあることがまた見られることを私どもは見ることでしょう。一つ一つの条文というか条項というかそうしたものはまあ読めば誰にとっても明かなそれぞれですからその読み方に難儀するというものではとても

ないわけですが、ただその条項の多量の羅列にはまあ率直に言って誰しも辟易させられることでしょう。だから彼の芥川龍之介が言うように法律の文章は何の愛読の対象でもなく、否、まさに文学の文章は法の条文よりも愛読に耐えるものであり愛読を誘うものでしょう。精々のところ、人間の行為の正邪を絡め取る天網は雀を絡め取る霞網も美しいと思えば美しくもあろうただそれだけの美しさには恵まれてあろうことをもってそれをよしとすることが、その要諦なのでしょう。

（平成二十六年一月十四日、午前十時二分、擱筆）

『法律』篇 第八巻翻訳

828 一
アテーナイからの客人　然り、それらに絡むことどもとしては、先ず配置しまた立法化を
することです、諸々の祭祀をデルポイの諸々の神託とともに。どんな諸々の犠牲がまた神々
の如何なる方々に対してより優れより好ましいこととして、犠牲式を行うポリスにとっては
生ずることだろうかと。他方、何時そして数はどれだけかは殆ど恐らく我々のことでしょう、
立法化することとは。とにかくそれらの或るものどもをです。[1]

クレイニアース　恐らくまあ数はそうでしょう。

B
アテーナイからの客人　数をさあそこで我々は語りましょう、第一に。何故なら、それら
はあるのだとせよですから、三六五から何一つをも欠かさずあって。それはとにかく一人の
役人が犠牲を捧げるためにです、神々の或いはダイモーンの方々の中の或る方に常にポリス
と彼ら国民とまた諸々の所有のために。然るに、それらのことどもを神事解釈者たち男女の
神官たちにかつまた預言者たちは護法官たちとともに集った上で配置するとせよです、それ
ら残すことが必然であったことどもをです、立法者にとって。そしてさあそこでまたまさに
そのことのとして裁決者となるべきなのです。すなわち、残された者の中で同じ彼らがです。
C
何故なら、先ずさあそこで法律は言うことでしょうから、一二の祭祀が一二の神々のために
あるのだと。それら神々のだとして部族の各々は命名されてあるのですが。その際、人々は
それらの方々の各々に対して一月続く犠牲を、諸々の歌舞とそしてまた諸々の競技の音楽に

関わるものどもを、他方、女たちのそれらを、相応しいものに即して神々自身と同時にかつ
また諸々の季節の各々に対して配分を割り当てながら、また女の諸々の祭祀をそれらの限り
には男たちから別が相応しくそれらの限りはそうではないのを区別するのです。なお、他方、
諸々の地下の方々のそれと天上の神々だと名を与えねばならぬ限りの方々とをそれらに続く
D 方々のそれをごっちゃにしてはならず、否、区別せねばなりません、その際、プルートーン
の月の[2]一二月において法に即して与え返すのです。そして苦手扱いしてはなりません、戦争
に関わる人々はそうした神を。否、尊ばなくてはなりません、常に人間たちの種族にとって
最善なのだというように。何故なら、共同が魂と身体とにとって分離に比べてありはしない
のですから、その道筋でより力があるのだということは。それはこの私がまあ主張すること
ですが、私は真面目に論じているのです。
　それらに加えて、他方、思想を持つべきなのです、十分にそれらをそうしたことどもとし
て区別しようとする人々は。すなわち、実にあるのだ、我々にとってポリスはこうしたもの、
この今の諸々のポリスの中で他のものを、時間での閑暇と諸々の不可避的なものどもの許容
829 とについて人が見出しはすまいぞといったもので。然るに、そのポリスはさながらに一人の
人間がそうであるように、善く生きなくてはなりません。だがしかし、幸福な仕方で生きる
人々にとつては土台を占めてあるが必然です、第一に彼ら自らが不正をなさず、更に他人に
よって彼らが不正を蒙ることがないことが。然るに、それら二つの中で一方は全くとは困難

ではありませんが、他方、不正を受けぬ力を獲得することは全くの困難事です。そして実にありはしないのです、そのことを完璧な仕方で持つことは人が完璧に善くなった上でよりも他の仕方では。同じそのことがさあそこで実にあるのです、ポリスにとっても土台を占めてあるべくも。一方、それが善くなった上では生は平和的であり、戦争的で外からそしてまた内側からあるのです。もしもそれが悪しくあるのだとすれば。

B

然るに、これらがその道筋でもっておよそそのあり方を持ってあるからには戦争において戦争が各人たちにとって訓練されるべきではなく、否、平和の生活にあってこそそうされるべきなのです。(3) 故に、ポリスは毎月、知性を獲得してあり、軍務に服さなくてはなりません、最低で一日に渡って、他方、それ以上に渡って。それは役人たちにもまたよしと思われるとしてなのですが、その際、諸々の極寒も或いは諸々の極暑も構うことはないのです。彼らがかつまた女たちがまたこどもたちが、それは全国民を連れ出すことこそが役人たちによしと思われる場合ですが、他方、時には別々にそうするのです。そして或る諸々の遊戯の立派なそれらを常に工夫しなくてはならぬのです、諸々の供犠とともに。それは諸々の戦闘の或る祭礼的なものが生ずるようにということですが、その際、それらの戦闘は模倣するのです、如何にも戦争かと見えるものとして最大に明々白々な仕方で諸々の戦闘を。

C

然るに、諸々の勝利の賞品や勲功賞を彼らの各々の者たちに分配しなくてはならず、かつ諸々の賞讃と非難とを相互に対し制作しなくてはなりません。それは如何なる或る者として

各人はかつは諸々の競技に即してかつは更に人生においてなってあるかということで。また
その際、最も優秀であると思われる者を彼らは飾り立ててまたそうは思われぬ者を非難するの
です。詩人としてあらしめてはなりません、そうした人々のすべては。否、第一に先ず五〇
より年若くはない者になっていて、更にまた、一方、詩作品と歌とは十分な仕方で彼ら自身
D の中にすでに獲得してはあるが、他方、立派でまた輝かしい勲功を何一つこれまで遂げては
いない限りの者たちにおいてもです。他方、自らが善き者としてかつまた誉れある者として
ポリスにおいてある限りの人々は、諸々の業績の見事なものの為し手でありつつ、そうした
人々の詩作品は歌われるのだと致します。よしまたそれらがムーサの技に適って生じてなど
いなくとも。彼らの判定は教育監とかつまたその他諸々の護法官たちの許にあるのだと致し
ますが、次のことを人々は彼らにとってする報奨として与えるのだと致します。すなわち、
すべての発言の諸々の歌においてのものは彼らだけにあること、他方、その他の者たちには
何一つの許容も生じないこと、人は敢えて不評の歌は護法官たちが判定しない場合には歌わ
E ざること、よしんばその歌がタミュロスにかつまたオルペウス[4]の諸々の讃歌よりもより心地
よくあってさえも。否、神聖なものとして判定されて諸々の詩作品として神々に与えられた
限りのものにかつまた善き者としてある人々であって、或る人々を非難し或いは賞讃をして
ありつつも、そうしたことを程よくやっていることを判定された限りの者たちなのです。

二

同じことどもを、他方、私は語ります、野外訓練とかつまた諸々の詩作においての自由な
発言については、女たちにとってかつまた男たちにとって、似た仕方でもって生じなくては
ならないのだと。然るに、遡及すべきなのです、自らに対して持ち出しながら立法者は言論
でもって。曰く——
830 「さあここが肝要、どんな者たちを一体私は養うのであるか、ポリス全体を準備した上で
は。はたして諸々の最大の競技の競技者たちをではないのか。その者たちにとって競争相手
が、土台、そもそも無数にいるところの」
「またとにかく全くそうだ」と、こう言うことでしょう、或る人が全うに語りつつ。
「どうなのだ、さあそこは。もしボクサーたちや或いはパンクラティオン（全面格闘競技）
の競技者たちを我々が育てているのだったら、或いは何かそのような諸々の競技の中の別の
ものを競技する者たちをそうしているのであったら、はたして我々は競技そのものの中へと
入って行くだろうか。先立つ何一つの時間においても日々におまけの闘いをしないでいて。
B それともとにかく我々がボクサーであっては実に多くの日々に渡って競技に先立ち戦うこと
を学び、かつまたずっと骨折り続けたはずです、その際、すべて彼のことどものその限りを
我々がまさにその時に用いようとしているものどもを模倣しながら、勝利について闘いつつ
あってです。そして似たものに出来るだけ接近をして行きながら、諸々の競技用のグラヴの

C

代わりに諸々の練習用の球（グロウブ）を[5]我々はぐるっと巻き付けたことでしょう。それは諸々の打撃とかつまた諸々の打撃に対する用心とが熱心に練習されるようにとです、可能な限りに十分な仕方で。またもし我々にとって何か諸々の練習相手のより多くの者たちの不足が結果したとすれば、はたして我々は心なき人々たちの笑いを恐れた上で敢えてすることはないのであるか、魂のない偶像を吊り下げながらそれに向って練習することを。そしてなおすべての魂を持つかつまた魂のないものどもに何時か事欠いた上では、練習相手たちからは見放されてではたしてとまれ我々は敢えて遺りはしないのか。我々は自らが我々自身へと向ってさながらに影と戦うことを。それとも一体どんな他のものとして身振りをすることの練習が生じてあることを、人は言うだろうか」

クレイニアース　殆ど、お客人、何一つとにかく他のこととしては言えないことでしょう、まさにそれ、それを他ならぬあなたがこの今に口に出されたことを除いては。

D

アテーナイからの客人　どうでしょうか、されば。ポリスの我々にとってする実働勢力はそもそもそうした競技者たちよりは何か劣って準備をした上で諸々の競技の中の最大のものへと時々に敢えて向って行くことでしょうか。その際、それが戦い通すのは魂とこどもたちと諸々の財産とポリス全体とについてでありながら[6]。そしてさあそこでそれらとして彼らの立法者は相互に向ってする諸々の訓練が或る人たちにとって笑止千万だと見えはしないかと心配した上で、して見ると彼は立法しないことでしょうか。その際彼は野外訓練をすること

を課しつけるのです、取り分けて、一方、毎日にとにかく諸々の小さな訓練は武器なしで、
また諸々の舞踏をそれらの中へ同時にまた体育術の一切をともに引っ張って行き、他方、
それら例えばより大きなかつまたより小さな諸々の訓練を、[7] 一月に沿ってよりより少なくは
なく各人がその身になすように課しつけることでしょう。そして人々は諸々の戦闘を互いに
E 向って全土に即してなすのであり、諸々の陣地の占拠へと向って張り合いまた待ち伏せへと
向ってそうし、そしてすべての戦争の技を真似て行き、さながら球（グロウブ）で闘うこと
にかつまた諸々の投げ（投げ槍）でもって出来るだけ真実のことどもに近くあり、その場合、
諸々の幾らか危険な投擲を用いるわけですが、それはどうとかして全くもって恐怖なしでは
相互に向った遊技がなるのではなく、他方、諸々の恐怖を提供しそして或る仕方でよく魂が
831 ある者と然らざる者とを明らかにし、そして、その際、一方の者たちには諸々の名誉を他方
の者たちには諸々の不名誉を全うな仕方で配分するのですが、ポリスの全体を真実の競技に
かけて一生を通じて有益なものとして用意するためです。そしてさあそこで、或る者がその
ようにして死んだとしても殺人は不本意なものとして生じたのだとして殺人者は法に即して
浄められた上で、両手は清らかなのだと置かれるのです。その際、彼は考えるのです、人間
たちが多くはなく死んだ場合に別の人々がもう一度劣らぬ者たちとして生い育って来るが、
他方、恐れが言わば死んだその上は一切のことしたことどもにおいて試金石を発見すること
はないだろう、より優れた人々とかつまたより劣る者どもとの。小さからずポリスにとって

前者よりはより大きい悪なのだとこう。

クレイニアース　ともに主張を致しましょう、とまれこの我々は、お客人、そうしたことどもをかつは立法しかつはまた事としなくてはならぬのだ、ポリスはすべてがとこう。

三

アテーナイからの客人　さればはたして我々は認識しているでしょうか、すべての原因を。すなわち、どういうことの故に一体この今に諸々のポリスにおいてそのような群舞と競技が殆どどの道筋でもどんな仕方でもないのか、もしも全く何かしら小さなものでなくては、とこう。それとも我々は主張をしましょうか、多くの人々と彼らに諸々の法を置く人々の無智の故にだと。

クレイニアース　恐らくはそうでしょう。

C

アテーナイからの客人　どんな仕方でもそうではないのですよ、至福のクレイニアース。いやしかし、二つがそれらの原因だと言うべきなのです、そして大いに言うに十分な。

クレイニアース　どのような原因なのですか。

アテーナイからの客人　原因を先ずは言います、冨に対する恋心の、すべての時間を他のことどものことを気にかける暇など持たないものによってだと。諸々の私的な財産を除いてはです。それらから一切の魂の市民すべてのそれはぶら下がってあり、何時か出来ようこと

D
などないのです。他のことどもの世話を持とうとすることが、日々の利得を除けば。そして、一方、そのことへと向って学びや或いはまた営みが通ずる何であれ私的に万人が学びそしてまた精を出すのに心の準備が万端であるのです。然るに、他のことどもは一笑に付すのです。そのことが先ず一つまたそれが一つの原因であると言うべきなのです、件のそのこともまた更に他の何一つの美にして善なる営みをもポリスが真剣になる気にはならないことの。否、金にかつまた銀の飽くなき欲望の故に一切の技術と工夫を、より立派でもあれより無様でもあれ、すべての者どもが忍耐することの、もしもまさに彼が富裕であらんとするのならば。また行為を行為することの、神意に適うものにそしてまた神意に適わずかつあらゆる仕方で恥ずべき行為を。その際、彼は何一つ面倒がりなどしないのです、もしもただ力を持ちさえすればです。さながら獣にとつてというように食うにありとあらゆるものどもをとし飲むに
E
同様にし、そしてアプロディーテーの営みの一切の満足をあらゆる仕方で提供する力をです。

クレイニアース　全うにお語りです。

アテーナイからの客人　そのことが先ず、ではですよ、それを私は語るのですが、一つの妨げる原因として横たわってあるのだと致します、他の立派なことも戦争に向ったことどもをも十分な仕方で許さずにあって諸々のポリスが励むことの。否、その原因は諸々の商人にかつまた船主たちや奉公人たちにあらゆる仕方で人間どもの中で自然本性において慎ましい者らを作り上げるのであり、他方、勇気のある者どもは海賊ども・土蔵破り・神殿荒らし・

832

喧嘩好き・僭主的な者どもに作り、また大いに時としては出来損ないたちをではなく、とにかく実に不運な者どもをでしたが。

クレイニアース　どのようにお語りなのですか。

アテーナイからの客人　どのようにして先ずされば彼らを私は語らぬというのでしょうか、全くのところ不運なのだと。とにかく彼らにとっては餓えていながらに必然が生涯を通して魂の常に彼ら自身のものであるのを、一貫して過ぎるべくもあるのです。

クレイニアース　それが先ずはそれでは一つです。だがしかし、さあそこで第二の原因を何だとしてあなたはお語りですか、お客人。

アテーナイからの客人　あなたは思い出させられました。

クレイニアース　それが先ずはさあそこであなたは仰有います、原因として一つなのだと。生涯を通じての飽くことを知らぬ追求がとこう。その際、それは暇なき者に各人を差し出し、障碍となるのです、立派な仕方で戦争をめぐることどもを各人が励まないようにと。そうだと致します。だがしかし、さあそこで第二のそれをお語り下さい。

B

アテーナイからの客人　まさか私は語るのではなくて時を過している、行き詰まりの故に、とこう思われるのではないでしょうね。

クレイニアース　そう思いは致しません。否、例えばお憎みでありつつあなたは我々には思われます、そのような人柄を必要以上にもっと懲らしめておられるのだと、落ち掛かって来ている議論にとってです。

アテーナイからの客人　非常に見事に、外つ国の方々、あなた方はお咎めです、またその後のことをもあなた方はお聞きになられたいのですね、どうやら。

クレイニアース　ただお語り下さい。

C
アテーナイからの客人　諸々の国制ならぬものこそがとにかくこの私は原因なのだと語るのであり、[8] それらをこそしばしば私はすでに先の諸々の議論の中で語るに到っているのです、民主制・寡頭制・僭主独裁制として。何故なら、それらのだとしては、さあそこで国制は、一方、何一つとしてありはせず、他方、諸々の派閥としてこそすべては最も全うに語られることでしょうから。何故なら、自発的な人々に対しての自発的な国制としては何一つもなく、否、不本意な人々に対して本意からの国制が支配するわけですから、常に或る暴力とともに。だがしかし、その際、恐れてこそ支配する者は支配される者に対してありながら、彼が立派な者にも富める者にも強い者にも勇気ある者にも、また一切として、戦闘的な者にも何時かなることを進んで許しはしないことでしょう。それら二つのことどもが、されば一切のことどもの、一方、殆ど僅かばかり抜きん出た仕方で諸々の原因をなすものであり、他方、それらのだとしては、さながらに原因として抜きん出ているのです。

D
　この今の国制のことは、その国制をこそ我々は立法をしつつ語っているわけですが、[9] 最早両者の悪を免れてしまってこそあります。何故なら、それは閑暇をかつは何処かしら最大のものとして享受しておりかつは人々が相互からして自由であり、他方、金銭好きな者だとは最も少なく、思うに、なることでしょうから。それらの法からは。そこでまた当然の仕方で同時にまた議論に即して国制のそうした成り立ちのみが、今現在のそれら国制にあって運び渡された教育とかつまた同時に戦争的な遊戯を、受け入れることでしょう。この点は仕上げがなされたのでした、全うな議論でもって。

クレイニアース　見事にお語りです。

四

E

アテーナイからの客人　はたしてさればそれらに引き続き、あるのではないですか。何時か銘記することがすべての競技の体育的なものどもについて。それは、一方、それらの中にあって戦争に向って諸々の競技である限りは追求しなくてはならずまた諸々の勝利の賞品を置かなくてはならないが、他方、然らざる限りのことどもはさようならをしなくてはならぬのだというようにということです。とは言え、何事どもが実にそうあるのかは最初から述べられかつまた立法されるのがよりよいのです。そして第一には先ず競走と速さをめぐることどもをこそ、はたして総じて置くべきではないですか。

クレイニアース　置くべきです。

アテーナイからの客人　実にあるのです、とにかくされればすべてのことどもにあって最も

833 戦闘的なもので身体の鋭敏はあらゆる仕方で。一方は両足からのそれ他方は両手からのそれです。逃げるべくまた捕えるべく、一方、両足のそれが。他方、諸々の組み討ちにおいての戦闘と肉弾戦は手の強さと力とを必要としてあります。

クレイニアース　勿論です。

アテーナイからの客人　だがしかし、とにかく武器を離れてはどちらのものも最大の有益を持ちは致しません。

クレイニアース　何故なら、どうして持つことでしょうか、持ちませんから。

アテーナイからの客人　一スタディオン走者（短距離走者）をさあそこで第一に触れ役は我々にとって、ちょうど今のように、諸々の競技においては召集し、他方、彼は入場します、武器を携えながら。だがしかし、裸の者には賞品を我々は置くことはないでしょう、競技者としてです。然るに、第一番目の者としてスタディオンに武器を具して競走するだろう者が

B 入場し、他方、第二番目の者としては往復を走路とする者が、[10] 三番目の者としては馬の走路を競おうとする者が、そしてさあそこで第四番目としてはまた長距離走路を競う者が、また第五番目の者としては、他方、彼を我々が第一として重装備をしている者の形で送り出すであろう者は六〇スタディオンの長さのアレースの神域に向った何かを、またもう一度とこうするのですが、彼はより重くてあり重装備兵と我々は名づけていて、道のより平坦なそれを競うのです。他方、別の者は全員弓兵で装備を携えておりますが、他方、百スタディオンを

C アポッローンとアルテミスの神殿[11]に向って諸々の山とそしてまた様々の土地を通しての道を競うのです。そして競技を置いた上では彼らを我々は待つのです、彼らが帰り来るまでは。そして勝利者には各々の勝利の賞を与えると致しましょう。

クレイニアース　全うにお語りです。

アテーナイからの客人　三つとしてさあそこでそれらの競技を我々は思考することと致しましょう、一つは、一方、こどもに関しての、一つは、他方、髯を欠いた若者らの、一つは他方、成人した者たちのです。そして、一方、髯なしの男たちに属した者らにとっては走路の長さの三分の二を我々は置くことでしょう。他方、こどもたちにとってはそれらの半分を、弓兵としてかつまた重装備兵として競って行くのにです。他方、女たちにとっては、一方、

D 少女のまだ成年にはあらぬ者たちにとっては無装備のまま一スタディオンを、その往復を、馬の走路を、長距離を、まさに走路として競って行きますが、一三歳の少女の結婚前までの者たちにとっては諸々共同は致しますが、二〇歳よりより長くではなく、更には一八歳よりより少なくはなくてです。然るに、相応しい装備でもって彼女たちは自らを装備してあってそれらの走路の競いへと下りて行かねばなりません。

そして、一方、諸々の装備をめぐることどもは男たちとかつまた女たちにとってそれらがあるのだと致します。然るに、力に即した諸々の競技は、先ず、レスリングとそうしたもの

E どもの代わりにこの今には重い限りのものども、すなわち、武器を纏った中での闘いを、一

B　834

対一で闘う者たちを、また二対二でそうする者たちを、そして一〇対一〇で相互に対し競う者たちを置きます。どんなことどもを、然るに、受けまいとした上で或いはなした上で人は勝利しなくてはならぬかまたどれだけの点数の限りにかけてそうなのかは、ちょうどこの今にレスリングそのものにおいてレスリングそのものをめぐる人たちが何が見事にレスリングを遣る者の成就でありそして見事ならざるそれであるかを法で規定したように、同じことでさあそこで重装備の闘いをめぐったトップの人たちを呼び寄せながら、この人たちに対してともに立法するようにと命ずべきであります。すなわち、誰が勝利すべくして見ると正しくあるか、それらの闘いをまたしてもめぐり。それは遣られることは無く或いは遣ったということで。また敗者を同様にして如何なるものが定めとして区別するのかと。他方、それらのことどもは婦人たちについてもまたあるのだと致します、立法化されて。結婚以前のです。軽装備戦闘術を、他方、全体としてパンクラティオン（全面戦闘）の戦闘に対して対立して人々は設定した上で、諸々の弓でもって・小楯でもって・投げ槍により・手づからする石でもってかつまた諸々の投石器でもって競う者たちのものですが、その上それらについて諸々の法を別々に置きながら最も見事にそれらをめぐった諸々の規定を与え返す者に諸々の賞品と諸々の勝利とを配分しなくてはなりません。

それらの後のことでは馬たちの競技についてさあそこで生ずることでしょう、引続き立法されることどもが。だがしかし、馬たちの使用は我々にとっては、一方、何かしら多くの者どものではなく、多くもありません。とまれさあそこでクレーテーに即しては。そこでまた必然的なことなのです、諸々の熱心もまたより少なく生ずることが。すなわち、養うことにおいてのかつまたそれらの競技においてのとしてです。先ずはされば戦車のだとしてはまた全く誰か育て手は我々にとってはいませんし、また何かの名誉愛好がそれらに向って誰一人にとってでも理由を持ちながら生ずることは見込めませんので、そこでまた、一方、そのことの競技者たちを、そのことは土地のものではなくて、人々が置きながらではあり得はしない
C
のです、知性を持っていることも獲得していると思われることも。だがしかし、一頭馬たちにとって諸々の競技[12]を人々が置いた上では——それらは仔馬のまだ歯が抜け落ちてはいないのと、完全な者たちとかつまた歯の抜け落ちていないのとの中間の者たちと、またさあそこで完成を持った者そのものとであるわけですが——国土の自然本性に即して、馬術の遊技を我々は与え返すことでしょう。あるのだと致します、さあそこでかつはまさにそれらのことどもの法に即した競いとかつまた勝利愛好とが。その際、部族騎兵隊長たちとかつまた騎兵隊長たちとには共同の判定が与えられるのです。すべての競走そのものとそしてまた武器と
D
ともに下りて行った者たちとのです。だがしかし、武器において裸の者たちにとって体育の訓練においてもここにおいても諸々の競技を置きながらでは全うな仕方では我々は立法する見込みはないことでしょう。然るに、射手の馬たちからする者としてクレーテー人は無用の者ではなく更には槍の投げ手としてもそうであり、そこでまたあるのだと致します、それら

の遊技のために敵対と競争とが。然るに、女性のことどもとしては、一方、それらについて諸々の法でもってまた諸々の課しつけでもって強制すべく、それらは共同には価しません。だがしかし、もしも先立つ諸々の教科とのものの習慣へと赴くものどもからして自然本性が受容しそしてこどもたち或いは少女たちが共同することを厭わないのであれば、放って置き、そして非難をしないことです。

五

さあそこでこの今はすでに競技と学習は体育術のだとして、かつはどれだけのことどもを
E 諸々の競技においてかつはどれだけのことどもを日々に即して教師たちの許で我々が遣って
のけるかということは、あらゆる仕方でその終りを持っています。またさあそこでムーサの技の、一方、最も多くのことどもは同様にしてすっかり終りをつけられています。とは言え、吟唱詩人たちと彼らに絡む者たちの[13]ことどもとまた諸々の祭礼においてどれだけが歌舞団の競技として生ずべく必然的であるかということは、神々に対してかつまた神々とともにある方々に対して月々と日々と年々が配置をされた時は、その時は秩序づけられることでしょう。
835 すなわち、三年毎のかどうかが更にはまた五年を通してであるかが、どの道筋でそしてどう
いった仕方でかが配列について内なる思いを神々がお与えの時に配分されるのです。その時、ムーサの技の諸々の競技も順番に競技をされるだろうことを予想すべきです、審判官たちに

かつまた若者たちの教え手にまた護法官たちによって配置がされた上で。すなわち、共通の
ものの中へとまさにそれらについて集合し立法者たち自身となった上で、何時そしてまた誰
たちが誰たちと一緒に諸々の競技をするだろうかと。それは一切の歌舞団と歌舞とについて
ですが。他方、どのようなものどもとしてそれらの各々のものどもがあらねばならないか、
言葉に即しかつ諸々の歌に即し諸々の韻律と踊りを混ぜられた諸々のハルモニアーに即して
B ということはしばしばすでに語られています[14]、最初の立法者によって。それらに即してこそ
第二の者（立法者）たちは[15]その後を追い立法しなくてはなりません。また諸々の競技を各々
の犠牲たちに相応しい仕方で諸々の相応しい時において配分しながら、諸々の祭礼を祭礼と
すべくポリスに与え返さなくてはなりません。

先ずはさればそれらのことどもと別のそうしたことどもとはどんな仕方で法に適う配列を
勝ち得るかは認識をすべく困難ではありませんし、更にはまた此処或いは彼処と変更されて
C あってもポリスにとって大きな利益或いは損害をもたらしはしないことでしょう。けれども、
些細ならざることを相違させまた説得するのが困難なことどもは、先ずは神様の取り分けて
仕事なのです。もしもどうとかして諸々の課しつけそのものが彼からして生ずることが可能
であったとすれば。だがしかし、現実には人間の大胆なのを誰かしら恐らくは必要とするの
です。すなわち、彼は率直な言論を尊重しながら語ることでしょう、最善であるとポリスと
国制とにとってあると思われることどもを。諸々の魂のすっかり崩れてあるものどもの中で

相応しくまたすべての国制に従うものを課しながら。諸々の最大の欲望に対して反対のことどもを言論しつつまた助成する人を誰一人として持たずにあって、ただ一つ言論だけにただ一人としてだけで従って行くのです。

D **クレイニアース**　これはまたこの今に、お客人、どんな語りを我々は語っているのですか。何故なら、まだ我々は学んではおりませんので。

アテーナイからの客人　とにかく御尤もです。いやしかし、さあそこは試みて見ましょう、この私は述べますことを、あなた方にとってなお一層明確に。何故なら、教育の中へと私が言論でもって進んで行った時、私は見たのでした、若者たちに少女たちが親しみの思いをしながら互いに交わっているところを。入り込んで来たのですよ、さあそこで私に対して尤も至極なように、恐れることがです。私は思いを潜めました、如何に人はそのようなポリスを用いるべきであるかと。つまりそこにおいてはさあそこで若者たちと少女たちとは、一方、よく養育されてあり、他方、諸々の労苦の厳しく自由人らしからぬそれらからは、それらは
E 取り分けてヒュブリス（傲慢・淫ら）を消し去るのですが、解き放たれてあり、他方、諸々の犠牲と諸々の祭礼と諸々の歌舞団とが万人にとって生涯を通じて関心事であるのですが。

さあそこで一体どんな仕方でそのポリスにおいて人々はその身を引き離すことでしょうか、多くの人々を多くのことどもに関して極端なことどもへと投げ込む諸々の欲望からは。その欲望どもからこそ言論は身を引き離すことを課し、その際、法は生じようと試みるのですが。

836 そして、一方、多くの欲望どもをもしも先の配慮をされた諸規定が抑制するとしても不思議ではありません。――何故なら、富むべくも過度という仕方では許容されなどしないことは節度を保つことに向って善きこととして小さくはなく、またすべての教育は諸々の程のよいものとしてそうしたことどもに向って法をすでに取ってあり、そしてそれらに加えて支配をする人々の目が他の方向へと眼差しすることがなく、他方、常に綿密に見張るようにすでに必然化されてありまた若者たち自身もそうするのであって、一方、他の諸々の欲望に向っては、とにかく人間的なものである限りのことどもは尺度を持ってあるのですから――。だがしかし、さあそこで諸々の恋の男とかつまた女のこどもたちの、女たちの男たちに対しての、
B 男たちの女たちに対してのであるそれらが、そこからしてさあそこで無数のことどもが人間たちにとって私的にまた諸々のポリス全体にとりすでに生じているわけですが、如何にして人はそのことをよく警戒したものでしょうか。またどんな薬草を切った上でそれらの各々に対してそんな危険からの逃亡を見出すことでしょうか[16]。それはあらゆる仕方で容易なことではありません、クレイニアース。

　何故なら、またされば、一方、他のことどもに向っては少なくないことどもをクレーテーの全体とかつまたラケダイモーンは我々のために助力を適切な仕方で分ってくれるのです、我々が諸々の法の多くの地域のとは違ったものどもを置いているのに対して。だがしかし、諸々の恋については、――何故なら、我々がそれとしているのですから。――彼らは反対を

C するのです、全くもって。何故なら、もしも人が自然本性に対して服しながらにライオス王[17]
以前の法を置くことがあるなら、かつまたその際に語って全うな仕方であり方はあったのだ、
男たちすなわち若者たちとちょうど女たちとというようにアプロディーテーのことの交わり
に向って分かつことはとこうして、その際、証人として諸々の獣らの自然本性を差し出し、
そして指摘をしてそうしたことどもに向っては雄が雄には触れないのだ、自然本性において
あることではないからとこうすれば、恐らくは彼は尤もな語りを用いていようが、あなた方
のポリスにとってはまた決して人は同調はしないことでしょう。
D 他方、それらに加えて、それをこそすべてを通じて我々が立法化は遵守をすべきであると
主張すること、そのことをそれらにおいて人は同意を致しません。何故なら、我々は探して
いるのですから、常にさあそこで何が定め置かれたことどもの中にあって徳へと通じ、何は
然らざるかということを。さあそこでここが肝要、そのことをもしも我々が美しいことだと
或いは決して醜くはないことだとしてこの今に立法化されることを同意するとすれば、如何
なる部分が我々のために徳へと向って寄与することがあるでしょうか。どちらでしょうか、
説得をされる者の魂の中に生じながら成長をすることでしょうか、勇気の性格が。それとも
説得するぞという者のそれにおいて思慮ある者の姿の種族がそう致しましょうか。それとも
それらのことどもは、一方、誰一人も何時か説得をされようことなどはなく、他方、むしろ
E 一切はその反対であり、一方、諸々の欲望に屈してそして抑制することの出来ない者のその

837

柔弱を万人は非難し、他方、女の真似へ赴く者のその似非姿をけなすことでしょうか。誰がされば人々の中にあってそのことがそうしたものとしてあるのを立法することでしょうか。殆ど誰一人もそうはしないことでしょう、とにかく知性の中に真実の法を持ってあれば。

　如何にしてされば我々は主張を致しましょうか、真実としてそのことはあるのだと。友愛とかつまた欲望と同時にまた諸々の恋と語られるものどもの自然本性を見ることが必然的であります、もしも人がそれらのことどもを全うな仕方で思考し続けようとまさにしているのであれば。何故なら、二つがそれらとしてあるところを[18]、そして両者から第三の別の種類が出て来るのですが、一つの名前が一纏めとして掴んだ上で一切の困難と影を作り出しているのです。

クレイニアース　どのようにしてですか。

六

アテーナイからの客人　親しいものだと、一方、何処かしら我々は呼びます、似たものが似たものに対して徳に即して、そして等しいものが等しいものに対して。他方、親しいものだとして、更にはすでに豊かにしているものに対して必要としているものもまた。その際、それは類において反対なのです。だがしかし、両方が強くなる場合には、恋だとして我々は名前を冠するのです。

B　**クレイニアース**　全うにお語りです。

アテーナイからの客人　友愛としては、ではですよ、一方、反対のものたちからのそれは恐るべくまた野性的でありそして共通のものをしばしば我々において持たずにありますが、他方、似たものどもからのそれは穏やかでかつまた生涯を通じて共同をしてあります。だがしかし、混ざったものとしてそれらから生じた上では、第一に、一方、学び取ることは容易ではないのです、一体何が彼自身にとって生ずることを、第三の恋に人がそれとして持ってありながらでは望んでいるのかを。次いでは反対のものへと両者によって引っ張られながら

C　彼は行き悩むのです、一方は青春に触れることを命じ、他方は禁じてありながら。何故なら、一方の者は肉体を恋しながら、また青春をさながら果実といったもの[19]として渇望しながらに満喫することを彼自身に対して命令し、如何なる名誉をも恋される者の魂の性格に与えなどはしないのです。他方、人が序での仕事だとして、一方、身体に対しての欲望を持っていて、他方、恋してあるよりはむしろ見てこそありながら、他方、さながらに魂でもって魂のことを欲望するに到ってあっては考えるのです、肉体をめぐる肉体の堪能を淫らなのだとこう。

D　他方、思慮・勇気・度量・智慧を尊び同時にまた畏怖をしつつ、常に純潔たることを純潔である恋される者とともに望む次第なのです。だがしかし、両者から混合された第三の恋たる[20]それ、それをこそこの今に我々がすでに詳らかに述べるに到っているのです。第三のものだとして。

とは言え、あるのだそれらがそれ程にという時に、どちらでしょうか。すべての恋を禁止しなくてはならぬでしょうか、法は。その際、我々においては生じないようにと妨げながら。それとも明かでしょうか、一方、徳に属してありつつまた若者が出来るだけ優れた者になることを欲するそれはこれを我々は望むだろう、我々にとってポリスの内に内在することを。然るに、それら二つは、もしもそれが可能であれば、我々は禁止することだろうとは。それとも如何に我々は語るのですか、親愛なるメギッロス。

メギッロス　あらゆる筋道で、あなた、見事に、お客人、それらそのものどもについてはあなたは語るに到っておられます、この今には。

E

アテーナイからの客人　私はどうやら、とにかくまさにこのことをこそ推測をもまたしていたのでしたが、あなたの、親しい方よ、調べの一致に当たったようです。しかし、あなた方の法を、それがどういう事をそうしたことどもについて意図しているかとは、何一つ私は吟味するには及びません。他方、受け取ることこそ必要なのです、言論でもってする同意を。クレイニアースに対しては、他方、それらの後でまたの折りにでもまさにそれらのことどもについて私は試みることでしょう、歌いかけながら説得することを。けれども、私に対してあなた方お二人によって与えられたそれのは行くのだと致します。そして我々は完全に通り行くことと致しましょう、あらゆる仕方で諸々の法を。

メギッロス　最も全うにあなたはお語りです。

838 **アテーナイからの客人**　技術のさあそこで或るものを、更にまたその法の制定のだとしてこの今に現在するものにおいて一方を容易いものとして私は持っており、他方を更にはまた或る仕方で全くもって、言わば最も困難なものというようにそうしています。

メギッロス　どんな仕方で、さあそこをあなたはお語りなのですか。

アテーナイからの客人　我々は何処かしら知っています、この今にまた、人間たちの最も多くの者たちが、よしんば彼らが法を頓着はしない者どもではあれ、何とよくかつまた正確な仕方で美しい者に対しての交わりからその身を閉め出しているか、不本意ながらではなく、他方、取り分けて出来るだけ自ら進んでということを。

メギッロス　何時だとあなたはお語りですか。

アテーナイからの客人　男兄弟或いは女の姉妹が美しい者たちとしてある人に生じた場合
です。そして息子或いは娘についても同じ法が書かれてはいないものでありながらも出来る
B だけ最も十分に、おおっぴらであれ密かにでもあれ、人がともに休み或いは何か他の仕方で
纏わりついて行き彼らに触れることをしないようにとそれは見守るのです。否、その交わり
の欲望さえも全くもって多くの人たちの心には入って来ないのです。

メギッロス　真実のことどもをあなたはお語りです。

アテーナイからの客人　されば小さな言葉が消し去るのではないですか、すべてのそんな欲望どもを。

C

メギッロス　どういったのを、さあそこです、あなたはお語りなのですか。

アテーナイからの客人　それらのことどもは決して神意に適うものではなく、他方、神が憎み給いまた諸々の醜いものどもにあって最も醜くあるのだということです。然るに、その原因たるものははたして次のことではないですか。すなわち、誰一人も別の仕方ではそれらのことどもを語りはしないこと、否、生まれては直ちに我々の各々は常にまた到るところでそれらのことどもを語っている人たちから聞くこと、つまりかつは笑止なことども（喜劇）においてかつはすべての真面目な悲劇のしばしば語っているものにおいてです。それは或いは諸々のテュエステース、或いはオイディプースたちを人々が引き入れるような場合、或いは諸々のマカレウスが姉妹たちと密かに交わったが、(21)けれども、目撃された上は直ちに死を彼ら自身に課したのをそうした場合です、それは過ちの償いとしてですが。

D

メギッロス　最も全うにあなたはお語りです、ともかくも次の程は。すなわち、天の声のこと(22)は驚くべきものとして或る力を得てこそあるのだ、誰一人も決して別の仕方では呼吸を法に反して取り戻すべくも何時か試みはなどしないといった場合には。

七

アテーナイからの客人　されば全うなものとして今し方に言われたことはあるのではないですか。すなわち、立法者にとっては彼が望んで抜きん出た仕方で人々を自らに屈せしめる諸々のそれらにあっての或る欲望を自らに屈せしめようともするのには、容易なことなのだ、とにかくどんな仕方で彼が屈服をさせることを認識することはということです。すなわち、その天の声を万人の許で、奴隷どもにかつまた自由人たち、こどもたち、女たちに、そしてポリス全体の許で同じことどもに即して神聖化をした上で、そのようにして最も確固とした
E
ものを彼は成就してあることだろうということです。その法をめぐって。

メギッロス　全く先ずはさればそうでしょう。だがしかし、どういう風にして更にはまたそうしたことを語ることを欲する者たちとして万人を何時か差し出すことが可能だろうかと考えるとなると――

アテーナイからの客人　立派にあなたは引き取られました。何故なら、まさにそのこととしてこそこの私からして語られたことはあるのですから。すなわち、技術をこの私はその法に向って自然本性に即してこども作りの交わりを用いるべく持っているのだということです。その際、一方、男からは人々はその身を引き離しまた見通しながら人間たちの種族を殺さず、
839
更には諸々の岩やかつまた石の中へと種を播くこともなく――そこからは自らの自然本性をしっかり植えられた上で実りあるものとして人は獲得など決してしないだろうというのですが――他方、女の畑の一切のそこにおいてあなたには播かれたものが育つことが望まれないものからはその身を引き離すのです。さあそこで法のそれなるものが、一方、ずっと広がるものとなって同時にまた強力になった上では、それはさながらこの今に両親たちに対しての

諸々の交わりをめぐって強力であるようにということですけれども、もし他の諸々の交わりをめぐってもまたそれが正しい仕方により勝利すれば、それは無数の善きことどもを持つのです。自然本性に即して先ずはとにかくして見ると第一にそれは横たわってあるのであり、
B 他方、恋故の狂暴や狂気やすべての不倫や諸々の飲物や諸々の食べ物の法外な一切からその身を閉め出すことをさせるのです。そして彼ら自身の女たちと内々で親密であるようにとも。またその他、諸々の一切の善きことどもが生ずることでしょう、もしも法のそれなるものを人がしっかりと我がものとしてあり得るならば。

　だがしかし、恐らくは我々にとって或る男の猛烈で若く詰まりは沢山の種子で一杯の者が傍らに立ってその法が制定されて行くのを聞いてあっては毒づくことでしょう、何と無考えで出来もしない諸々の規定を制定しているではないかと。そして喚き声で万人を満たすことでしょう。それらに向ってこそさあそこでこの私はまた眼差しもした上でその語りを語った
C のでした。すなわち、或る工夫を私はすでに手に入れはした、一方、或る道筋ではすべての工夫の中で最も容易であり、他方、或る道筋では最も困難なそれを[23]。その点へ向って留まるべく置かれるものとしての法をです。何故なら、一方、先ず見て取るのはさあそこでいとも容易いことなのです、如何に可能でありそしてまた如何なる道筋でそうなのかは。――何故なら、さあそこで我々は主張をするのですから、神聖化されてその規定が十分な仕方であるその上ではすべての魂を奴隷化しまた全くもって恐怖とともに諸々の制定された法に対して

D

服従させることだろうからと――。いやしかし、とこう言うのも、何故なら、このことの中へ目下に事は進んでしまっているからです。そこでまたその時は生ずることさえ思われないのです。それはちょうど諸々の共同食事の営みが生涯を通してポリス全体がそれを遣りつつ生きるべくも可能ではあり得ないのだと不信の的にもされているようにです。他方、実際上でそれは反駁をされまた生じた上であなた方の許であるものの、にも拘らず、なおとにかく女たちのそれは諸々のあなた方のポリスにおいてさえ、生ずるべき自然本性を持っているのだとは思われぬのです。その道筋においてこそ、然るに、更には不信の力の故に私は言うに到っているのです、両方のそれら[24]を全くもっての困難事なのだ、法に即して留まるべくもとこのように。

メギッロス　とにかく、全うに他ならぬあなたはお語りです。

アテーナイからの客人　だがしかし、されば人間を越えてあるのではなく、他方、生ずるべくもある如きものだというように、あなたはあなた方に対して私が或る言論の或る説得力のあるのに絡んだのを言うべくも試みられることを、お望みですか。

クレイニアース　どうしてそれが否でしょうか。

E

アテーナイからの客人　さればどちらでしょうか、人はアプディーテーの営みから、より容易くその身を引き離しまた配置されたことをそれらの営みをめぐって程に適ってなす気になるのは、よくその身体を持っていて決して素人の仕方ではなくそうしていてでしょうか。

それとも拙い仕方で持っていてでしょうか。

クレイニアース　大いに何処かしら一層、自己流の仕方ではなくそうしていてです。

アテーナイからの客人　はたしてされれば我々は知らないでしょうか、タラスのイッコスを
840 オリュムピアーでの競技にかつまたとにかくその他の諸々の競技の故に伝聞でもって。彼が勝利愛の故に、かつ技術と思慮を健全にしてあることとともの勇気あることとをその魂の中にすでに獲得してありながら、そう語りはあるのですが、何時かしら誰か女性に触れることも、更に加えてこどもにそうすることとも訓練の花盛りの全体においてはすることがなかったのです。またさあそこでクリソーンやアステュロスやディオポンポスにその他の実に多くの者たちを[25]同じ語りが何処かしら持っているのです。そしてとにかくですよ、この私のそして
B あなたの市民たちに比べて大いに悪しく彼らはその魂に関し教育経験がなくてあったのですが、然るに、諸々の身体に関しては大いに頑強なのです。

クレイニアース　真実のことどもとして、それらをあなたはお語りです。強く古人たちによってそれらがすでに語られているのですから、それらの競技者たちについてさながら何時かそれらが生じたことだったというように。

アテーナイからの客人　さればどうでしょう。彼らの方は、一方、して見るとレスリングや諸々の競走そうしたことどもの勝利のためにその身を多くの人々によって幸福なことなのだと語られる行為から敢えて引き離したが、他方、我々の子供たちは抑制すること叶わず、

C

大いにより一層美しい勝利のためにというのでしょうか、それをこそこの我々は最も美しいものとしてこどもの時から彼らに向って諸々の物語においてそしてまた諸々の言葉において語りつつまた諸々の旋律において歌いつつ、当然のこと、我々は魅惑せんとしているのです。

クレイニアース どのような勝利をですか。

アテーナイからの客人 諸々の快楽に対しての勝利を我がものにしてあっては[26]彼らは幸福な仕方で生きることだし、他方、打ち負かされてあれば反対なのです、すべて一切は。他方、それらに加えてなお恐怖のどの道筋でも如何なる仕方ででもそのことは神意に適うものではないことのそれは、能力を我々にとってして見ると持つことにはならないでしょうか、抑制する能力を。すなわち、他の者たちが彼らよりもより劣ってありながらも抑制してしまっているところのものどもです。

クレイニアース それは尤もなことで、とにかくされればあることでしょう。

八

D

アテーナイからの客人 ではですよ、ここのところに我々はその規定についてはあるが、他方、多くの人々のである悪の故に我々は行き詰まりへと陥ったからには、私は主張を致します、我々の法規は、一方、さながらにまさにそれらのことどもについて言論として前進をしなくてはならないのだと。それはより劣る者たちだとして、我々にとって市民たちは鳥ども

E

やその他の獣の多くのものどもであってはならぬのだと、こうです。彼らと言えば、大きな群れとして生まれた上で繁殖の時期までは、一方、独り身にしてまた諸々の結婚から純潔でありまた神聖な者たちとして生きるのであり、他方、年齢のその事へと彼らが到る場合には雄は雌と好意に即して番いとなった上でまた雌どもは雄どもともとそうした上で、残りの時間に渡って神意に適う仕方で、また正しい仕方で生きて行くのです。その際、確固として親しみの最初の諸々の同意に留まるわけです。さあそこで、とにかく獣どもよりは彼ら市民はより優れてあらねばなりません。他方、さればもし彼らが他のギリシア人たちや夷狄どもの最も多い者どもによって堕落させられたなら、すなわちそれは所謂規律なきアプロディーテーを彼らの中で目撃しかつまた最大のことを遣って除ける力のあるところを聞きながらであり、またそのようにしてさあそこで彼らが抑制すること能わずとなったその場合は、第二の法を彼らの上に工夫すべきであります[27]、護法官たちが立法者となった上で。

841

クレイニアース　どんなものとしてさあそこであなたは忠告なさいますか、彼らに対して法を置くべくも、もしも目下に置かれてあるそれがを彼らが逃れ出るのだとすれば。

アテーナイからの客人　明かです、そのものに絡む第二のものだとは、クレイニアース。

クレイニアース　どんな法をお語りですか。

アテーナイからの客人　訓練がされぬものに諸々の快楽の精力をなすことがありました[28]、その際、快楽の洪水と養分とを諸々の労苦を通じ肉体の他の方へと人は向わしめるのです。

だがしかし、そのことはあり得ることでしょう、もしも恥を知らぬ心情がアプロディーテーの営みにとってあらぬようであれば。何故なら、数少ないこととしてそうしたことを恥辱の故に用いながら、彼らはより弱いものとして女主人そのものを所有することでしょうから、僅かな度に用いながらにです。さあそこで人知れずにそれらのことの何かをやってあることは美しいこととして彼らの許ではあるのだと致します。すなわち、法的なのは習慣と書かれざる法でもって立法された上なのです。他方、人知れずでなくてあっては醜いことなのですが、否、どんな仕方でも遣らぬことがではないのです。そのようにしてそのことは醜く更にまた美しいこととして第二の仕方で我々にとって法の中に生じた上で横たわることでしょう。全うなあり方を第二のものとしてそれは持ちながら。そして諸々の自然本性を、早損なってしまった者どもを、彼らをこそ自己に劣った者どもだ[29]と我々は呼ぶのですが、それは一つの種族としてあるものの、三つの種族が取り囲んだ上で強いることでしょう、法を犯さぬようにと。

C

クレイニアース　どんな種族がでしょうか、さあそこは。

アテーナイからの客人　神を畏怖してあることにそして同時にまた名誉を好みかつ諸々の身体に対してのではなく、否、魂の性向の美しくあるものどもに対しての欲望の中に生じてあることとです。それらのことどもはさあそこでさながらに多分物語の中でこの今に語られてありつつ諸々の祈りなのですが、とまれ大いに真実に最上のものとして、もし苟も生ずれば、

D すべてのポリスにおいて生ずることでしょう。他方、恐らくは、もしも神が欲しなされば、
また二つのものどもの一方のものどもを我々は強制されましょう、諸々の恋の事柄について。
すなわち、或いは誰一人も敢えて誰一人にも触れざること、生まれ善き者たちにあり同時に
また自由人たちにあっては自らの妻たる女にというのを除いては。他方、妾たちに犠牲式を
欠いた種子でまた非嫡出のそれらを播かぬこと。更には男たちに対しての諸々の不毛の種子
を自然本性に反して然りだということ。或いは、一方、男たちに対してのそれはすべからく
我々は自らして取り去りましょうが、他方、女たちに対してのそれは、もしも誰かが或る者
と神々とまた神聖な結婚とともに家へと入って来た女たちとを除いて交わるならば、それが
E 買われた女たちであれよしまたその他のどんな仕方で所有をされた女たちであれ、男たちの
女たちすべての注意を免れずにあっては、恐らくは不名誉なのだ彼はポリスにおける諸々の
賞讃からはと立法しつつ、正当に我々は立法しているのだと思われましょう、さながら彼は
842 外国人なのだと考えてです。これがさあそこで法として、よしまた一つとしてよしまた二つ
としてそれらを呼ぶべきではあれ、置かれてあるのだと致します、アプロディーテーのこと
について、またすべての恋のことどもについて。我々が相互に向ってそうした諸々の欲望の
故に交わりながら、全うな仕方でかつまた全うならざる仕方で行為する限りに関して。

メギッロス　そして、それではです、お客人、この私は、一方、あなたに対して強く受け入れることでしょう、その法を。他方、さあそこでクレイニアースその人は言うのだと致し

ます、一体何をそれらについては考えているのかを。

クレイニアース　あることでしょう、それらのことが、メギッロス、とにかくさあそこで私にとって何かしら好機が傍に落ち掛かって来ていると思われるその時には。この今には、しかしながら、我々はお客人を許すのだとしましょう、なお先のものへ進むことを、諸々の法においてです。

メギッロス　全うに語っていますよ。

九

B **アテーナイからの客人**　いやしかし、実際、とにかくこの今に我々は進んで来て今や殆どあるわけです、先ずは諸々の共同食事が制度化されることの中に。[30]――これを我々は先ず他の場所では困難だが、他方、クレーテーにおいては誰一人も他の仕方で生じなくてはならぬとは了解することなどはないでしょう。だがしかし、どんな仕方でということ、すなわち、どちらなのか、この地でのように或いはちょうどラケダイモーンにおいてのようにであるか、[31]それともそれらに対抗して実にあるのだというのか、何か第三の種類が共同食事のだとして。それらの二つよりもよりよいものを持ちながらにというそのことは見出すことは私にとって困難であるとは思われませんし、また大きな善きものを何一つ発見をした上で成就するとも思われません。また、何故なら、この今に調子よくもそれらはすでに制度化されてあり方があると思われますから。
C 然るに、それらにとって続くこととして生活の手立ての問題があります。すなわち、一体
どんな仕方でそれはそれらにとって伴うというものなのかという問題が。糧食はさあそこで
他の諸々のポリスには、一方、あらゆる仕方でまた到るところからありますが、取り分けて
他方、二倍のものどもからその者たちにとってよりはあります。何故なら、陸地からまた海
からギリシア人たちの最大の人々にとっては準備されて養いをめぐるものどもはありますが、
D 他方、その者たちにとっては陸からだけですから。先ずされば、立法者には事はより容易く
あります。何故なら、ただ単に半分として更に諸々の法が程よいものに生ずるのみならず、
他方、大いにより少なく生じますし、なお、他方、それらは自由人の人々に相応しいものと
して生ずるのですから。何故なら、一方。船主稼業からまた貿易ごとから、小売り商売ごと
から、宿屋商売から、徴税請負から、鉱山業から、金貸し業から、複利商売から、またその
他無数のそんなことどもから多くのことどもで解放されるのです、それらにはさようならを
告げて、そのポリスをめぐる立法者は。他方、農夫たちに牧羊者たちに、養蜂業者たちに、
E そうしたことどもをめぐる見張りの者たちに、そしてまた諸々の道具の管理者たちに、彼は
立法をすることでしょう。最大のことどもを今や彼はもう立法済みなのです、諸々の結婚、
同時にまたこどもたちの諸々の誕生と諸々の養育、なお他方、教育とそして役人のポリスに
おいての諸々の引き据えをめぐっては。今は、だがしかし、養いとまさに養いをめぐりとも

843 B

に骨折っている人々へと向って[32]彼は立法しつつ向うことが必然のことであるのです。第一にはさあそこで諸々の法があるのだと致します、語られてその名前が農夫的とされるもの（＝農事法）が。〝ゼウス・境界の守り手〟の第一の法は、先ずこれとして言われるのだと致します。曰く——

動かすなかれ、大地の諸々の境界を何人も、[33]身内の市民たちたる隣人のそれらをも、更に境界をともにする者らのも、国境のところに彼が土地を所有していて諸々の隣人たちの中で余所の外国人に対して。彼が見なした上でです、「動かされ得ぬものどもを、動かす」ことでそのことは真実の仕方であるのだと。他方、彼は望めよかしです、万人は岩の最も大きな別の境界を動かすことを試みることを。むしろ小さな石の神々からする誓いの友愛と敵意とを境界づけているのを除いては。何故なら、一方のだとしては「同族のゼウス」が証人であり、他方のだとしては「外国人を守るゼウス[34]」が証人であり、彼らは諸々の戦争の最大の嫌悪に満ちたそれらとともに目覚めさせられるからです。また、一方、法に服する者はゼウスからしての諸々の悪のことには無感覚となることであろうが、他方、人は軽んじた上では二重の処罰において処罰を受けてあるのだと致します。すなわち、一方、一つにおいては神々からする第一のものにおいてであり、他方、第二のそれにおいては法からするそれにおいてだということです。何故なら、何人も自ら進んで動かしてはならぬからです、隣人たちの土地の諸々の境界を。然るに、動かす者は先ずは望む者が農夫たちのためにそれを明らかにすべきであり、他方、或る者たちは裁判所へと導くのだと致します。然るに、もし誰かがそうした裁きを負うことになれば再配分された大地を密かに或いは暴力でもってなす者だとして罪を見積もるのだと致します、裁判所が。どんなことを受けなくてはならぬか或いは償うべきであるか、その敗北した者はとこう。

C　他方、その後に加害の沢山のまた些細なものどもが隣人たちのこととして生じて行きますが、しばしば起ること故にそれらは敵意の大きな塊を産み出し、困難でまた苦いものとして隣人関係を仕上げるのです。それ故、あらゆる仕方で用心をすべきです、隣人は隣人に対し何一つの仲違いを作らぬようにと。その際、他のことどもについてもそうですが、またさあそこで侵食一切について強く常に彼はずっと用心してあるのです。何故なら、一方、加害をすることは何の造作もなく、否、万人のことですが、他方、助けとなることはどの道筋でもすべての人のことではないのですから。だがしかし、誰でもあれ隣人のものどもの上で働き、

D　その際、諸々の境界を越え出て行く者は、先ず損害を償い、他方、厚かましさと同時にまた自由人にはあらぬあり方のために損害の二倍を別途として治療をしつつ被害者に対して償うのだと致します。然るに、それらとまたすべてのそのようなことどもに対しての裁決者たちにかつまた裁判官たち、査定官たちとしてはなるのだと致します、他方保安官たちが。一方、より大きなものどものだとしてはちょうど先のことどもにおいてすでに語られているように(35)すべて一二部分の配列が、他方、より小さなことどもだとしてはそれらの見張り長官たちが。

またもしも誰かが家畜どもをして他人の土地で草を食ませるとすれば、それらの被害を見
ながら彼らが判断しかつ査定するのだと致します。また蜜蜂どもの群れの他人のものである
E のを誰かが蜜蜂どもの快さに密着しつつ強奪をする、そして銅の鍋を打ち鳴らしながらその
ようにして自分のものにするならば、彼はその損害の償いをするのだと致します。森に点火
しながら隣人の諸々の所有物のことを(36)よく注意しないとすれば、役人たちによしと思われた
罰金を彼は科せられるのだと致します。またもし木を植えながら隣人の諸々の地所に対する
測定された空間を残さぬとすれば、ちょうど多くの立法者たちにとってもまた十分にすでに
事が言われているように、彼ら立法者たちの諸々の法を用いるべきでありかつすべてのこと
どもを至当だとすべきではありません。すなわち、多くのことどもや些細なことどもにまた
844 何処であっても出逢う立法者において生ずることどもを、ポリスのより大きな飾り手が立法
することを。とは諸々の水についてもまた農夫たちに取っては古来のまた立派な諸々の法が
置かれてあり(37)、そして諸々の議論でもってそこへ逸れるには価しないのです。だがしかし、
人が望んで自らの場所に向って水を導こうとするのなら、彼は導くのだと致します、一方、
共同の流れから始めつつ。その際、彼は横取りはしないのです、諸々の泉の私人の誰一人の
ものだと明白なそれらを。然るに、彼がその道筋で導くことを望む如く、家を或いは諸々の
或る神殿を或いはまた諸々の墓を通ってを除いて、彼は導くのだと致します。その際、彼は
B まさに潅漑の水路を除いては損害を与えはしないのです。水の欠乏がある諸々の土地にとり

固有であってゼウスからして進み来る諸々の流れを大地から排除し、また必要な諸々の飲物を事欠かせるならば、それは掘るのだと致します。一方、自らの地所において粘土層までは。他方、もしもその深さにおいてどのようにしても水にそれがぶつからないなら、隣人たちの許から水を引くのだと致します。家人たちの各々にとって必然的な飲物までは。他方、爪に灯を点すといった慎ましさを通って隣人たちにとってもまた水があるのなら水を引くことの配置を地方保安官の許で配置された上で、その水を毎日に受け取りながら、そのようにして

C

共同するのだと致します、隣人たちと水において。他方、もしゼウスから水が生じてあるのを、上で農業を営む者或いは壁をともにして住まう者をより下の者たちの中の誰かが流出を与えないで加害するなら、或いは反対に上の者が出鱈目に諸々の流れを放って下の者を加害するならば、そしてそれらをめぐって彼らがそれらの故にお互いに共同することを欲しないのだとすれば、都市では、一方、都市保安官を、田舎では、他方、地方保安官を導いて来て望む者が課すのだと致します、何を各々がなすべきかを。然るに、課しつけにおいて留まる

D

ことをしないような者は、妬みと気難しい魂の裁きを受けるのだとし、責めを負っては二倍として損害を加害された者には支払うのだと致します、役人たちに対して服するその気にはならなかった上では。

一〇

他方、さあそこで果実の共同をすべての人々はこうした何かとして作らねばなりません。二つの贈物を我々のため神は恵みの女神として持っておられます。一方をディオニューソスの遊戯として[38]貯蔵には適さぬものとして。他方を取り置きへと自然本性に即し生じたものだとして。さあそこであるのだと致します、果実をめぐってはこれが法として配置されて。

E
誰でもあれ普通種の果実を[39]、それが葡萄の房であれ無花果であれ、味わった者は、それは季節の集めることのそれでアルクトゥールス（牛飼い座）とともに[40]同時に起るものが来る前に自らの地所においてにせよ他人たちの地所においてにせよですけれども、一方、神聖なる五〇ドラクマをディオニューソスに負うのだと致します。もしも自らに属するものどもからもいだのなら一ムナの二つの部分をそう致します。然るに、誰であれこの今に生まれ善きと語られる葡萄の房を或いは生まれ善きと名づけられている無花果を採集することを望む者は、もし、一方、彼が固有の地所から採るとすれば如何様に欲するのでもあれどんな時に望むのであれ、彼は果実を集めるのだと致します。他方、他人たちの地所から説得をせずにあってそうした場合には、法に従っての仕方で、すなわち、彼が自らとして置いたのではないもの
845
は動かさないことでもって[41]、その仕方で常に彼は処罰をされるのだと致します。他方、さあそこでもしも奴隷が諸々の地所の主人を説得せずにあってそうしたものどもの何かに触れるとすれば、葡萄の房の各々の粒のままにまた無花果の木の無花果のままに同じ数の鞭打ちがその者にとっては鞭打たれるのだと致します。

　他方、居留外人は生まれ善き果実を購入する中で果実を集めるのだと致します。もし彼が望むなら。他方、外国人はこの地に逗留した上で果実を食べることを道々をずっと進み行きながら欲するとすれば、一方、生まれ善き果実には彼は触れるのだと致します。もしも彼が望むなら一人の従者とともに値段を別にして。その際、彼はお客への贈物を受け取るのです。

B

他方、普通種にそうしたものどもの果実は法が妨げるのだと致します、我々に対して外国人たちが共同しないようにと。然るに、もしも誰かが知らぬ者として自らが或いは奴隷がありながら触れるなら、一方、奴隷は、一方、これを鞭打ちで懲らしめること、他方、自由人はこれを送り出すこと、他の果実に触れるように忠告し教えた上で。それは乾葡萄・葡萄酒にかつまた乾無花果の貯蔵へとかけて所有すべく不適当なものです。

C

　諸々の梨に諸々の林檎に諸々の柘榴にまたすべてのそうしたものどもについては、一方、恥ずかしいことではないのだと致します、こっそりと採ることは。けれども、捕まった者は、三〇歳未満の者は打たれ、また諸々の傷なしに防御をし得るのだとします。けれども、裁きとしては自由民にとってはそのような打擲の何一つもあらぬこと、他方、外国人にとってはちょうど果実にというようにそうしたものどもに与ってあることが許容されるのだとします。だがしかし、より年長の者でありながら彼がそれらのものに触れるとすれば、その場で食べ何一つ持ち去らずにあっては、ちょうど外国人の如くその道筋でそうしたすべてを共同する

D

のだと致します。だが、彼が法に服さないのなら彼は危険を冒すのだと致します。すなわち、

賞を徳について競い合えない者とこそなることの。それはもしその時にかけてそうしたことどもを彼についてその時の判定者たちに誰かが思い出させるとすればです。

E

一一

他方、水はすべてのものどもの中で、一方、諸々の庭園をめぐったそれとして滋養のあるものですが、他方、よく損なわれるものです。何故なら、土も太陽も諸々の風も水とともに養うもので大地から芽吹くものどもに属してありますが、容易ではありません、諸々の薬物でもって或いは諸々の逸らしでもって或いは諸々の盗みでもって損なうことは。だがしかし、水については自然本性に関してそうした一切が生ずることが可能なのです。それ故に、さあそこで助力がそれは必要なのです、法の。あるのだとします、それではこれがそれについて。もし誰かが進んで他人の水を損なうなら、それはよしまた泉からのでもあれよしまた集められたのではあれですが、諸々の薬物でもって或いは諸々の溝でもって或いは諸々の盗みでもってしてですけれど、加害された者は都市保安官に向って訴訟を起すと致します。その際、損害の至当なそれを記録して。然るに、もし誰かが或る諸々の薬物でもって損害を与えつつ罪を負うこととなれば、査定額に加えて彼は浄めるのだと致します、諸々の泉を或いは水の溜池を。それは如何なる道筋によってであれ神事解釈者たちの諸々の法が浄化が各々の時にまた各々の者たちにとって生じなくてはならぬと道をつける仕方で。

846

他方、季節ものすべてのものどもの搬入については許容されてあるのだと致します、望む者にとっては自らのそれをすべての地所を通って搬入することが。それは或いは一つ誰一人をも彼が加害しないか或いは三倍として自らが隣人の損害より利得を稼ぐというまさにその筋道でもって。然るに、それらのことどもの判定としては諸々の役人がなることです。またその他のすべてのことどもの、誰かが意図して不本意な者を暴力でもって或いは人知れずに加害する限りのことども、それは自らを或いは彼の持物どもの何かをですけれど、彼自身の所有物を通してなのですが、すべてのそうしたことどもにも然りであって、人はすべてそうしたことどもを役人たちに示しながら賠償されるのだと致します。但し、それは三ムナまでで損害があってのことです。

B

他方、もし非難がより大きいものとして一にとって他に向って生ずるならば、諸々の共通の裁判所に向って裁きを持って行きながら加害者に対して賠償を彼はされるのだと致します。だがしかし、もし誰かが諸々の役人の中にあって不正な認識でもって諸々の罰を判断したと思われるなら、彼は二倍のものどものだとして裁判にかけられてあるのだと致します、加害された者にとって。他方、更にはまた役人たちの諸々の不正は、これを共通の諸々の裁判所へと望む者は提訴するのです、諸々の各々の非難だとして。

C

だがしかし、無数にそれらがありそして些細な諸々の規定が然りでありながら、それらに即して諸々の復讐は生じなくてはならぬわけですが、保管されてある不服申し立てについてかつまた法的召還にまたその諸々の証人について、二人の上でまたどれだけの数の上で彼らは呼ばれなくてはならないか、またすべてのそれだけのそのようなことどもとしてあることどもはかつは立法されずあることでもあり得ませんが、かつは老人の立法者について至当でもありません。けれども、立法するのだと致します、それらを若者たちが。先立つ人、またその際、彼らはそれらのものどもの諸々の必然的な使用を実験的な仕方で持った上で、一切のことどもが十分な仕方で横たわっていると思われるまでそうするのです。けれども、その時にそれらを不動のものとなした上で彼らは生きるのだと致します、それら今や尺度を持ちながらあるものを用いつつ。

D　他方、その他の職人たちのことは次のことに即してなすべきです。第一に、一方、国土に住まいする何人もあってはならぬと致します、職人的な技術事どもをめぐって骨折りする者たちに属しては。更に国土に住まいする者の家僕もです。何故なら、技術として十分なそれを、多大の訓練と同時にまた多大の諸々の学科を必要とするものを所有してあるからです、市民たる者は。ポリスの公共の秩序を救い、かつ獲得していて。それは序での仕事において営みとすることはしてはならぬものなのです。他方、二つの営みを或いは二つの技術を正確に骨折ることには殆ど何一つの自然本性も十分ではないのです、人間的なそれらにあっては。

E　更にはまた一方の技術は自らが訓練するに十分だが、他方のそれを他人が訓練するところを監督することにも。されば次のことがポリスにおいては土台を占めたものとして第一に生じなくてはなりません。すなわち、何人も鍛冶屋として仕事をしながら同時に大工仕事をする

847

ことはないのだと致します。更にはまた、大工仕事をしながら鍛冶屋仕事をする他人たちの世話を自らの技術に対してよりも一層することはしないのだと致します。その際、彼は口実を持っているのです。曰く、多くの家僕たちの彼自身のために職人働きをする者たちの世話をしつつあっては当然至極にも一層彼らを通してこそ彼は世話をするのだ、収入は彼処からこそより多く彼自身の技術よりは生ずることの故にとこう。いやしかし、一人として一つの技術を各人はポリスにおいては持ちながらその技術からこそ同時にまた生きることをも彼は得るのだと致します。

B

その法を、さあそこで都市保安官たちは苦心しながら救うのだと致します。そして、一方、国土に住む者を、もし彼が或る技術の中へと徳の気遣いへとよりは一層傾くならば、彼らが諸々の非難と不名誉とでもって懲らしめるのだと致します。それは彼らが自らの走路へ正すまで。他方、外国人たちの中の誰かが二つの技術を営むなら、諸々の捕縛にかつまた金銭の処罰にまたポリスからの諸々の放逐でもって彼らが懲らしめて行き、彼らが強制するのだと致します。唯の一人であって、否、多くの者ではあらぬようにと。他方、彼らにとってする諸々の報酬についてまた諸々の仕事の諸々の契約については[43]、また誰か別の者が彼らに対し或いはその者たちが誰か他人に対して不正をなすとすれば、五〇ドラクマまでは都市保安官が裁判をし、他方、それ以上のものは公共の裁判所が法に即して判断するのだと致します。他方、税はこれをポリスにおいては何人も何一つも納めることはないのです、諸々の物資が

C 輸出されても輸入されても。他方、乳香や神々に向ってのそうした外国の香料である限りのものどもは、また紫色の染料にまた染められる限りの諸々の色彩のものは、国土がもたらすことがなくあっても、或いは或る別の技術の外国の何か或る輸入される必要のあるものどもを必要としているのをめぐり、何らの必然的ならざるもののために人は導くことなかれだと致します。だがしかし、更には国土において留まることが必然的なものにおいては、人は輸出せぬのだと致します。更にはそれらすべてのことどもにおいて判定者にしてまた管理する者たちとしてはあるのです、護法官たちの中の五人のより年長の者たちが取り去られた時に、続く五人の者たちが。

D 他方、諸々の武器についてまた戦争をめぐっての一切の諸々の道具である限りについては、生ずるべくも或いは或る技術の外国のであるものを、或いは植物を、或いは鉱物的な所有物を、或いは縛るものを、或いは何かの動物どもをそうした使用のためには必要があるのなら、騎兵隊長たちと将軍たちがそれらの輸入と輸出とのことでは権威あるのだと致します。与えかつまた同時に受け取って国家があるにおいて。だがしかし、諸々の法をそれらについては護法官たちが相応しいものとしてかつまた十分なものとして置くことでしょう。だがしかし、

E 小売りは、諸々の金儲けのためには、さればそのものの他の何一つのも地方全体とポリスにおいては、我々にとっては生じないのです。

一二

他方、国土からの諸産物の養いと分配のとしてはクレーテーの法に近く正しさの或るものが生じながら、どうやら向きに即して生じているようです[44]。何故なら、一方、一二の部分だとして大地からするすべてのものどもは生じて来ながら分配することがすべての人々に必要であり、まさにその筋道でそれらは消費をされるべきです。一二の部分の各々は——例えば諸々の小麦や大麦のそれですが、それらに対してさあそこで一切のその他の季節のもまた後
848 に続くのだと致します、分配されながら。そして動物どものすべてが売られるもので各々の者どもにおいて——三つの仕方で、比例に即して区分をされるのだと致します。すなわち、一方、一つの部分は自由人たちに対して、一つは、他方、彼らの家僕たちに対して。他方、第三のものは職人たちとそしてまたあらゆる仕方で外国人たちに対して。彼らはかつは更に居留民たちの中の或る者たちとしてともに住まいしつつ必然的な養いを必要としながらあり、かつはポリスの或いは私人たちの或る者の必要によってその時々に入り来る限りの者たちであるのですが、すべての必然的なものどものうち、別に切り分けられ第三の部分が売られる
B ものとして一つも売るべく必要とはされません。どのようにしてさればさあそこでそれらは最も全うに分配されましょうか。第一に先ずは明かです、或る道筋では、一方、等しいものどもを、他方、或る道筋では等しからざるものどもを我々が分配するのだということは。

クレイニアース　どのようにあなたはお語りなのですか。

アテーナイからの客人　より劣るものとして何処かしらまたより優れたものとしてそれらの各々のものどもを、大地は育てるべくまた養育すべく必然なのです。

クレイニアース　どうしてそうではないことがありましょうか。

アテーナイからの客人　先ずはそれではそのようなものでもって諸々の部分の、それらは三つあるのですが、何一つもより多いものを持ってあるとは致しません。主人たちにとっても或いは奴隷どもにとって配分されたものも。また更には外国人たちのそれも。否、類似し
C
てあることの同等性を、分配はすべての者どもに対して、同じものとして返し与えるのだと致します。市民たちの各々は二つの部分を取った上で分配については権威があるのだと致します、奴隷どもに対してかつまた自由民に対して。どれ程のものどもをどのようなものどもを彼が分配することを望むのではあれ。他方、それらよりも多いものは諸々の尺度と数とでもってこの道筋でもって分配すべきです。すなわち、すべての動物のそれらに対し大地から養分が生じなくてはならないものらの数を把握した上で、配分するのです。

他方、その後で彼らに対して諸々の住まいが別個に整列されてあるのです。だがしかし、整列としてはこれがそうしたものにとっては相応しいのです。一二の村があるべきであり、
D
中心に沿って一二の部分の各々が一つの村としてあり、他方、村の各々においては第一には先ず諸々の神殿と市場が取り出されてしまってあるのです、その際、神々のかつまた神々に引き続くダイモーンたちのだとして、よしマグネーシアー族[45]の者たちの或る土地の方々にも

せよしまたその他の往にし方の記憶にとって留められている方々の諸々の鎮座ましました
者たちがあるにもせよ、その方々に昔の人々の尊崇を与え返すのです。他方、ヘスティアー
やゼウスやアテーナーの、またどなたでもあれ一二の各々の部分のである他の諸々の創建者
である御方は諸々の神殿が到るところで鎮座されるのです。他方、第一に諸々の建築が神殿
E のそれらをめぐってあるのです。それはその場所が最も高く或る道筋でもってでありますが、
監視をする者たちにとって出来るだけ防御よろしき避難所としてなのです。その他の国土の
すべてを用意しますがそれは職人たちの一三の部分に分割した上でのことです。そして先ず
一方の部分を都市において住まわせますが、それはその際、更にまたそのものもまたポリス
の一二の部分へと分割した上のことであり、その時、外側にかつまた円においてそれぞれに
彼らは分配されるのです。他方、村のそれぞれにおいては農夫たちにとって好都合な諸々の
種族が職人たちのだとしてともに住まうのです。だがしかし、監督者たちはそれらすべての
者たちのだとしては地方保安官たちの支配者たちがあり、どれだけのものどもをそしてまた
どんなものどもを地域の各々は必要としているか、また彼らが何処に住まってありながらに
最も苦痛なくそしてまた最も裨益する者たちとして農夫たちにとってあることだろうかと、
849 こうするのです。他方、都市におけるそれら職人たちはこれらを同じことどもに即して監督
され、かつするのです、都市保安官たちの支配者が。

一三

他方、さあそこで市場保安官にとっては市場をめぐったことどもが、何処かしら関心するところでなくてはなりません(46)。然るに、その監督は諸々の神殿の市場に即したものの誰かが何事かを加害しないようにとの監視の後では人々の交わりのだとして第二のものはあることでしょう。その際、思慮の健全と驕りの見張り手としてあり、懲罰が必要な者を懲らしめるのです。他方、諸々の商品のだとしては、先ず第一に外国人たちに即して各々のことどもが生じているかどうかとこう。

B　法が各人にとって月の朔日に売られなくてはならぬところのものどもの中の外国人たちにとっての部分を受託者たちが持ち出すべくもあり、彼らは町の人々のため外国人或いは奴隷どもとして受託している限りの者らです。すなわち、それは第一に穀物の一二分の一の部分ですが、他方、外国人はすべての月にかけて穀物と穀物をめぐった限りのものどもを最初の市において買うのです。他方、月の十日目の日においては諸々の液体の、一方、或る人々は売ることを、他方、或る人々は買うことをなすのだと致します、月全体を通して十分なそれをです。他方、第三の日として月の二十日の日には(47)家畜どもの売却があるのだと致します。

C　それは各々の人々にとっては売却すべき或いは自らとして必要とする者にとっては買われるべき限りのものどもです。またそれだけの限りとしての諸々の器具或いは品物どものとして農夫たちにとって、一方、売却があります。例えば、諸々の皮革の或いはまたすべての衣類の或いは織物の或いはフェルトの或いは何かその他のそうしたものどものということです。他方、外国人たちにとっては他の人々から購入することは必然的なことです、彼らが所有をするに際しては。他方、それらのものどもの或いは大麦の或いは小麦の皮を剥がれたものへと割り当てられたものどもの小売りのだとしては或いはその他一切の養いに関しては、都市の者たちにとってまた彼らの奴隷どもにとっては、一方、或る者が売りはしないのだと致し

D ますし、更にまたそうした何人からも何人も買わないのだと致します。他方、外国人たちの諸々の市場においては外国人は職人たちに対してかつまた彼らの奴隷どもに対しては売るのだと致します。それは酒に穀物が交換されるものの販売ですが、それらをさあそこで小売りなのだと命名しているのです、最大多数の人々が。また動物たちが切り分けられたその上は肉屋たちは外国人とそしてまた職人たちと彼らの奴隷どもにも売りに出すのだと致します。他方、木材すべての燃えやすいのを日毎に外国人の望む者は、一方、纏まりだとして買うのだと致します、土地の人々の受託者たちからです。他方、売るのだと致します、自らが外国

E の人たちに対して、彼が望む限りに即して、また彼が望むその時に。

　他方、その他の品物どものすべてと諸々の器具との諸々の各人にとって必要である限りのそれらにあっては売ることです、その際、共同の市場へと各々の場所の中へ人々が運び入れ、それらにおいて護法官たちとかつまた市場保安官たちが都市保安官とともに相応しい諸々の座を定めた上で諸々の商品の諸々の境界を置くのですが、それらにおいて金銭は品物のだと

してまた品物は金銭のだとして交換されるのです。その際、先に引き渡さないのです、別の
者は異なる者に対してその交換を。先に手渡すことを信用しているぞというようにやった者
は、よしまた彼が取り戻すにせよ取り戻しはしないにせよ、そうしたことどもの裁判は諸々
850 の交換については最早ないのだとして満足してあるのだと、致します。買われたもの或いは
売られたものが法に即してよりそれだけでより多くまたより大きい価格のだとしてもしある
ならば、その法はすでにどれだけの量が増加しまた減少する時にはそれらのどちらをもなし
てはならないと語っているのですが、その時には記録されるのだと致します、すでに護法官
たちの許でより多いものが。他方、その反対は取り消しされるのだと致します。
　だがしかし、同じことどもが居留民たちについてもまたあるのだと致します。財産の登録
について。然るに、望む者は居留へと進むのです、所定のことどもに立って。曰く、外国人
B たちの中の住まうことを望む者でまた可能な者にとっては居住があるのだからというように。
その際、彼は技術を獲得してあってまた二〇年よりより多くに渡っては滞在しないのです、
名簿に記載された日からしてです。居留民税はこれを僅かでさえ思慮を健全にすること以外
には彼は納めず、更には別の税金を加えてまた購買とか或いは販売のためにそうすることも
ないのです。だがしかし、諸々の時間が満期になった時は自らの財産を携え立ち去ります。
とは言え、年々のそれらにおいて語りに至当な者にとってポリスに対してのよき働きが何か
十分なものとして生ずることが帰結したなら、そして彼が政務審議会と民会を説得すること

を信ずるなら、その際、或いは移住の或る延期を彼自身にとって権威的に生ずることを至当とし或いは全くのところ終生の滞留さえもそうするのですが、その時には彼は出て行ってはまたポリスを説得した上では、まさにそれをこそ彼が説得するだろうことどもは、それらは彼にとって完全なものとして生ずるのだと致します。他方、居留民たちのこどもらにとって彼らが職人としてまた一五歳になったとしてでは始まるのだと致します。時としては一五歳とともものそれが。然るに、彼はそれらの上で二〇年に渡って留まった上で、行くのだと致します、彼にとってそれがその道筋でもって好ましい道筋で。とは言え、もし彼が留まることを望むなら、同じことどもに即して説得した上で彼は留まるのだと致します、だがしかし、立ち去る者は拭い取った上で行くのだと致します、諸々の登録を。それらは彼にとって役人たちの許で以前に書かれてしまってあったのです。

C

D

（平成二十五年十二月二十八日、午後三時二十四分、擱筆）

『法律』篇第八巻の註釈

1．イングランドは〝それらの或るものどもを〟という語句を註釈家の怪し気な付け加えであり、また指示代名詞的に〝それらの〟とも訳されようαὐτῶνもここではむしろ強意代名詞として先の〝我々のもの〟（ἡμέτερον）に掛けて読むべきものだとして削除し、岩波版がその読みに従っています。しかし私は全くその読み方には賛同せず、私の訳出で何の問題もないと思います。　366頁

2．「アテーナイでは一年は一二の月において分けられて夏至（6月末）の頃に始まっていた。一二月は〝スキロポリオーン〟（パラソルの月の意味）と呼ばれ、我々の6月の月に対応する（より正確には6月後半と七月前半の部分）」（ディエス）。〝スキロン〟は祭礼のその行列の中でアテーナー女神の女の神官とポセイドーンとヘーリオスの男の神官の頭上でエテオブタダイと呼ばれる神官たちによって運ばれた大きく白い日よけのこと　367頁

3．「プラトーンは、それ故、古い格言だけに留めている。曰く〝si vis pacem, para bellum〟（もしも君が平和を望むなら戦争を備えよ）平和は戦争を用意することだろう」（ディエス）　368頁

4．タミュラースとオルペウスとはともに伝説的な竪琴の名手、すでに『イオーン』篇五三三Cでソークラテースによって言及されているところを私どもは見ていました。　369頁

5．些細なことなので訂正に及ぶのも少し気が引けるのですが、グラヴ(glove)とグロウブ(globe)

とは綴りと発音とが違うので、岩波版の勘違いを指摘しておきます。確かに後者のグロウブの原語の sphaira（＝σφαῖρα）は〝球や鞠〟ですから前者の〝手袋〟のように指の形に別れた形のものではないところで先ずその特徴を示すわけですが、リッデル＆スコットの希英大辞典は a weapon of boxers , prob. iron ball worn with padded covers (ἐπίσφαιρα) instead of boxing-gloves(ἱμάντες) in the σφαιρομαχίαι（ボクサーたちの武器で、恐らくは鉄の球の詰め物を（himantes）の代わりに諸々の球闘い（σφαιρομαχίαι）において）と説明しています。371頁

6.「プラトーンは訓練の諸々の闘いを規定しながらスパルタの風習から霊感を得ている。しかし彼はそれらに対してそれらがラケダイモーンにおいて持たなかったのよりももっと一層大きな場所を与えている。何故なら、彼においては一切は全く国家の戦いなのだから」（ディエス）371頁

7. イングラント・岩波版には従わず、底本のままに読みました。372頁

8. この発言は第四巻七一二Eや七一五Bで見られていました。376頁

9. ここのところビュデ版・岩波版・イングランドはともにバッダムの提案する読み方で読んでいますが、私は底本のままに読みました。376頁

10. 無論、一スタディオン（約一八〇メートル）を往復するということ、四〇過ぎの頃ギリシア旅行で立ち寄ったオリュムピアの競技場の走路に立ってちょっと走ってみたことがありましたが、実に感慨深いものがありました。378頁

11．「目的の点で役に立つ諸々の社の選択は、象徴的な価値を持っている。アレースは戦争の力であり、アポッローンとアルテミスは旅行を守護するのである」（ディエス）379頁

12．例によって岩波版はイングランドに従ってテクストを改めて読んでおりビュデ版もその読み方を採用していますがどうしても改めなくてはならないとは私は考えませんので、底本のままで読みます。381頁

13．『ヒッピアース（小）』篇の冒頭などを見るとオリュムピアーの祭礼などには単にスポーツの競技者たちのみならずヒッピアースなどのソピストたちもその数々の智慧の実演に及んだことが窺えます。382頁

14．第七巻七九八D～八〇二Dでした。383頁

15．最初の立法者とはアテーナイからの客人であり、第二のそれとはすぐ右で〝それらについて集合し〟と言われた人々のこと　383頁

16．「プラトーンはきっぱりと少年愛の拒絶をする。何故なら、その習慣は『法律』篇の立法者によって見られる目標に対して逆であるから。すなわち、徳の獲得である。男性的な愛の主題については『饗宴』篇でのパイドロス及びパウサニアースの演説を見よ」（ディエス）385頁

17．「ライオスが自然本性に反した愛の始め手だったとして通っていることは周知である。一つの神託が彼に予言をした。曰く、彼はその息子によって殺されるのだと」（ディエス）386頁

18．およそ〝友愛・欲望・恋〟といったことを全体として複数で見られるものとして主題化して

行きながらも、その〝それら〟という雑多な複数を二つの形で種別化し得るものだと見るのだということです。このことはこれまでにも何度かプラトーンによって議論がなされた「問答法」だということです。387頁

19.「ギリシア語のテクストには翻訳をすることが不可能な言葉の上での遊びがある。すなわち、〝青春〟(ὥρα)と〝果実〟(ὀπώρα)の上での」(ディエス)388頁

20.底本の通りに読むとすれば確かに〝第三のもの〟という言葉が繰り返されることになりますので何か冗長な感じにもなりますが、だからと言って〝第三のもの〟(τρίτος)という言葉を〝とにかく〟(γε)という言葉にまであらためてすっきりさせるには及ばないように私は思います。一つにはあまりにも大きい語句の変更であること、二つにはそういう或る冗長をむしろプラトーンはここで敢えて避けなかったとする方が味わいがありはしないかと思うからです。故にイングランド。岩波版・ビュデ版の読みは採りません。それらは賢しらでしょう。388頁

21.兄弟間の聞くに堪えない殺戮に子殺しかつまた近親相姦、今日の文明世界を照らす栄光ある唯一の古代ギリシア文化にもこのようなおぞましい憎悪に醜悪が渦巻いてあったことを私どもはどう思ったらよいものか、私などには重い問題です。391頁

22.「すべての国家において公である世論は国民たちに対して、生活のある制度の慣習と同じ時において、伝統的なモラールの尊重を課しつける。立法者は諸々の道徳観念に働きかけるためにこの〝公共の声〟を利用することであろう」(ディエス)391頁

23．八三八Aでした。393頁。
24．両性の不順な交わりを禁止することと共同食事ということと394頁
25．イッコス・クリソーン・アステュロス・ディオポンポスたち運動家らの競技生活の故の禁欲ということがここの話題であるわけですが、翻って今日の時代と世界にあっては古代ギリシアでそうしたことが語り草であったようには最早殆ど何の語り草ともそうしたことがならないということがまた不思議にも思われはしないでしょうか。395頁
26．ここでもイングランド・岩波版・ビュデ版はともに底本とは違う読み方で読んでいますが、ここもそうまでテクストを改めなくてはならぬかどうかと私は思います。確かに底本の読み方は何か呼吸が悠長であり、三人の読み方の方が言わばラコニックかも知れませんが、そうまでここでラコニックであることが求められなくてはならないのかどうか疑問に思います。396頁
27．「第一の法、非常に厳格なそれは、国民に対して性的な関係における諸々の厳しい規則を規定する。それは自然本性に反するすべての慣習と生殖を除外する女性のすべて利用とを禁止する。それは夫の不貞をはっきりと非難する。第二の法は、より少なく完全であり、人間的な本性の諸々の不完全性を考慮するのである。そして諸々の不法な快楽を断つことが能わざる者たちは身を隠すことを命ずるのだ」(ディエス) 397頁
28．八三五D～八三六Aでした。397頁
29．第一巻六二六E出下。398頁

30. すでに何度も共同食事の制度の問題は持たれました。第一巻では六三六A～B、第六巻では七六二B～C取り分け七八〇B～七八一D、第八巻はその主題に関しては人が期待する定義的な論点への置かれをもたらしてはいない」（ディエス）400頁

31. 「クレーテーでは、共同食事は国家の費用であった。ラケダイモーンでは各人がその割り前を支払うのである」（ディエス）400頁

32. ここもイングランド、岩波版・ビュデ版の読みのように冠詞の τοῦς を削除した方が或いは読みやすいのかも知れませんが、〝向って〟という後に出して言うことになる言葉への自意識が、その τοῦς の位置をそれにかかる限定句である ὅσοι 以下の文章の直前に置くべきことを忘れさせてしまったところからの破格の語順になったとも理解されはしないでしょうか。そうした破格ということも思考の蠢きとして面白いように私などは思います。402頁

33. 第三巻六八四Eですでに語られていた言葉でした。402頁

34. ゼウスという神が〝同族を守る〟ともまた〝外国人を守る〟とも言われていることは、無論、それぞれにゼウスの働きとして認められていることであって、決して矛盾する意味で言われていることではありません。後者の意味のゼウスはすでに『ソピステース』篇の冒頭で見られていました。402頁

35. 第六巻七六一Eでした。403頁

36. ここもイングランド・岩波版・ビュデ版は Estienne の提案によってテクストを改めており

ますが、私は底本のままで読みました。404頁

37. 「プラトーンが彼らのことを考えている古代の立法者のうちには確かにソローンが姿を現わすのである。この人物は水においての調達に関わる諸々の規定の或る数々を命じたのであった」（プルータルコス『ソローン』二三章）」（ディエス）404頁

38. 葡萄のことが諧謔にそう言われています。406頁

39. 食用ではなく乾葡萄だとか葡萄酒だとかに手を加えられるものは普通種と呼ばれます。406頁

40. 牛飼い座の主星ですがこれが姿を見せるのが秋分です。406頁

41. ずっと先の第一一巻の九一三Cでまた語られる言葉です。406頁

42. イングランド・岩波版・ビュデ版は写本底本の δὶ を読まず δὴ に改めて読んでいますが、私は写本・底本の読みに従って読みました。この段落の議論の趣旨を確かめると

イ、市民には市民としての公共の秩序を守るという唯一の義務（仕事）があり、加えて二つの仕事を徹底的にすることは人間の能力の及ばぬことである。それは他人の仕事の監督をするということにおいてさえも然りである。故に――

ロ、かく原則を立てるべきである。すなわち、先ず二つの仕事をしないこと、次に一つの仕事を自らのそれとしてあれば、それ以外の仕事している者のその仕事の監督も仕事にはせぬこと

ハ、それにも拘らずその市民もその家僕の仕事の監督はこれをするのだが、それは自らの技術の収入よりも家僕らの仕事からの収入の方がより多いことから致し方がないこと

すなわち、一方で一人は一つの仕事をすべきであり他人の仕事の監督も自らの仕事にあらずとしつつも、他方では自らの家僕の仕事ならそれは許容されるのだとこうしているわけです。とすると、ここではその仕事を監督することが禁止される場合と許容される場合とが区別して考えられているわけですから、従ってその監督することが許容される場合をどのように言うかということが肝要なこととなりましょう。すなわち、思うにプラトーンが〝彼らを監督する〟のだと端的に言わずに〝彼らを通して監督する〟といったような何かねばっこい表現を敢えて採ったのは、まさに敢えてしたことでしょうか。411頁

43．〝仕事の契約〟という風に私が訳した原語の〝τῶν ἀναιρέσεων〟はまた逆に〝仕事の拒否〟と訳する可能性をも持つ二義的な言葉ですが、私はそのうちの積極的な意味の方ではないかとここを解釈しました。411頁

44．この下りについてはアリストテレースの『政治学』一二七二Aが参照されます。他方、またディエスは「プラトーンが推奨をする諸々の産物の配分は、金銭の諸々の操作を避けることを目標としている」と註しています。413頁

45．クレイニアースたちクレーテーの人々はマグネーシアーに植民するのでした。そこの先住民がマグネーシアー族　414頁

46．「諸々の市場の検査官はアテーナイでは数において一〇であった。五人は町のための、五人はペイライエウスのための。彼らの仕事はそれは大変に複雑であったが、厳しいものでもあった。

『アカルナイの人々』のディカイオポリスも同様に彼ら〝彼らがそれでもって武装をしていた鞭〟（七二三行）でもって表現している」（ディエス）

喜劇作家アリストパネースのその下りを引いておきますと「諸々の境界は先ずは市場のだとしてはこれらがこの儂のものだ／ここでこそ取引をすることがすべてのペロポンネーソスの者には出来るのじゃて／メガラの者にもボイオーティアーの者たちにもな／但し、売るのはこの儂に向ってであり、ラマコスに対してはノーということでな。而して市場の目付役たちを儂は引き据えるのじゃ、三人の籤に当ったレプロイ産の革紐どもを」（七一九～七二四行）と、こうあります。416頁

47. ここのところ、朔日の最初の市、一〇日の第二の市と語り続けて来ましたから、τρίτη とは「第三番目の市の立つ日」と読めばよいのではないかと思います。416頁

（平静二十六年一月六日、午前九時十六分、擱筆）

「櫂歌全書」発刊の辞

野に遺賢あり、という。史資料にも、その価値・意義が高いにもかかわらず、私たちの目に触れる機会を逸しているものが少なくない。それは地中に眠る考古文化財に似ていよう。

世は挙げて消費文化の時代である。活字文化の衰退が嘆かれながら、片や、ただ一瞬の娯楽に供されるだけの出版物が氾濫している。

IT情報ネットワークの隆盛も、ひたすら便宜の供与のみが急がれて、情報化される以前の原石の存在に遮幕を掛けている弊をなしとしない。それがまた、真摯な研究、思索に深くかかわり得る史資料の発掘、刊行をさまたげる要因の一つになっている。

ここに「櫂歌全書」の刊行を企図するのは、私たちの足下周辺に目を配り、たとえ読者は少なかろうと、再読三読に耐える学術に新しい息吹きを回復させんがためである。

二〇一〇年錦秋

櫂歌書房

プラトーン著作集　第九巻　第二分冊
人間存在と習わし
ISBN978-4-434-24163-5　C0310

発行日　2018年2月20日　初版第1刷
著　者　　水崎 博明
発行者　　東　保司

発行所
櫂歌書房
〒811-1365　福岡市南区皿山4丁目14- 2
TEL 092-511-8111　FAX 092-511-6641
E-mail:e@touka.com　http://www.touka.com
発売所　　株式会社　星雲社
〒112-0005　東京都文京区水道1-3-30

出典：前川光永著「カメオとギリシャ神話図鑑」柏書店松原株式会社